KB233697

경제와 사회의 녹색혁명
경제와 사회의 녹색혁명

문화과학 이론신서 64

경제와 사회의 녹색혁명

글쓴이 | 강수돌

초판인쇄 | 2011년 10월 4일
초판발행 | 2011년 10월 10일
발행인 | 손자희
발행처 | 문화과학사
출판등록 | 제1-1902 (1995. 6. 12)
주소 | 120-831 서대문구 연희동 421-43호
전화 | 02-335-0461
팩스 | 02-335-0461
e-mail | transics2@gmail.com

값 16,000원
ISBN 978-89-97305-00-1   93300

문화과학 이론신서 64

경제와 사회의 녹색혁명

강수돌 지음

문화과학사

II. 노동사회를 넘어 문화사회로

III. 녹색혁명의 실천

행복 사회를 위한 작은 혁명

지금 우리는 '3중의 위기' 시대를 살고 있다. 첫째는 일의 위기요, 둘째는 땅의 위기며, 셋째는 얼의 위기다. 이 3중의 위기는 우리를 스트레스의 구덩이로 몰고 간다. 초등학교 아이들부터 대학생에 이르기까지 시험과 공부 스트레스에 시달리기 시작해, 대학생들은 취업 스트레스로 세월 다 보낸다. 직장인은 일이나 사람에 치여 스트레스의 극치를 달린다. 적령기 젊은이들은 결혼 문제로 스트레스요, 때마다 명절 스트레스도 엄청나다. 좀 쉬고자 휴가를 떠나려 해도 도로 위에서 스트레스 받고 사람들 모인 곳마다, 산천이 온통 스트레스 덩어리다. 언론을 보면 어느 것 하나 시원한 건 없고 속을 달래야 할 정치는 스트레스를 더 키운다. 혈세로 움직이는 군대는 1만 원짜리 USB를 95만원에 샀다니 '얼차려'를 얼마나 해야 하나? 남녀노소 할 것 없이 얼빠진 이들이 너무 많다. 배웠다는 이들일수록 얼빠진 행동을 더 많이 한다. 이런 세태에서 아무리 스트레스 퇴치법을 배워도 별 소용없다. 그렇게 대한민국은 이미 '스트레스 사회'다. 도대체 이 일과 사람에 치여 사는 스트레스 사회를 극복하고 문화와 삶의 질을 누리며 사는 행복 사회로 이행하는 방법은 무엇일까? 이걸

이야기하려면 3중의 위기부터 먼저 파악해야 한다.

　　첫째, 일의 위기는 일자리의 위기일 뿐 아니라 일과 사람이 맺는 관계의 위기다. 일자리의 위기는 당연히도 자본의 위기에서 온다. 따지고 보면 일자리 또는 일 또한 자본의 한 모습 아닌가. 인간적 필요의 원리가 아닌 무한 이윤의 원리에 따라 움직이는 자본은 주기적이고 구조적인 위기를 번갈아 겪는다. 너무 뚱뚱해진 자본이 군살빼기를 할 때 노동자는 목숨 걸고 정리해고에 맞서야 한다. 그러나 자본이 한창 잘 나갈 때조차 노동은 행복하지 않다. 삶보다 일에 치여 살아야 하기 때문이다. 가족이나 친구보다 생산이나 실적이 더 중요하기 때문이다. 'IMF 사태'를 겪으면서 난생 처음으로 대규모 정리해고 라는 '집단적 상흔'을 경험한 우리는 대개 "아직 안 잘리고 남아 있을 때 열심히 벌어야 한다"는 강박에 빠져 있다. 아무도 지켜주지 않는다는 생각, 민주노조조차 지켜주지 못한다는 상처가 뚜렷하다. 그러나 그런 생각에 사로 잡혀 '나 홀로' 살아남고자 발버둥 쳐봐야 금세 먼지 같은 존재가 되고 만다. 그래서 다시금 자신을 추슬러야 할 시점이다. 참된 나와 다시 접촉하고 나를 다시 바로 세우면서도 동지들과 손을 맞잡아야 한다. 하나는 약하지만 둘은 강하고 셋은 더 강하다. 그렇게 이어가야 한다. 끊어진 유대를 다시 엮어야 하며, 찢겨진 가슴을 서로 어루만져야 한다. 또한 고개를 들어 이 세상이 어떻게 돌아가는지, 이 사회를 어떤 식으로 다시 설계할 것인지 서로 풀어내야 한다. 꼭 술을 마셔야 하는 건 아니다. 술 없이도 속마음을 터놓고 말할 친구들 을 만나야 한다. 그렇게 이어져야 한다. 캄캄한 밤중에 큰 광장에 모인 촛불들 처럼, 경찰 물대포 속에서도 전국 각지에서 모여드는 희망버스 사람들처럼 그렇게 모여야 한다. 그것만이 일의 위기를 넘어 사람 사는 세상을 여는 길이다. 그것만이 돈벌이 경제가 아니라 '살림살이' 경제를 여는 길이다. 그것만이 스트레스 사회가 아니라 '행복 사회'를 여는 길이다.

둘째, 땅의 위기다. 사실, 땅의 위기는 하늘의 위기이기도 하다. 서로가 서로를 이끈다. 흔히 말하는 생태계의 위기, 기후 위기, 에너지 위기, 핵 위기, 식량 위기 따위를 모두 이른다. 그러나 이러한 위기도 사람의 위기와 연결되며, 그 사람의 위기는 결국 자본의 위기와 연결된다. 그런데 자본의 위기는 결코 '외부' 요인에 의해서 생기지 않는다. 현상적으로는 그렇게 보여도 궁극적으로는 '내부' 요인으로 생긴다. 그것은 결코 가능하지도 바람직하지도 않은 '무한 이윤'을 추구하는 자체 속성 때문이다. 자본의 세계화는 사람의 식민화와 더불어 땅의 식민화까지 촉진한다. 결국은 사람의 황폐화, 땅의 황폐화를 부른다. 사람이 피폐해지니 불감증에 걸려 땅을 더욱 무자비하게 부순다. 땅에 대한 폭력은 별로 처벌되지 않는다. 그렇게 악순환이 된다. 가장 대표적인 예가 핵무기요 핵발전소다. 핵발전소는 핵무기의 중간 단계다. 이들은 순식간에, 대규모로, 되돌릴 수 없는 파괴의 힘을 지니고 있다. 1986년 우크라이나 체르노빌 사고가 100만 명에 이르는 사람들을 고통 속에 빠뜨린 것과 마찬가지로 2011년 일본의 후쿠시마 사고 역시 수많은 사람들을 고통 속에 빠뜨렸다. 어느 것도 아직 끝나지 않았다. 시작에 불과할 뿐이다. 과학기술의 발전이 새 세상을 연다는 말은 거짓말이다. 자본과 권력을 주무르는 자들만 제외하고 말이다. 사막처럼 푸석푸석한 땅을 살리고 더러워진 물과 공기를 살려야 한다. 땅과 완전히 새로운 관계를 맺어야 하며 모든 살아 움직이는 존재와 친밀한 관계를 맺어야 한다. 어느 것 하나 함부로 해서는 안 된다. 그것이 '지속가능성' 의 출발점이다.

끝으로, 얼의 위기다. 얼이란 정신이다. '정신'을 차려야 한다. 뭘 향해 달려 가고 있는지, 죽으러 가는지 제대로 살고 있는지 되돌아보아야 한다. 호랑이한 테 잡혀 가도 정신만 차리면 산다는 말이 있듯, 아무리 시대의 위기가 우리를 두렵게 해도 정신을 차리고 돌파구를 찾아야 한다. 그렇다. 문제는 두려움이다. 남보다 뒤처질까봐 두렵고 남보다 우위에 서지 못할까봐 두렵다. 경제와 사회의 피라미드 질서에서 높은 곳에 자리 잡은 이들은 기득권의 달콤한 떡고물을 누리면서 중독되어 가고, 중간 이하 아래쪽에 자리 잡은 이들은 기득권의 달콤한 떡고물을 동경하면서 중독된다. 하나는 향유 중독이고 다른 하나는 동경 중독이다. 이렇게 너나 할 것 없이 모두가 중독자가 되니 피라미드처럼 생긴 사다리 질서는 변함없이 유지될 뿐 아니라, 시나브로 더 가팔라진다. 그 와중에 대부분의 사람들은 과거의 실패에 집착하고 현재의 행복을 유예하며 미래의 불안에 갇히고 만다. '스트레스' 사회의 미시적 기초다. 불행 사회의 정신적 기초다. 그래서 제 정신이 아닌 나부터 바로 세워야 한다. 진짜 얼차려야 한다. 얼이 빠진 얼굴에만 집착하다보니 성형 수술만 한다. 골은 비어 있는데 얼굴만 잘 가꾸면 무슨 소용인가? 그 약효는 얼마 가지 않는다. 그렇게 큰돈 들여 인위적 수술을 해봐야 얼빠진 두개골은 금방 들통 난다. 그 사이 사회 전체는 몰개성 사회가 된다. 개성과 줏대는, 역사를 알고 사회를 알고 자기를 아는 데서 생긴다. 그래서 독서를 하고 대화를 하고 감동을 나눈다. 두려움이 생기면 피하지 말고 충분히 느껴보라. 무엇이 그 두려움의 실체인지 가만히 체득해 보라. 그리고 마음 맞는 이와 그에 대해 진지한 이야기를 나눠보라. 그러는 가운데 신기하게도 두려움이 사라진다. 그리고 서로 이어진다. 이 모두가 값진 삶을, 행복한 사회를 창조하는 기초다. 자본과 권력이 만든 스트레스 사회, 그들에게 이 망가진 세상을 되살리기를 기대할 순 없다. 그래서 우리가 나서야 한다. 누가 뭐래도 소통과 연대가 희망이다. 그렇게 해서 경제와 사회를 새롭게 살려내는 '녹색혁명'을 해나가야 한다. 녹색혁명이란 별 것 없다. 새로운 것도 아니다. 사람과 사람, 사람과 자연이 더불어 행복하게 살도록 바꿔보자는 이야기다. 우리는 권력을 탐하지 않고 이윤을 탐하지 않는다.

남을 지배하는 것도, 남을 속여 잘 사는 것도 원하지 않는다. 그저 물같이 바람같이 자연스레 살자는 것이다. 그런 얼을 가지고 서로 힘을 합쳐 행복하자는 것이다.

이 책에 엮인 글들은 주로 2000년대의 10년 동안 쓴 것들이다. 주로 『문화/과학』에 발표한 것들이지만 다른 곳에 발표된 글도 있다. 숫자들을 새로 고쳐야 할 것도 있지만 가능한 한 손대지 않았다. 그 당시의 맥락에서 필요한 수치만 있으면 된다고 보았다. 새롭게 고치는 순간 또 고쳐야 한다. '완벽주의'로부터 조금은 자유로워질 필요를 느꼈다. 사실, 현실은 그렇게 부단히 변해가니까 절대 완벽할 수 없다. 중요한 것은 연도나 통계가 아니라 원리나 철학이다. 결과가 아니라 과정이 중요하다. 그러니 오래된 것은 오래된 대로, 새 것은 새 것대로, 또 괜찮은 내용은 괜찮은 대로, 부족한 것은 부족한 대로 내놓는다.

보잘 것 없는 원고를 한 권의 책으로 엮는 데는 『문화/과학』의 박진영, 손자희, 강내희, 심광현 선생님의 노고와 배려가 컸다. 척박한 한국 땅에서 그래도 사람 냄새 나는 사회를 만들고자 '돈'도 되지 않는 고급 교양 저널을 쉼 없이 출판하는 선생님들께 다시 한 번 감사드린다. 그리고 이 책의 독자들과는 '무엇이 좋은 삶이고, 어떻게 만들어나갈지'에 대해 친밀하고도 깊이 있는 대화를 이어나가고 싶다. 고마운 일이다.

2011년 9월 12일 추석 대보름달 아래
강수돌

■이 책에 수록된 글들의 출처는 다음과 같습니다.

「경제와 사회, 그리고 생활문화―경제위기에 대한 비경제주의적 이해」, 『문화/과학』
　　15호, 1998년 가을.

「경제위기와 삶의 위기」, 『환경과 생명』, 2009년 1월.

「철거와 재개발, 대안은 없는가?」, 『씨알의 소리』, 2009년.

「일중독, 성장중독증, 그리고 중독 정치」, 『진보평론』 40호, 2009년 여름.

「노동중독 사회와 주5일 근무제」, 『문화/과학』 28호, 2001년 겨울.

「'참여정부'의 경제주의 비판과 대안경제의 전망」, 『문화/과학』 43호, 2005년 가을.

「문화사회와 노동: 노동과정과 노동운동의 재구성」, 『문화/과학』 50호, 2007년 여름.

「노동사회를 넘기 위한 노동의 실천」, 『문화/과학』 52호, 2007년 겨울.

「독일의 생태주의: 이론과 실제」, 『독일문화』, 2008년 겨울.

「이윤과 권력을 넘어서는 레츠 운동」, 『문화/과학』 32호, 2002년 겨울.

「녹색 성장을 하려면 녹색 성장을 버려라」, <녹색도시포럼> 발표문, 2009년 가을.

「노동운동의 생태주의적 대전환: 과제와 전망」, 『문화/과학』 60호, 2009년 겨울.

I _ 경제와 사회를 보는 새로운 관점

01_ 경제와 사회, 그리고 생활문화
—경제위기에 대한 비경제주의적 이해

들어가는 말

이 글은 크게 두 가지 목적을 가지고 쓰여졌다. 하나는 최근에 우리가 직면한 'IMF 신탁통치 시대'라고도 불리는 경제위기를 가능한 한 비경제주의적 관점에서 설명해 보고자 하는 것이다. 여기서 말하는 비경제주의적 관점이란 경제현상, 특히 경제위기를 설명할 때 생산과 수출, 소득과 소비 등의 계량화된 수치를 중심으로 삼는 입장에 대해 진지한 반론을 제기하는 것으로, 정치적인 것과 경제적인 것, 구조적인 것과 행위적인 것, 경제적인 것과 사회문화적인 것 등을 통일적으로 고려하여 설명하는 것이다. 이러한 관점에서 본다면 경제위기란 결코 외환위기나 기업의 수익성 위기가 아니라, 사회적 삶의 위기이다. 왜냐하면 경제란 돈을 버는 것이 아니라 먹고 사는 것을 뜻하기 때문이다.

이 글의 또 다른 목적은 이러한 경제위기, 즉 삶의 위기를 올바르게 극복하고 희망있는 미래를 만들어 나가기 위해서라도 대안의 모색 과정에 있어 이제부터라도 우리가 비경제주의적으로 접근해야 함을 강조하는 것이다. 지금까지 우리가 내면화해온 온갖 편협한 가치관과 신념체계, 경제발전의 방법론에 대한 무비판적인 추종 태도, 그리고 당연시해온 생활방식 전반을 근본적으로 성찰하지 않는다면, 우리가 아무리 다시 허리띠를 세게 졸라매더라도, 그리하여 설사 몇 년 전의 흥청거리던 시절로 또다시 돌아간다손 치더라도 현재 우리가 당하고 있는 삶의 위기는 얼마 지나지 않아 또 닥치게 될 것이다. 그리고 혹시 우리가 승승장구 잘 나가게 된다손 치더라도 누구인지는 모르나 다른 나라, 다른 사회에서는 현재의 우리와 같은 삶의 위기를 심하게 겪을 수밖에 없다는 점을 알아야 한다. 요컨대 좁아진 지구촌 전체가 삶의 위기를 진정으로 돌파하는 유일한 방법은, 경제위기에 대한 대안 모색 과정에서 우리가 더 이상 기존의 경제주의적 패러다임 속에 머무는 것이 아니라, 원리적으로 완전히 다른 패러다임을 발전시켜 나가는 진지한 과정 속에 있다고 본다.

경제위기와 수출지상주의

대부분의 사람들이 초등학교 시절부터 교과서를 통해 학습해온 수출지상주의적 입장에 따르면, 우리나라는 부존자원이 부족하고 자본과 기술도 빈약하므로 오로지 양질의 저렴한 노동력을 풍부하게 양성하고 활용하여 이를 통해 상품을 값싸게 만들어 가급적 외국 돈을 많이 벌어들여야 모두가 잘 먹고 잘 사는 사회가 온다고 했다. 이러한 논리 속에서는 "3면이 바다로 둘러싸이고

70%가 산"인 우리 국토는 별로 쓸모가 없는 것으로 이해되었다. 그래서 가능하다면 외국 돈을 빌려와서 산을 깍아내거나 바닷가를 더럽혀서라도 수출 상품을 생산하는 공장을 짓고 그 속에 수많은 노동력을 데려다가 값싸게 열심히 일 시키는 것만이 나라가 사는 길이라고 소리 높여 외쳤다. 이 논리에 따르면 비교적 자급자족적인 농어업은 가능한 축소되고 수출산업화에 도움이 되는 광공업, 제조업은 가능한 한 확대되어야 했다. 불행인지 다행인지 그러한 논리는 1960년대부터 1980년대 말까지 약 30년 정도에 걸쳐 성공적인 것으로 나타났다. 국민총생산(GNP)과 해외 수출액은 날로 증가했고 1인당 국민소득과 국민의 소비 수준도 날로 증가했기 때문이다. 그러나 1990년대에 이르면 이러한 성장 방식은 대내외적으로 심각한 도전에 직면하게 된다. 대외적인 측면을 보면, 이른바 선진국으로부터는 덤핑 판정을 받는 등 통상 압력에 시달리게 되었고, 경쟁국이나 후진국으로부터는 끊임없이 가격경쟁이라는 추격을 받게 되었다. 뿐만 아니라 대내적으로는 민주 노동운동의 급성장으로 더 이상 저임금과 장시간의 노동, 병영적 노동통제 등에 의한 경쟁력 확보가 불가능해졌고, 국가도 더 이상 예전처럼 재벌 대기업과 사이좋은 유착 관계를 유지하기가 어려워졌던 것이다. 현재의 위기는 바로 이러한 정치경제적 정황을 정확하게 반영하고 있다.

　여기서 우리가 주목한 점은 다음과 같은 것이다. 첫째, 3면이 바다로 둘러싸이고 70%가 산이라는 지정학적인 조건을 단지 약점이라고만 파악했기에, 그 자체가 지닌 엄청난 가치를 무시한 채 '수출진흥'이라는 명분 아래 오로지 그것을 파괴하는 데에만 혈안이 되어왔다는 점이다. 동쪽, 서쪽, 남쪽의 대부분의 바닷가에는 공단이 들어서고 얼마 지나지 않아 폐수와 폐유가 쏟아져 나와 넘실거리기 시작했다.[1] 수산업이나 어업조차도 외화 획득에 눈이 먼 나머지 남획을 하거나 거대한 인공 양식장을 곳곳에 만들어 마침내 해양 생태계에 부정적인 영향을 미치게 되었다. 이제 우리의 바닷가는 건강한 먹거리를 얻는 곳, 나아가 호연지기나 청운의 꿈을 키우는 곳이 아니라 기름내 나는 곳, 나아가 돈 냄새만 우러나오는 곳으로 변해버렸다. 아직도 부분적으로 예외는 있지만, 그 깨끗하고 건강하며 아름답던 "3면의 바다"는 이제 대체로 찾아보기 어렵게 되었다. 또한 "70%가 산"이기 때문에 산을 마구잡이로 깎아내거나 농경지를 뒤집어엎어 '고용창출과 수출신장, GNP증대'에 이바지할 공장을 대대적으로 건설하였다. 산은 훼손되고 농경지는 급속도로 줄었다. 이와 더불어 농촌공동체도 빠른 속도로 파괴되었다. 그나마 농업이 상업화되면서 제초제, 농약, 화학비료의 사용이 농민들 스스로에게 당연시되었다. 이것은 다시 농경지를, 아니 땅과 물 모두를 훼손시키고 있다. 이 과정에서 미래의 나은 삶에 대한 꿈도 사라지고 건강한 먹거리도 사라지게 되었다. 바로 이것이 우리가 말하는 진정한 경제위기, 즉 삶의 위기 중 한 측면이다.

둘째, "양질의 값싼 노동력" 문제이다. 수출 경쟁력 증대라는 이름 아래, 모든 사람들이 건강한 인격체나 지혜로운 사회인으로 성장하도록 장려되는 것이 아니라, 약육강식과 생존경쟁의 논리가 지배하는 세계에서 오로지 승리자가 되는 방법만을 배우도록 장려되었다("일등·일류주의, 권력 지상주의, 명문학교 콤플렉스"). 특히 사람들이 수출 경쟁력 향상에 도움이 되는 "양질의 노동력"으로 길러질 수 있도록 크게 두 가지 측면에서 온 사회가 '공장' 역할을 수행해 왔다. 하나는 노동 능력의 측면이고, 다른 하나는 노동 자세의 측면이다.[2] 노동 능력이란 건강한 육체는 물론 국어, 영어, 컴퓨터, 기술 등의 실력이며, 노동 자세란 작업 명령에 대해 거부하지 않고 복종하며 일할 수 있는 태도이다. 대부분 초등학교, 아니 유치원 시절부터(아니면 엄마 뱃속에서부터) 고등학교 시절에 이르기까지 "부모님과 선생님들, 어른들 말씀을 잘 듣고,

열심히 공부(일)해야 한다”는 말을 귀에 못이 박히도록 들어왔다. 여기서 “열심히 공부해야” 하는 것은 노동 능력을 기르기 위해서이며, “…말씀을 잘 들어야” 하는 것은 저항하지 않고 순종하는 태도, 즉 노동 자세를 가다듬기 위함이다. 특히 한 학기나 한 학년이 끝나면 몇몇 학생들이 우등상장을 받게 되는데, 이것을 자세히 분석해보면 바로 그 속에 이 두 가지 요소가 모두 들어있다. “…위 학생은 행동이 방정하고 성적이 우수하여 타의 모범이 되므로…”라는 상장 문구에서 “행동이 방정하고”는 저항하지 않고 순종하는 노동 자세가 올바로 길러지고 있다는 뜻이며, “성적이 우수하여”는 노동 능력이 뛰어나게 길러지고 있다는 뜻이다. 그래서 이 소수의 우등생을 모범으로 하여 수많은 다른 학생들이 이를 따르도록 ‘보상을 통한 강제’를 행하게 되는 것이다. 그러나 불행하게도 이러한 “양질의 노동력”을 위한 노동 능력과 노동 자세의 양성 과정에서 어린이와 청소년들의 건강한 인격체나 사회인이 되기 위한 감성과 이성, 분별력과 판단력, 주체성과 생명력, 자율성과 창의성의 연마가 아니라 오히려 그것의 파괴를 경험하고 있다. 갈수록 마음 속의 꿈은 파괴되고 자기 목소리는 죽여야 하며, 교과서 외적인 것보다는 교과서 내적인 것을 더 많이 익혀야 하고 더불어 살기보다는 남을 짓밟고 자기만을 내세워야 하는 한심한 삶을 억지로 살아야 한다. 경쟁력 향상이라는 이름 아래, 바로 이 점이 인간 내면세계의 파괴이자 또 다른 삶의 위기를 이룬다.

경제위기와 애국주의

여기서 말하는 애국주의란 애국심에 눈이 어두워 더 중요한 것을 보지 못하게 되는 경우를 말한다. 자신이 사는 땅과 사회를 사랑하는 일은 아무리 강조해도 지나치지 않다. 그러나 이 사랑이 너무 지나친 나머지 편협화되어, 마침내 다른 사람들이 사는 땅과 사회를 적대시 또는 경쟁 상대시하는 경우, 우리는 이것이 매우 위험하다고 본다. 마침내 그것은 나라와 나라 사이에 맹목적인 경쟁과 분열을 불러일으키게 되고 심하면 전쟁까지 부른다. 역설적이게도 애국주의가 경제위기 또는 삶의 위기를 불러오게 되는 것이다.

돌이켜보건대 근대적 의미의 민족국가는 자본주의의 탄생과 맥을 같이한다. 여기서 우리는 이런 질문을 던질 수 있다. 왜 자본은 근대 민족국가를 필요로 하는가? 간단히 두 가지 이유 때문이다. 하나는 자본이 활동하는 데 필요한 사회적 조건을 만들어내는 데 국가의 힘이 필요하다(공권력으로서의 국가). 다른 하나는 자본이 노동을 효율적으로 관리하고 통제하는 데에도 국가라는 경쟁 단위가 필요하다(경쟁 단위로서의 국가).

먼저, 공권력으로서의 국가란, 국가가 자본을 위하여 예컨대 새마을운동 같은 것을 통해 이촌향도를 조장하여 광범위한 노동시장을 창출한다든지 양질의 노동력 양성을 위해 곳곳에 학교를 세운다든지, 노동쟁의를 합리적으로 다스리고 '산업평화'를 유지하기 위해 법과 제도를 만든다든지, 부의 불평등과 사회 불만을 누그러뜨리기 위해 복지정책을 실시한다든지 하는 역할을 말한다.

반면에 경쟁 단위로서의 국가란, 이 지구 위에 존재하는 자본일반이 노동일반을 효과적으로 지배하는 데에 있어 국가라는 단위가 매우 중요한 분할 수단으로 기능하는 것을 말한다. 그 이치는 간단히 이렇다. A라는 나라와 B라는 나라 사이의 자본주의적 경쟁 관계, 즉 자본A : 자본B 사이의 경쟁 관계는 자본a/노동a : 자본b/노동b 사이의 상대적 경쟁력의 크기에 따라 좌우된다. 이것은 달리 보면 노사관계A : 노사관계B 사이의 경쟁력이고 그것

은 자본A와 B 중에서 어느 것이 자기의 노동을 확실히 관리하고 통제하느냐,
즉 어느 나라 자본이 자국 노동의 주체성을 확실히 장악(지배)하느냐에 따라
노동생산성과 국가경쟁력이 달라지게 되는 것이다. 그런데 재미있는 것은
설령 자본A가 경쟁에서 패배한다고 해도 자본 자체가 이 지구촌에서 사라지는
것은 아니라는 점이다. 금세 또 다른 자본C가 생길 수도 있다. 문제는 자본끼리
의 경쟁관계가 지속될수록 각 자본들은 각각의 노동에 대한 지배력을 강화하
려는 경쟁을 하게 되며, 이 과정에서 어떤 개별 자본의 승패와는 무관하게
자본일반의 노동일반에 대한 지배력은 계속 유지, 강화된다는 점이다. 결국
자본간 경쟁관계는 자본주의 지배관계가 겉으로 드러난 형태일 뿐이다. 즉,
자본일반이 노동일반을 나라별로 갈라놓고 서로 경쟁을 시키게 되면 나라별로
노동과 자본이 협동하여 애국주의 깃발 아래 다른 나라와 싸우게 되므로,
바로 그 과정에서 각 나라별 자본은 각각의 노동을 확실히 장악하게 되고('참여
와 협력'의 확보), 따라서 자본일반은 그 지배력을 그만큼 강화시킬 수 있는
것이다.[3] 이것은 마치 어떤 행사 때, 사회자가 조별로 박수를 쳐보라고 하면서
조별 경쟁을 유도함으로써 참여자 전체를 확실히 장악하는 것과 유사하다.
따라서 "남들이 경쟁하는데 우리만 게을리 하면 패배하지 않느냐" 하는 논리는
자본의, 자본에 의한, 자본을 위한 목소리이든지 아니면 문제의 줄기와 뿌리를
잘못 보는 데서 오는 오류이다. 결국 자본 입장에서 본다면 월드컵이나 올림픽
과 같은 국제 경기(스포츠 전쟁)는 그 자체로 엄청난 초국가적 사업일 뿐만
아니라, 동시에 자자손손 국가별 애국주의를 장려할 수 있는 중요한 매개고리
가 된다.

　이와 같이 시장지배력을 둘러싼 자본 사이의 경쟁은, 겉으로 보기에는
어쩔 수 없는 외적 강제로 보이긴 하지만 사실상은 자본이 자기 몸을 불려나
가고자 하는 내적 본성이 밖으로 드러난 것에 불과하다. 따라서 "우리나라

가 세계 최고가 되도록 허리띠를 더욱 졸라매자!"라는 식으로 '애국주의'에 흠뻑 빠져, 자본 사이의 경쟁에 노동이 동참하는 것은 결국 자본의 지배력 강화와 몸 불리기를 도와주는 일이다.[4] 자본의 증식이란 자본이 노동을 매개로 자기 몸을 불려나가는 것이므로, 바로 이것이 노동에게는 삶이 아니라 죽음을 뜻한다. 그것은 많은 경우 물리적 생명 자체의 죽음도 의미하지만(산업재해, 과로사), 더 중요한 측면은 살아 움직이는 주체적 역량의 죽음이다. 이것이 바로 우리가 당하고 있는 경제위기, 삶의 위기의 본질이 아닐까?

경제위기와 외자 유치

최근에 우리나라의 경제위기가 왜 하필이면 '외환위기'로 나타났는가를 둘러싸고 여러 가지 입장들이 나오고 있는 반면에, "외자 유치를 원활하게 해야지만 외환위기로 대변되는 경제위기를 극복하고 재도약을 할 수 있다"고 하면서 돈이 될 만한 공기업을 골라내어 해외 자본가들에게 매각하기로 했다고 알려졌다. 그러면서 동시에 지배자들은, 지금까지 애국주의에 길들여져 온 국민들이 "왜 우리나라 기업을, 그것도 수익성 높은 공기업을 외국자본에게 팔아넘기려 하느냐"며 걱정을 하자, "웬 쓸데없는 걱정이냐! 외국자본에 대한 배타적인 감정을 제거해야 한다"며 바로 그 애국주의를 호되게 나무랐다. 국민들은 이래도 얻어맞고 저래도 얻어맞는다.

진념 기획예산위원장은 98년 7월 3일에 공기업 민영화 계획을 밝히면서, "해외 투자자를 참여시킴에 따라 수요자가 그만큼 늘어나면서 공기업의 가격을 높일 수 있다"고 하여 공기업 해외 매각 추진에 대한 배경을 친절하게도 경제학 원론에 기초하여 설명하였다. 특히 한국전력과 담배인삼공사도 값만 제대로 쳐주면 외국자본가에게 언제든지 팔기로 하였는 바, 이제 애국심에 불타는 국민들이 제아무리 국산 담배를 많이 애용하더라도 더 이상 애국이 아닌 시점이 다가올 판국이다.

우리가 보기에 외자 유치가 경제위기, 삶의 위기와 맺는 관련성이란, 그 출처가 외국이라는 데에 있는 것이 아니라, 그 자본이 민중과 맺는 관계가 잘못되는 데에 있다. 이런 점에서 외자(외국 자본)든 내자(내국 자본)든 본질적으로 크게 다른 점은 없다. 물론 내자에 비해 외자는 대체로 그 운동 반경이 훨씬 더 클 뿐만 아니라, 운동 속도나 기동력, 융통성이 더 클 것이다. 따라서 개별 국가 차원에서 움직이는 노동입장에서 보면, 그에 마땅히 대응하기가 훨씬 더 어려워지고 복잡해질 것이다.

그렇다면 이 외자 유치를 통해 무엇이 잘못되는 것인가? 크게 두 가지다. 하나는 민중이 스스로 살아가는 삶의 능력을 갈수록 많이 잃어버린다는 것이고, 다른 하나는 바로 그만큼 삶의 과정 자체가 외적인 힘에 대해 종속성이 커진다는 점이다. 현재 세계에는 약 4만 개 정도의 다국적기업이 있어 전 세계의 정치경제를 쥐고 흔든다. 또한 수십조 달러 규모의 세계금융자본은 하루에도 지구를 수십 바퀴씩 돌며 순식간에 높은 수익을 뽑아가려 하고 있다. IMF라는 것도 따지고 보면 그러한 세계자본의 대변자이자, 동시에 단기 고리채 자본이 아니던가. 이러한 거대 권력체인 자본 앞에 특정 나라의 생산 조직과 민중의 삶이 그대로 노출된다는 것은 자립성의 상실과 종속성의 강화로 귀결되고, 이것은 결국 민중이 자율적이고 책임성 있게 삶의 문제를 풀어갈 수 있는 능력의 위기, 즉 삶의 위기로 이어질 수밖에 없다. 왜냐하면 자본은 그 자체가 권력이기 때문에 스스로가 의사결정의 주체로 등장하면서 다른 모든 것을 그 대상으로 객체화시켜 버리기 때문이다. 우리 사회가 빌려 오는 돈은, 돈과 함께 정치·경제 및 사회·문화 운영의 방식까지 그 자본에 유리한 방향으로 재편하고자 한다. 이렇게 외자라는 빚을 얻어 빚을 갚아나가는 일이 일상화되면, 우리의 후손들은 태어나서 죽을 때까지 나름대로의 독자적 삶을 추구하는 것이 아니라, 오로지 물려받은 빚을 갚기 위해 피와 땀과 눈물을 흘려야 하는 운명, 즉 삶의 위기 그 자체를 유산으로 물려받게 될 것이다. 이렇게 해서 우리 세대의 삶의 위기가 세대를 뛰어넘어 대대손손 이어질 가능성도 크다.

그런데 한국노총이 스스로 외자 유치에 적극 나서고 있는 것은 매우 이색적이다. 한국 노총의 박인상 위원장은 6월 17일에 영국 상공회의소 오찬회, 6월 23일 영국 투자단 방한에 따른 브리핑, 24일 미국 상공회의소 브라운 회장과 오찬 등 연일 외국대사관 및 투자자 집단을 만나 '위기 극복과 외자 유치를 위해 상호 긴밀히 협조하기로' 약속하였다. 여기서 더욱 놀라운 것은 이러한 노총의 외자 유치 노력에 대해 많은 내부 세력과 주변 세력들이 상당히 긍정적인 반응을 보인다는 점이다. 그 이유는 "노동조합이 적극적으로 경제위기 극복을 위한 국제 활동에 나섬으로써 국민들로부터 인정받는 세력으로 부상할 수 있다"는 것이다.(『주간노동자신문』, 1998. 6. 30 참조)

생각건대 앞서 말한 수출지상주의적 경제성장은 외자도입과 더불어 전개되어 왔고 따라서 모든 자연자원(땅, 흙, 물, 공기, 돌, 나무 등)과 사회자원들(인간 노동력, 가족관계, 친구관계, 공동체적인 유대 등)이 수출 경쟁력을 통한 외화벌이에 총력 동원됨으로써 이제는 도저히 더 이상 버틸 수 없을 지경의 파멸 국면에 와있다. 특히 '수출자유지역'과 같은 경제 특구에서는 노동권이 심각할 정도로 부자유스럽게 억압되었고 바로 이것이 전사회적으로 표준화되다시피 하였다. 하지만 노동운동이 성장하여 더 이상 적정 이윤이 보장되지 않는다면 이 자본은 아무 미련없이 또 다른 나라로 훌쩍 떠날 것이고 그때에 남는 것은 골병든 몸뚱아리와 썩은 냄새 나는 공장 부지 및 오염된 바닷물과 같은 것일 게다. 어릴 적에 가졌던 창창한 꿈은 어디로 사라지고 병든 삶만 남게 되었는가! 바로 이런 점은 한국 자본의 해외 진출에도 그대로 적용된다.

경제위기와 중독성 강한 기업문화

오스트리아 상공회의소가 최근 펴낸 '한국인과의 비즈니스 상담 지침서'에는 한국의 기업문화가 솔직하게 반영되어 있다.(『동아일보』, 1998. 7. 16.) 이러한 내용은 이미 오래 전부터 한국 기업과 경제 교류를 원하던 해외의 여러 나라들에서 주요 지침으로 등장해 때때로 파문을 일으킨 바 있어 그렇게 낯설지만은 않다. 첫째 "한국에서 명함을 내밀 때는 직종과 함께 직급을 꼭 기재하라. 한국인은 신분을 중시하고 그래야 존중받으며 사업 상담을 할 수 있다." 90년대 초에 독일에서 나돌았던 한 지침서에도 "한국 가면 반드시 명함을 소지해야 하며, 그것도 가능하면 자신의 지위가 높게 보이도록 해야 한다"고 되어 있었다. 이 점은 한국 기업은 물론 한국사회가 전반적으로 눈에 보이지 않는 신분사회이며 불평등사회임을 말해 주고 있다. 이런 관계 아래서는 수평적이고 양방향의 자유로운 의사소통과 그에 기초한 조직 혁신이나 사회 진보를 기대하기가 어렵다는 말이다.

둘째, 바로 이런 맥락에서 "중간 간부보다는 최고경영층과 접촉해야 한다"는 것은 자연스런 귀결이다. 한국의 중간 간부들은 아무리 높아도 실권이 없다. 최고경영층이 거절하거나 기분 나쁘게 생각하면 아무리 좋은 아이디어가 나와도 실현가능성이 없는 것이다. 반대로, 최고경영층이 하루아침에 어떤 아이디어를 이야기하게 되면 모든 조직적 자원들은 즉각 총동원되어 숨을 죽여가며 그 아이디어를 실천하려고 노력하게 된다. 바로 이러한 사정은 사람들이 어느 조직에서나 '최고'의 자리를 차지하려는 일상적 투쟁을 불러일으킨다. 대부분의 사람들을 권력지향적으로 몰아가게 되는 것이다. 여기서 중요한 것은, 구성원 스스로 자신의 내면 속에 들어있는 삶에 대한 주권을 이러한 권력자들에 넘겨줌으로써 '자기 소외'를 자초한다는 사실이다. 따라서 최고경영층이 무소불위의 권력을 휘두르게 되는 것은 최소한 그 조직의 구성원들에게는 당연시되어 왔다.

셋째, 따라서 높은 지위를 가진 한국인 경영자와 상대를 하더라도 "겸손하면 일이 잘 풀린다"는 지침이 나오는 것은 당연하다. 한국인 경영자는 자신이 그동안 더 높은 지위에 오르기 위해 참을성있게 억제해 왔던 자존심이나 자기주장이 더 이상 억압당하지 않고 이제 남들 앞에 호령을 하듯 자유로이 실현되는 것을 원하게 된다. 마치 자기 상사가 예전에 그랬던 것처럼. 그래서 최고경영자는 같은 말이라도 상대방이 자기를 낮추면서 얘기하게 되면 보다 진지하게 들어준다. 더욱이 최고경영자에 대한 충성심과 존경심까지 노골적으로 드러낸다면 금상첨화일 것이다.

넷째, 바로 그러한 고자세의 이면에는 매우 공격적인 심리 상태가 깔려 있는데, 그것은 상대방이 상냥하게 양보를 해줄수록 무슨 약점이 있어 저자세를 취하는 것으로 받아들인다는 점이다. 따라서 "쉽게 양보하지 마라"는 것이 "겸손하라"와 동시에 지침으로 등장하는 것도 우연이 아니다. 그러나 사실은 그러한 고자세와 공격적인 심리 상태야말로 최고경영자의 약점을 스스로 감추기 위한 증거이다. 권력과 물질적인 부에 대한 무한 욕구, 신분상승에 대한 갈망, 바로 그 이면에는 내면의 공허함이 갈수록 높이 쌓여가는 것이다. 그럴수록 내면을 올바로 채워나가려 노력하기보다 돈이나 물질 소비, 외형적 치장,

신분상승 등으로 보상하려 한다. 그러나 이것은 내면의 공허함을 채우는 것이 아니라 오히려 더욱 확대한다. 이것은 한국 기업 조직 구성원들에게 대체로 관찰되는 현상이다.

다섯째, "귀국 일자를 미리 말하지 말라"라는 지침도 주목할 만하다. 이에 따르면 대개 한국인은 중요한 사항은 바이어가 떠나기 전날 밤에야 다루기 시작한다. 따라서 귀국 일자를 미리 말하지 말고 귀국 항공편을 복수로 예약하는 등 돌발사태를 대비하라고 가르친다. 이것은 매우 중요한 한국의 기업문화 내지 사회문화의 한 측면을 지적하고 있는데, 그것은 문제를 차분하게 체계적이고 계획적으로 처리하기보다는 최종 마감 시각이 가까워져야 비로소 서둘러 한꺼번에 처리해버린다는 점이다. 대개 많은 '중독조직'(addictive organization) 안에서 볼 수 있는 현상이다. 물론 이는 기동성이 있어 좋을 수도 있지만, 대개는 분별력있는 판단이 이뤄지기보다는 혼란과 오판으로 귀결되기 쉽다. 이러한 의사결정 방식은 한편으로는 자기중심적 권위주의 의식을, 다른 한편으로는 일상화된 임기응변적 위기 대처 양식을 증명하고 있어, 전형적인 중독조직의 특성을 많이 보여준다.

물론 한국의 기업문화에는 이러한 점들만 있는 것이 아니다. 그 외 매우 중요한 요소로는 경영가족주의, 애사주의, 연공주의(나이와 근속연수를 중시), 학벌주의, 연고주의 등이 손꼽히는데, 이러한 점들은 대개 한국인의 정서에 맞게 노동력을 효과적으로 통제하고 관리하는 데 있어 매우 중요한 수단으로 기능하였다. 그러나 이러한 것들은 민주노조운동의 급성장과 노동자의 가치관 변화와 더불어 약화 내지 무력화되거나 오히려 기업 경영에 '부메랑'이 되어 되돌아오기도 한다.

예컨대, 그동안 현대자동차의 신화를 가능케 하였던 '경영가족주의'(노동자를 포함한 모든 가족구성원이 회사와 한솥밥을 먹는 관계라는 인식에 기초한

문화를 말함, 특히 부인을 비롯한 가족들은 남편의 회사가 잘 되도록 물심양면
으로 노력을 기울이는 등 오랫동안 "자본과의 동일시"를 강화해 왔다가 이제
는 저항의 신화를 만들어 내고 있다. 현대자동차 노조는 98년 4월 이후로
조합원들이 모여 사는 울산 북구의 주민 거주지를 중심으로 조합원 가족들을
참여시켜 고용안정을 위한 간담회와 설명회, 노동자가족 결의대회를 많이
개최해 왔다. 그 한 성과가 가족들의 자발적 조직인 '두레회'로 나타났다.
그간 고용불안에 대해 문제의식을 강화해오던 중, 5월 20일에 드디어 회사
측의 8,200명 해고 방침이 나오자 즉시 조직이 결성되었다. 특히 5월 28일,
현대자동차 파업 진행 중에 노동자 가족인 부녀자들이 아파트에서 삼삼오오
몰려나와 현수막과 피켓을 들고 시위를 벌였다. "가족들이 똘똘 뭉쳐 정리해
고 막아내자!" "여보, 사랑해요" "정리해고 이뤄지면 우리 가정 무너진다"
등의 주장이 사람들의 연대를 강하게 촉구하였다. 고용보장 서명운동도 강하
게 진행되었다. 참여한 5천여 명에게는 체면이나 두려움은 하나도 없어지고
남편의 일자리를 지키기 위한 절박감이 강하게 맴돌았다. 이미 파업 하루
전날인 5월 26일에는 조합원 가족 250명이 회사의 정리해고 방침 철회를
촉구하며 공장 정문에서 농성까지 벌였다. 가족 모임인 '두레회' 회장 이영자
씨는 "남편 여러분, 집에 돌아가시면 가족들이 함께 할 때만이 생존권을
보장받을 수 있다는 사실을 분명히 얘기해 주십시오!"라고 목소리를 높였다.
"남편들이 주야 맞교대에다 특근까지 해서 회사를 16년 동안 흑자를 내도록
했는데 몇 개월 좀 어렵다고 무조건 해고시킨다는 것은 말도 안 된다"는
것이다. 우리 사회 애사주의, 경영가족주의를 이미 깊이 내면화하고 있는
노동자나 가족들이 '그동안 한식구라고 믿어오던 회사로부터 헌신짝처럼
버림을 당하듯' 일자리 위기를 경험하게 되면서 그만큼 강한 배신감을 느끼고
분노하게 되는 것이다.

경제위기와 사회심리

1960년대 박정희 시대 이후로 '한국 경제는 경제개발계획이 체계적으로 진행되면서 매우 급속한 성장을 이루게 된다. 그런데 이러한 급속한 성장의 이면에는 매우 오랜 역사적 과정 속에서 형성된 사회심리적 기초가 놓여있다. 그것은 한마디로 "공격자와의 동일시"라는 것이다.[5] 이것은 자신을 공격하고 지배한 사람들에 대해 아예 저항을 않거나 저항을 하다가도 도중에 포기하고, 더 이상 대안적 전망에 관해 고민하거나 결사항쟁을 하기보다는 오히려 공격자가 원하는 방향으로 '갈 수밖에 없지 않느냐?'고 공격자나 지배자의 논리를 스스로 내면화하고 숭배하게 되는 것이다.[6]

35년 정도의 일본 제국주의 식민지시대나 해방정국, 빨치산전쟁, 한국전쟁 등을 거치면서 자신도 모르는 사이에 한국 사람들에게는 한편으로는 패배의식 내지 희생자의식이 강화되면서, 바로 이것이 다른 편으로는 강자와 승리자에 대한 선망의 감정과 동시에 약자와 패배자에 대한 혐오감으로 재강화되었다. 미국이나 미국 사람들, 심지어는 미국 유학생들까지도 무의식중에 구원군으로 대접받는 사회가 오랜 역사적 과정에서 만들어진 것이다.[7] 이처럼 공격자와 자신을 동일하게 보려는 이면에는 약자를 깔보고 패자를 희생시키려는 심리가 매우 강하게 배어있는데, 바로 이런 사회심리가 지난 30년 동안의 한국산업화에 있어 매우 중요한 토대가 되었다고 할 수 있다.

그런데 재미있는 것은, 바로 이러한 사회 심리가 동시에 오늘날 우리가 겪고 있는 경제위기, 삶의 위기와도 관계가 있다는 점이다. 권력자 자본에 의해 희생당한 자신이 스스로 자본을 지양하기 위한 싸움을 전개하기보다는 오히려 자본 편에 서서 그에 저항하는 세력을 분쇄하는 데에 동참하게 된다면,

이것은 자기 스스로의 삶의 위기일 뿐만 아니라 저항하는 자에게까지도 삶의 위기를 안겨다 준다. 노동자들이 나라별로, 또한 기업별로 분열되어 경쟁력 강화라는 이름 아래 서로 싸우고 있는 것도 이러한 공격자와의 동일시가 바탕에 깔려있다고 할 수 있으며, 또한 파업을 하면서 생존권 투쟁을 힘차게 벌이는 자들에 대해, "나라 파산 지경에 웬 파업이냐"며 싸움을 말리는 자들의 깊은 내면에도 이러한 사회심리가 작동하고 있다.

예컨대 현재 한국 노동자들의 의식과 태도는 한마디로, 좌절과 걱정, 두려움이라는 한 축과 실망과 분노, 저항이라는 다른 축 사이에서 고도의 긴장된 관계를 체험하고 있는, 매우 불안정한 상태에 놓여있다고 할 수 있다. 우선 좌절과 걱정이라는 축을 살펴보자. 개인적으로 실직을 당했거나 실직을 당하는 사람을 옆에서 본 사람들은 대개의 경우 자기 삶에 대해서도 깊은 좌절감을 느끼게 된다. 그리고 세계에서도 우수한 나라(예컨대 '11대 경제대국'), 또는 '우수한 민족'이라던 자부심과 미래에 대한 밝은 전망이 하루아침에 꺾임으로써 이러한 좌절은 더 이상 개인적 좌절이 아닌 사회적 좌절로 연결된다. 그러나 동시에 이러한 심리 상태는 분노하는 마음으로도 연결된다. 한마디로 하루아침에 '믿는 도끼에 발등 찍히는' 배신감을 느끼게 되는 것이다. 자신이 믿고 일하던 기업, 그토록 애착을 가졌던 '조국과 민족'으로부터 뭔가 속았음을 느끼면서 분노하게 되는 것이다. 그러나 이 분노, 즉 기득권을 가진 지배자들에 대한 분노가 곧장 자동적으로 저항으로 연결되기보다는, 대개 다른 한편으로 국가의 장래에 대한 걱정, 파산선고에 대한 두려움 등과 뒤섞이면서 노동자들은 매우 심한 혼란을 일으키게 된다. 왜냐하면 한국의 노동자들은 여태껏 애국심과 애사심을 너무나 가슴 깊이 내면화해 왔기 때문이다.[8] 바로 이러한 심리 구조를 적극 파고 들어가서 노동과 자본 사이의 대립을 완화하고자 하는 관리 방식이 종업원지주제나 우리사주제 도입, 그리고 참여경영 전략 또는 노동자의 중산층화(재산형성) 전략이다. 만일 이러한 여러 기법들이 일정한 효과를 발휘하게 되면 앞서 말한 "공격자와의 동일시"가 더욱 강화되어, 마침내 '싸움의 상대방'이 뒤바뀌게 된다. 그리하여 '아군이 적군이 되고, 적군이 아군이 되는' 역설적인 상황이 벌어지게 되는 것이다.

예컨대, 1998년 2월 6일 새벽에 제1기 노사정 위원회 논의가 타결된 뒤, 민주노총 비대위는 정리해고제와 파견근로제에 합의한 지도부를 분노와 함께 불신임하였고 즉각 파업을 결의하였다(1998. 2. 9). 그런데 이 비대위 역시 그 파업 결의를 3일 만에 스스로 거두었다(1998. 2. 12). 바로 그러한 과정은 앞서 말한 한국 노동자들의 불확실한 심리상태를 매우 뚜렷하게 반영하고 있다. 파업을 결의한 노동자들은 매우 분노한 상태에 있었음에도 한편으로 "또다시 총파업으로 온 나라가 혼란에 빠지면 정말로 나라가 파산(지불불능상태)을 선고받는 게 아니냐"는 식의 두려움과 걱정에 휩싸인 것이다. 요컨대 사회적 저항의식이 애국적 민족의식 앞에 무릎을 꿇고 말았던 것이다. 이러한 애국주의적 민족의식을 강하게 가진 '시민들'(노동자 포함)이 이미 광범위하게 존재하는 데다가 지배적 언론들마저 '참여와 협력'의 사회적 분위기로 사람들을 몰아가게 되면, 분노하는 노동자들의 투쟁 의지는 엄청나게 약화될 수밖에 없다. 바로 이때 국가는 공권력의 발동을 강하게 시사하면서 지금까지 조용히 감추고 있던 '호랑이 이빨'을 위협적으로 내보이면서 불안정한 노동자들의 의식 공간을 뚫고 들어간다.[9] 우리 사회 흔들리는 노동자의 마음을 뚫고 "노동규율"의 강화, 즉 노동자의 군기잡기를 끊임없이 시도하게 되는 것이다. 바로 그러한 실례가 곧 5월 1일, 메이데이 시위와 그 사후 처리에서 매우 뚜렷하게 나타났다. 검찰총장은 5월 4일 대국민담화에서 다음과 같은 취지의 발언을 하였다.

5월 1일 시위는 국민의 정부 출범 이후 처음 발생한 대규모 가두 폭력 시위로서 노사정 합의정신에도 배치되는 명백한 공권력 도전행위이다. 검찰은 **국난극복 차원에서** 국가공권력을 총동원, 단호히 대처할 것이다. 특히 1일 폭력행사에 대한 민주노총 지도부의 관여 여부를 면밀히 수사, 혐의가 드러날 경우 사법처리를 할 것이다.(김태정 검찰총장, 『주간노동자신문』, 1998. 5. 6. 강조는 필자)

실제로 5월 11일에 가서는 국민승리21의 조직국장 박용진씨가 구속되는 사태가 벌어진다. 게다가 경찰청은 민주노총 지도부를 포함한 79명의 수사 대상자를 확정한 뒤, 출석요구서 발부 등 수사에 나서기도 했다. 이는 새 정부가 누누이 대화와 타협을 이야기하면서도, "국난극복"이나 "국익"에 도움이 되지 않는 행위를 하는 자들에 대해서는 무자비하게 배제전략을 구사하겠다는 생각을 명백히 보여주는 사건이다. 바로 이러한 맥락에서 청와대측에서도 메이데이 싸움 직후에, 노동운동계를 강경파와 온건파로 나누어 대처하면서 온건파와는 대화를 계속하되 강경파에 대해서는 단호하게 맞설 것임을 밝히기도 했다. 이러한 상황에 처하여 노동운동측은 매우 조심스럽게 '자기 통제된 투쟁'을 조직할 가능성이 높다. 실제로 메이데이 투쟁 이후 '폭력 충돌'을 매우 우려하는 사회적 논란의 와중에 서울 등 전국 여러 도시에서 치뤄진 5월 16일의 가두집회에서는, 민주노총의 경우 '질서유지단'까지 등장하여 "경제의 심각성"과 "국민의 우려"를 신중히 고려하는 모습을 보여주었다. 비슷한 모습은 5월 20일에 현대자동차가 3만 5천명의 조합원 중 8천명 이상을 정리해고하겠다고 발표한 이후 주기적으로 반복된 시한부 파업(5. 27, 6. 29, 7. 6, 7. 14, 7. 20)에서도,[10] 민주노총이 정부 측 협상안을 수용하여 스스로 6. 10 파업을 철회했을 때에도, 또 6월 29일, 5개 퇴출 은행 발표 직후 일부 전산 요원들의 태도나 7월 15일 총파업 개시를 결의했다가 이를 슬그머니 접어버린 금융노련의 태도에서도, 또한 은행 퇴출과 공기업 구조조정 강행에 항의하는 양대 노총의 공동 '평화집회'(7. 12)에서도, 그리고 7월 10일 제2기 노사정위 탈퇴선언에 연이어 7월 14-16일까지의 민주금속, 공공연맹 등 민주노총 총파업(7만여 명 참여)에서도 여전히 반복해서 나타났다. 이것은 한편으로 사회적 신뢰감을 확보하기 위한 노동운동 측의 고민을 보여주면서도, 다른 편으로는 일상의 사회의식 자체가 얼마나 지배자 논리에 포섭되어 있는가, 즉 "공격자와의 동일시"가 어느 정도 강한가를 잘 보여주는 부분이라 할 수 있다.

그리고 다른 한편, 이러한 "공격자와의 동일시" 현상은 노조가 고용 위기의 시대에 가장 열악한 조건 속에서 주변화되거나 배제당하는 집단들에 대해 별다른 대응을 하지 못하는 데서도 잘 나타나고 있다. 그것은 불법체류에 대한 벌금을 면제받는 대신 98년 1월부터 4월 말까지 무조건 출국해야만 했던 5만여 미등록(불법체류) 이주노동자들의 경우에도, 영세 사업장 노동자나 여성 노동자에 대한 무차별적인 해고와 부당노동행위가 자행되는 데 대해서도,[11] 또한 용역노동자 등 비정규직 노동자가 고용 조정 과정에서, 그리고 7월 1일 이후 근로자파견제의 시행으로 무차별 해고를 당한 경우에도,[12] 실업자나 노숙자가 대량으로 생산되는 과정에서도[13] 구체적으로 증명되었다.

나가는 말: 총체적 삶의 위기에 대한 대안 모색

지금까지 앞에서 우리는 현재의 경제위기를 단순한 외환위기나 경쟁력 위기, 수익성 위기로 해석하지 않고 그 대신 총체적인 삶의 위기라 규정하고,

그것이 경쟁지상주의, 수출지상주의, 애국주의, 자본과 공범관계 및 사회적 약자에 대한 공격성(무책임성) 등과 결코 무관한 것이 아님을 보았다.

그렇다면 과연 우리는 어떠한 원리 위에서 새로운 패러다임을 모색해야 하는가? 요컨대 지금까지 자본주의 사회경제 패러다임은 인간과 인간, 인간과 자연 사이에 경쟁과 분열, 오만과 남용의 원리가 지배하는 것이라 말할 수 있다. 따라서 그에 대한 진정한 대안은 연대와 협동, 겸손과 외경의 원리에 기반한, 완전히 새로운 패러다임을 만들어가는 과정 속에 있을 것이다. 현재의 조건 속에서 새로운 패러다임을 찾아나가는 노력은 매우 힘들 것이지만 결코 불가능하지는 않을 것이다. 만약 우리가 다음과 같은 운동을 사회적으로 힘차게 전개한다면 말이다.

첫째, '뒤집어 보기'를 해야 한다. '주어진' 조건을 주어진 대로만 받아들이고 그 속에 적당하게 적응하거나 순응하려고 해서는 아무런 창조적 진보를 이룰 수가 없다. 주어진 조건조차도 원래 인간의 사회적 관계와 행위 속에서 만들어지고 구조화되어 우리 눈앞에 마치 거대한 물결처럼 나타나는 것이다. 예컨대 경쟁이라는 거대한 물결도 우리 눈에는 누구도 거부할 수 없는 엄청난 힘으로 나타나지만, 사실은 우리 모두가 경쟁이라는 게임에 모두 동참하고 있기 때문에 '경쟁의 압력'이라는 구조가 탄생하는 것이다. 만일 경쟁에 참여하고 있는 사람들 모두가 '이제 그만!'이라고 외치면서 더 이상 경쟁하기를 그만둔다면 바로 그 순간부터는 경쟁과 분열이 아니라 연대와 협동이 가능하게 된다. 이와 같이 구조와 행위는 결코 분리되어 있는 것이 아니다. 이처럼 뒤집어 보았을 때 문제의 뿌리와 가지를 제대로 알 수 있는 또 다른 예는 '경제'라는 말이다. 앞서 살핀 대로 경제란 결국 먹고 사는 것이다. 따라서 경제위기란 먹고사는 것의 위기, 우리 사회 삶의 위기이다. 이처럼 삶의 위기를 경제위기라

고 해야지만 '경제 바로잡기'가 가능하다. 그렇지 않고 만일, 외환위기나 기업
수익성 위기를 경제위기라고 규정짓고 들어가면 우리는 금 모으기나 달러
모으기, 아니면 기업수익성 높이기 속에서 그 해결책을 찾게 될 것이고, 마침내
'경제 살리기'를 한답시고 오히려 삶의 위기를 계속 부채질하게 될 가능성이
크다.

둘째, '다르게 느끼기'를 해야 한다. 오늘날 우리는 상품광고와 제도언론,
권위적이고 관료적인 지배문화 및 사회풍토 속에서 자라나고 생활하기 때문에
우리가 느끼고 생각하는 대부분의 내용들은 광고나 언론, 사회 분위기 등에
의해 '만들어진' 것이다. 우리 내면이 진정으로 그렇게 느끼고 생각하는 것이
아닐 수 있다는 말이다. 예컨대 우리는 날마다 '생산성 향상'만이 치열해지는
세계시장의 경쟁에서 '승리자'가 되는 길이라는 얘기를 듣고 또 그렇게 믿고
있다. 그런데 사실은 대부분의 일하는 사람들은 물론, 경영자들조차 몸과
마음이 피곤하고 '생산성' 향상 과정에서 '파괴성'이 더욱 향상되고 있음을
느낀다. 가만히 느껴보면 우리의 몸과 정신, 인격, 그리고 공동체나 생태계가
갈수록 파괴되고 있지 않은가? 그럼에도 우리는 성과주의나 경쟁력 지상주의
때문에 이러한 솔직한 느낌을 있는 그대로 받아들이지 않고 무시하거나 억지
로 참자는 식으로 넘어가고 만다. 그 결과는 불행하게도 큰 병이나 죽음으로
이어진다. 진정으로 생동하는 삶을 살기 위해서는 지금까지와는 뭔가 '다르게'
느끼고 '다르게' 살아야 하는 것이다.

셋째, '이어 보기'를 해야 한다. 우리가 살아가는 과정은 지극히 총체적이기
때문에 정치, 경제, 사회, 문화 등의 영역이 사실은 일상적 생활과정 속에
모두 녹아들어 있다. 그리고 노동문제와 여성, 생태계, 평화문제 등이 서로
분리되어 있는 것도 아니다. 모든 문제들이 생산이나 소비, 그리고 노동을
매개로 하여 서로 얽히고설켜 있다. 예컨대 평화문제와 군수산업의 노동자

일자리 문제는 서로 얽혀 있고, 생태계 파괴와 공해산업 노동자의 생계도 서로 맞물려 있다. 또 노동자의 여가시간과 생태계, 사회적 효율성 문제도 서로 얽혀있다. 예컨대 노동시간 단축 운동이 성공해서 노동자가 하루에 네 시간만 일한다면 사람들은 한나절만 일하고 그 외는 낚시를 가거나 아이들과 들놀이를 나갈 수 있다. 만일 낚시를 해서 잡은 물고기로 매운탕을 끓였는데 뭔가 국물에서 기름내가 난다고 하자. 그러면 이 사람은 "아차! 바로 내가 일하는 공장 폐수가 이 물고기 몸 속에 들어갔다가 드디어 내 몸 속으로 들어오는구나!" 하고 느낄 수 있다. 그가 이런 문제의식을 가지고 다시 일터로 돌아오면 그는 자기가 만드는 제품에 대해, 그리고 자기 회사에 대해 뭔가 다르게 느낄 수 있다. 만일 이런 문제의식이 다른 사람들과 더불어 조직적으로 공유된다면 그 회사는 질적으로 다른 '효율성'을 고민할 수 있을 것이다. 이렇게 노동시간 단축과 삶의 질, 질적인 효율성 문제는 서로 밀접히 맞물려 있다. 만일 우리가 자신의 행위가 다른 부문에 여러 가지로 영향을 미치고 있다는 사실을 제대로 알고 있다면,[14] 우리는 지금까지와는 달리 매우 책임성 있게 살아갈 수 있을 것이다.

넷째, '빠져 나오기'를 해야 한다. 우리는 거대한 구조 속의 한 톱니바퀴이기를 거의 강요당한 채 살아간다. 그리고 거대한 구조가 많은 문제를 안고 있어 우리로 하여금 즐겁고 행복한 생활을 하지 못하게 가로막고 있다면, 우리는 '겨우 나 하나가 무슨 힘을 쓸 수 있겠느냐'고 한탄만 한다. 그런데 곰곰 살펴보면, 바로 우리 하나 하나가 그 구조 속에서 톱니바퀴로 움직여주고 있기 때문에 그 거대한 구조는 잘 지탱되고 술술 잘 돌아가게 된다. 만일 우리 스스로 더 이상 톱니바퀴이기를 그치고, 과감히 그 기계로부터 빠져나오게 되면 그 기계는 더 이상 돌아가지 못하게 된다. 바로 그때 우리는 우리가 원하는 방식으로 기계를 뜯어고치거나 취사선택을 할 수 있다. 비슷한 예로 촌지 문제를 들 수 있다. 우리는 많은 학부형들이 자기 자식을 위해서 돈봉투를 갖다주면서도 "선생들이 돈 받는다"고 욕하는 것을 볼 수 있다. 그러나 불행히도 그렇게 해서는 촌지 문제가 결코 해결되지 않는다. 이것이 해결되려면 학부형과 선생 모두, 일단 자기 먼저 갖다 주거나 받는 사람의 대열로부터 '빠져나온' 상태에서, 다른 이들이 주고받는 행위를 나무라야 한다. 마찬가지로 노동자가 자본가 아래로 들어가 열심히 '생산성' 향상 운동을 해주면서 고용불안이나 노동소외가 일어난다고 분노하는 것도 '빠져 나오기'를 하지 않으면 결코 해결되지 않는다. 당장은 생계유지 때문에 모든 것을 포기하고 빠져 나오지 못할 수도 있다. 하지만 몇 개년 계획을 세워서 서서히 시도하더라도 빠져 나와야 한다. 따라서, '빠져 나오기'란 반드시 사직을 하고 직장을 그만둔다는 것만을 뜻하지는 않는다. 왜냐하면 일단 생계유지 때문에, 비록 몸은 자본 아래에 머물러 있더라도 '내면적 사표'를 쓸 수도 있기 때문이다. 그래서 '마음이 먼저 빠져 나올 수' 있다. 만일 이러한 '빠져 나오기' 운동이 조직적으로 이루어진다면 기존의 착취와 지배, 경쟁과 분열 구조는 상상 이상으로 급격히 허물어질 것이다.

다섯째, '새롭게 만들기'를 해야 한다. 앞에서 말한 여러 과정 속에서 우리는 이미 살아있는 주체적 생명력을 충분히 키울 수 있고, 이 힘을 바탕으로 정말 다양하고 풍성한 사회를 새롭게 만들 수 있다. 정치, 경제, 사회, 문화, 그리고 노동, 여성, 평화, 생태계 문제 등의 각 영역이 살아있는 주체들에 의해, 자율적이고 창의적으로, 그것도 완전히 새로운 패러다임 속에 근본적으로 '재구성'될 수 있을 것이다. 여기서 주의할 것은, 이 '새롭게 만들기' 운동이 결코 완전한 설계도를 가지고 완벽하게 진행되는 과정이라기보다는, 수많은 시행착오를 거치면서 학습과 실습을 반복하는 과정이라는 점이다. 따라서 이 과정은 창의성과 자율성, 다양성이 철저하게 보장되어야 한다.

누군가 똑똑하거나 힘있는 사람이 이렇게 저렇게 하라고 지시하고 감독,
통제하는 과정이 되어서는 곤란하다는 말이다. 그렇게 되면 새로운 지배관
계가 나타날 것이기 때문이다. 결국, 새롭게 만들기 과정이 우리 모두의
일상적 생활과정으로 되어야 한다.

◾주

1_ 안산 시화 공단에서 나온 폐수가 맑은 바닷물을 검은 색과 악취로 물들인 시화
호, 한화그룹에서 계획 중인 메추리 섬의 원유저장탱크가 들어설 대부도, 공장 및
축산 폐수와 농약, 비닐류 등으로 더렵혀진 갯벌, 미군의 포사격 훈련장을 위한
최적지인 매향리, 현대건설에 의해 농경지용으로 확보되어 농약 투성이에다가 더
이상 갯벌의 자정 능력을 상실한 천수만 서산AB지구, 공군의 폭격훈련장이 자리
잡은 독대섬, 세계 최대의 공사로 알려진 새만금 갯벌 간척사업(그나마 김성훈 농
림부장관이 98년 7월 16일, 이곳 1억 2천만평에 공업단지 조성 대신 생태마을과
농지 등 환경친화적 개발을 하겠노라고 약속했으나 이미 간척 그 자체가 갯벌 가
치를 결코 대신할 수 없다), 한려수도로 이름난 여수 지역의 기름띠 오염, 수출자
유지역과 창원공단에 의해 체계적으로 파괴된 마산만, 오염된 공기와 공장폐수로
망가진 울산만 등 3면의 바다가 이미 신음소리를 크게 내고 있는데도 지배자들은
'눈 가리고 아웅' 하는 식으로 대처할 뿐 아니라, 지금까지의 방식을 '현재에도 그
대로 진행'시키고 있다(영종도 공항이나 김포매립지 등). 허욱, 「개발, 폭격, 인간
의 오만에 신음하는 서해안 1천 5백리」, 『말』, 1998년 6월호 참조.

2_ 강수돌, 『경영과 노동: 사회 생태적 경영을 위한 밑그림』, 한울출판사, 1997, 53
쪽 이하 참조

3_ H. 하이데, 「자본의 전략변수로서의 민족: 마르크스의 가치이론에 근거한 비경제
주의적 해석」, 『이론』, 1993년 가을 참조.
IMF 구제금융 직후 98년 1월부터 시작되어 4월 말에 막을 내린, '나라 살리기를
위한 금모으기 행사'(전국적으로 351만 명 참여, 4가구 당 1가구 꼴로 평균 65그
램을 내놓음)도 결국에는 이러한 애국주의의 일환이라고 볼 수 있다. 그러나 이
행사는 불행하게도 사랑과 우정의 징표까지도 돈벌이에 눈이 어두운 국내외의 사
업가들한테 갖다 바치는 꼴이 되고 말았다. 게다가 그것은 저들의 논리에 따르더
라도 이른바 "외환위기" 극복에도 전혀 도움이 되지 못했고, 오히려 일부 장사들
만 배를 채워주고 전체적으로는 '밑진 장사'를 하고 말았다(『한겨레 21』 208호,
1998. 5. 2).

4_ 대한민국 정부 수립 50주년을 기념하여 98년 7월 17일부터 8월 15일까지 열리는
'전국 일주 태극기 달리기' 행사는 "태극기와 함께 달리며 국난극복의 의지를 다
지자" 그리고 "도약21, 힘찬 한국"이라는 구호와 함께 출범하면서 동시에 전국의

모든 가정들에 거의 의무적으로 태극기를 달도록 종용하고 있다. 특히 아파트 단지에 사는 주민들은 관리사무소로부터 각 가정으로 일방적으로 연결된 단지 내 방송망을 통하여 "앞으로 한 달간 매일 태극기를 답시다", "아직도 태극기를 달지 않은 가정은 지금 속히 다시기 바랍니다"라는 등의 내용을 반복해서 짜증스럽게 들어야 했다. 또한 그래도 달지 않은 가정에 대해서는 통·반장이 직접 그 가정을 찾아가 "자꾸만 위에서 무어라고 하니 빨리 태극기를 달도록" 종용하기도 했다.

5_ H. 하이데, 「한국 경제—축적양식의 위기」, 『녹색평론』, 1998년 5-6월호.

6_ 이러한 "공격자와의 동일시"(H. 하이데, 「한국 경제—축적양식의 위기」)는, 내가 보기에 지난 50년 동안 한국의 민중이 일상생활에서 거의 무의식적으로 반공의식을 체득하고 있는 "생체화된 반공무의식"(김진균, 『한국의 사회현실과 학문의 과제』, 문화과학사, 1997, 86쪽)과 명백히 동전의 양면을 이루고 있다.

7_ 김종철, 「'보살핌의 경제'를 위하여」, 『녹색평론』, 1998년 7-8월호, 14쪽.

8_ 98년 5월 1일, 메이데이 집회가 끝난 뒤에 민노총 사무실에는 매우 흥미로운 일이 벌어지기도 했다. 즉 집회 직후에 민노총 사무실로, 시민이라고 자처한 사람들로부터 많은 항의 전화가 빗발쳤는데, 그들은 "80%이상이 아줌마들이었고, 전라도 사투리를 썼으며 내용도 하나같이 '주가가 떨어진다', '정권교체했는데 1년간은 도와줘야 하는 것 아니냐'는 식이었다"고 한다. 이러한 현상은 2월 초에 민노총 비대위가 파업을 결의했을 때도 마찬가지로 나타났다(『주간노동자신문』, 1998. 5. 13). 여기서 주목할 것은 이러한 '시민들'의 항의 전화가 민노총 투쟁에 대한 부정적 국민여론을 조작하기 위한 시도의 일환이라는 점 이외에, 그 항의의 내용이 전형적으로 "국익"과 "국난극복"이라는 이름 아래 "주식 가격"이나 "수익", "이윤" 등 기득권에 눈이 어두운 사람들의 이해관계를 적극 대변하고 있다는 점이다.

9_ H. 하이데, 「노동 사회로부터의 탈출구: 노동의 새로운 패러다임을 위한 조건」, 고려대 노동문제 연구소(편), 『미래의 일과 노동』, 미래인력연구센터, 1998.

10_ 현대자동차는 7월 16일, 7월 31일자로 최종 정리해고 대상자 2,678명을 해고하고 900명의 여유인력에 대해서는 2년간 무급휴가를 보내겠다고 통보하였다. 이에 노조는 17일부터 19일까지의 연휴가 끝나는대로 파업 등 투쟁 계획을 마련할 것이라고 밝혔다. 한편 김광식 위원장은 7월 14-16일까지의 파업으로 특별검거령이 떨어진 57명 속에 포함되었다. 그런데 노조 집행부는 위기 의식을 느낀 나머지 이미 7월 11일의 노조 임시대의원대회에서, "임금삭감안과 정리해고 철회안을 맞바꾸자"라는 양보교섭안을 제시했다. 물론 대의원들의 강력한 반발로 채택되지는 않았지만 바로 이러한 제안 속에서도 노동조합 지도부의 내면적

갈등을 읽을 수 있다.

11_ 97년 3/4분기 고용 동향에 따르면 전년도 대비 여성실업자 증가율이 남성에 비해 무려 7배나 높게 나타나고 있다. 이는 5인 이하 사업장에서 일하는 여성이 60%이상인 데다가 경영 위기에 빠진 대기업의 하청영세기업들이 폐업과 부도로 몰려 대부분의 여성노동자들이 퇴직금은 고사하고 밀린 임금도 못 받고 거리로 쫓겨나기 때문이다. 이 과정에서 남성 중심의 조직인 노동조합은 이렇다 할 대응책을 내놓지 못했다. 물론 여기에는 매우 소중한 예외도 있다. 한국기계 노조의 경우다. 97년 12월 27일에 '조립부 14명 중 여성노동자 9명 모두를 31일자로 해고하겠다'는 통보를 받은 한국기계 노조가 "여성노동자에게 먼저 적용한 정리해고의 바람은 결국 모든 노동자에게 닥치게 되며, 당장 함께 살 수 있는 방안을 강구하지 못하면 걷잡을 수 없는 해고 바람이 회사 전체에 몰아칠 것"이라며 조합원을 설득, 대부분의 남녀노동자들이 함께 밤샘 농성에 참여하여 불과 1주일만에 회사측으로부터 항복을 받아낸 경우도 있다. 손영주, 「실업의 한가운데 서있는 여성노동자」, <노기연>, 『민주노동과 대안』, 1998년 4월, 58쪽.

12_ 현대자동차 노조는 회사 측이 6월 30일, 식당, 전화 가설, 발간 업무, 수출 차량 이송 등 10개 항목 938명에 대한 하청 이관 계획을 밝힌 데 대해서 별다른 대응 조치를 취하지 않았을 뿐만 아니라, 98년 6월까지 약 6천여명(총 노동자의 20%에 육박)에 이르는 하청노동자들이 정리해고되는 것에 대해서도 "정규직원 8천여 명에 대한 정리해고 문제로 대치하고 있는 상황이어서 하청이나 용역사원, 파견근로 문제에 관심을 가질 겨를이 없다"고 하며 묵인하는 태도를 취했다. 물론 한국중공업, 현대중공업, 아시아자동차 등 곳곳에서 용역하청 노동자들에 의한 자생적인 생존권 요구 투쟁과 원청 노조의 지원이 부분적으로나마 함께 이루어진 경우도 있으나 결코 정규직과 비정규직, 조직 노동자와 미조직 노동자, 우리 기업 노동자와 다른 기업 노동자 사이의 '유리벽'을 뚫어내지 못하였다.

13_ 서울역, 용산역 등 서울의 주요 역 부근에는 3천여 명의 노숙자가 몰려 지내는 것을 볼 수 있으며, 98년 2월에는 하루에 1만명씩, 5월에는 5천명씩 일자리를 잃고 거리로 몰려나왔다. 이에 대해 민주노총조차도 노동자와 실업자, 노숙자 모두가 연대하여 총체적인 공동 대응을 모색하는 데 주력을 기울이기보다는 기존 정규직 노동자의 고용안정을 위한 정리해고 반대 투쟁에 대해 총력을 기울이는 모습을 보여주었다.

14_ 이러한 인식은 곧 자본주의 사회과정에서 잃어버린 영성(spirituality)을 회복하는 것이다("재정신화", H. 하이데, 「노동 사회로부터의 탈출구: 노동의 새로운 패러다임을 위한 조건」, 80쪽 참조). 나 자신과 세상 만물이 연결되어 있다는 인식,

나와 우주는 다른 개체가 아니라는 인식, 인간이 자연의 일부라고 느끼는 것, 그리고 나와 남이 결코 다른 존재가 아니라 한 몸뚱이라는 인식이 곧 영성을 회복하는 것이다. 이렇게 영성을 회복하고 실천할수록 우리는 진정 자율적이고 책임성 있는 새로운 삶을 살 수 있을 것이다. 한편, 나는 이 영성이라는 개념이, 자본주의와 더불어 철저히 분리되어 나간 과학과 종교가 다시 만날 수 있는 매개고리가 된다고 본다.

02_ 경제위기와 삶의 위기

경제위기는 없다?

얼마 전까지만 해도 정부는 "경제위기는 없다"고 했다. 동시에 "위기 담론을 퍼뜨리는 자들 때문에 정말 위기가 온다"고 경고했다. 그러나 이제는 "국민의 힘을 모아 이 국가적 위기를 이겨내자"라고 종용한다. 경제위기가 없다면 과연 위기를 이기기 위해 힘을 모을 필요가 있을까?

내가 보기에 경제위기는 크게 두 가지 차원에서 '현존'한다. 하나는 돈벌이 경제 차원인데, 돈벌이가 잘 안 된다는 뜻이다. 개인은 소득이 줄거나 빚이 늘고, 기업은 수익이 줄거나 빚이 는다. 주식 시장은 등락을 반복하면서도 연속 상승하지 않는다. 특히 외국 투자자들 또는 투기꾼들이 대거 빠진다. 나라는 수출과 외환이 줄거나 부채가 증가한다. 환율은 폭등한 뒤 좀처럼 내려가지 않는다. 환율은 나라의 경제력 또는 돈벌이 능력을 표현하는데, 환율이 올라가는 것은 그 화폐 가치가 떨어지는 것, 즉 경제력 또는 돈벌이 능력이 떨어진다는 뜻이다. 이 모두 종합하면, 돈벌이 경제 차원에서 보더라도 경제위기는 단순 루머가 아니라 현실이다.

다음으로 경제위기는 살림살이 경제 차원에서도 '있다.' 그것은 한마디로 삶의 위기라는 뜻이다. 동양의 경세제민(經世濟民)이나 서양의 이코노미(economy)라는 말뜻에서 유추하듯, 경제는 곧 살림살이다. 이제 삶의 위기가 현존하는 '실재'라는 뜻에서도 경제위기는 있다. 사람들의 삶에 여유가 없어지고 불안감과 우울증이 급증하며 온 사회에 '팔꿈치사회' 식 경쟁과 분열이 고조되고 공격성과 폭력성이 증가하여 결국 행복감보다는 스트레스가 증가할 때, 삶의 위기가 실재한다. 심지어 2008년 11월 초에는 초등 4학년 아이가 2살짜리 아이를 13층 아파트에서 떨어뜨려 숨지게 하는 사건이 벌어질 정도다. 특히 '미국 발 금융위기'로 상징되는 세계 금융시장의 거품 붕괴로 인한 혼란은 실물 경기의 위축으로 이어지고 실업과 고용 불안, 부채 증가, 심리적 공포, 스트레스 증대를 동반한다. 더불어 한국판 '토건 자본주의'도 마침내 삶의 위기를 가속화한다. 미분양 아파트는 쌓이고 건설업체들의 연쇄 부도와 은행 부실이 그칠 줄 모르며, 날로 팽창하는 수도권의 그린벨트는 개발 광풍 앞에 무너지기 직전이다. '투기지역해제'를 통한 투기 조장도 죽어가는 경제를 살릴 순 없다. '빈익빈 부익부'는 갈수록 더하고 돈이 돌지 못하니 중산층과 서민층 살림살이는 더 피폐해진다. 이 모든 것이 삶의 위기다.

그렇다면 지금부터라도 "위기담론을 퍼뜨린 자들을 잡아넣겠다"는 식의 협박보다는 오히려 보다 차분하게 위기의 근본 원인을 성찰하고 그에 합당한 대책을 수립해야 한다. 그러나 현 정부는 그린벨트를 해제하고 투기를 사실상 조장하는 '토건 자본주의'를 통해 신자유주의 경제위기를 돌파하려 한다. 위기의 원인을 가지고 위기를 극복하려는, 매우 창의적이지만 자가당착적인 발상이다. 당연히 그 실효성은 의문시된다. 위기가 아니라 하면서도 위기 해결책은 내놓는데, 그 방향과 내용이 영 아니다. 과연 그 어느 누가 '위기'가 좋아서 '위기다!'고 외치는가? 특히 '삶의 위기'는 오지 않아야 옳다. 우리가 모두 아침부터 저녁 늦게까지 부지런히 일하는 것도 삶의 위기가 아니라 '삶의 행복'을 위한 것이기에.

돈벌이 경제의 파탄

2008년 9월은 2001년 9월과 달리 '종교적 근본주의'를 지향하는 '테러리스트'가 아니라 '시장 근본주의'를 지향하는 '테러리스트'에 의해 온 세상이 떨었다. 2001년 9월에는 뉴욕의 세계무역센터 쌍둥이 건물이 물리적으로 파괴되고 수천 명이 죽었지만 2008년 9월엔 뉴욕의 월스트리트 전체가 심리적 공황 상태에 빠졌다. 올 것이 왔다. 주택담보 시장을 주름잡던 패니메이나 프레디맥의 부도 위기에 이어, 2008년 9월, '리먼 브라더스' 투자은행이 파산했다. 메릴린치나 AIG 보험사 등 거대 금융자본도 심히 흔들려, 메릴린치는 뱅크오브아메리카에 매각되었고 AIG는 구제금융을 받고도 또 흔들린다. 미국 최대 저축은행인 워싱턴뮤추얼도 310억 불의 빚을 안고 JP 모건에 팔렸다. 이어 유럽에서도 벨기에와 네덜란드 합작 금융그룹인 '포르티스'가 구제금융을 받았다. 금융위기가 유럽으로 확산되고 유로화가 급락했다. 미국서는 7천억 불, 유럽서는 1조 7,700억불의 긴급 수혈이 대파국을 막는다. 그러나 그걸로 해결이 될까?

금융위기는 대규모의 고용위기로 간다. 미국의 뱅크오브아메리카는 2008년 8월부터 3,000명을 감축 중이며, JP 모건은 2008년 3월에 인수한 파산기업 베어스턴스 직원 7,600명 감원에 돌입했다. 2008년 9월까지 금융업종에서만 무려 11만 명이 실직했다. 특히 주택부동산, 금융, 유통, 출판, 자동차, 여행관련 업종에서 감원 돌풍이 예상된다. 제너럴모터스(GM), 크라이슬러, 포드 등 미국 '빅3' 자동차회사는 2008년 들어 매출액이 20% 감소했다. 소비 둔화로 향후 판매는 더 줄어들 것이다. 200만 명의 미국인이 자동차업계에 종사 중인데, GM과 크라이슬러가 합병될 경우 양사 직원 7만 4,000명이 해고될 계획이다. 최근 GM은 판매 감소로 3개 공장에서 1,600명의 직원을 해고할 것이라 밝혔다. 포드자동차는 시카고 공장에서 일하는 직원 800명을 감원키로 했다. 오죽하면 지엠을 비롯한 미국 '빅3' 자동차 자본이 연방 정부에게 "정부의 지원 없이는 내년 상반기를 넘기지 못하고 파산할 것"이라 압박을 가하겠는가? 업계에서는 GM 하나만 파산해도 연관산업 종사자를 포함 약 250만 명이 실직할 것으로 분석한다.[1] 새 오바마 정부의 최대 도전 중 하나다.

나아가 실적부진에 시달리거나, 대규모 인수합병을 단행한 미국 IT회사들도 대규모 감원을 행한다. 예컨대, 모토롤라는 2008년 10월 31일, 전 세계에 걸쳐 모두 3,000명을 해고할 것이라고 밝혔고, 또 전 세계에 걸쳐 1,000명의 인력을 해고할 것이라 예고했던 이베이 또한 대량 해고 조치를 단행했다. 휴렛패커드는 이디에스(EDS) 인수 이후 인력 구조조정을 통해 무려 2만4,600명을 해고할 계획을 밝힌 바 있고, 썬마이크로시스템즈는 실적 악화로 2008년 7월, 미국과 캐나다의 직원들 1,000명을 해고했다. 스타벅스도 2008년 7월, 1만2,000명에 대한 감원을 발표했다. 미 노동통계국에 따르면 2008년 들어 9월까지 76만 명이 실직했다. 실직은 더 늘어날 전망이다. 컨설팅회사인 왓슨 와이어트(Watson Wyatt)는 조사 결과 고용주 4명 중 1명이 "향후 1년 내 감원을 추진할 것"이라 한다.[2]

이어 여러 금융기관에 투자한 세계 각국 자본들도 당황한다. 리먼 브라더스에만 해도 한국의 금융기관들이 이미 7억 2,000만 불이나 투자한 바 있다.

산업은행은 파산 직전의 이 회사를 거의 인수할 뻔 했다. 이 모든 사태는 생산을 떠난 자본, 생명을 떠난 자본, 사회를 떠난 자본이 마침내 몰락의 길로 접어듦을 알릴 뿐이다.

즉, 이번 사태는 이미 2007년 봄부터 미국에서 '서브프라임 모기지론'(비우량 주택담보 대출) 부실이 사회 문제화했을 때부터 예견된 것이다. 비우량 주택담보 대출이란 무엇인가? 이는 신용 등급이 낮아 일반 은행에서 돈을 빌리지 못하는 이들을 상대로 고금리의 돈을 빌려주는 것이다. 집을 담보로 집 시세의 거의 100% 수준으로 대출이 가능하다. 이때 돈을 빌리는 자와 돈을 빌려주는 자가 모두 이익을 얻는 길은 무엇인가? 돈을 빌리는 자는 집을 담보로 돈을 빌려 아파트 같은 집에 투자(투기)를 한다. 나중에 집값이 오르면 집을 되판다. 빌린 돈을 갚고도 시세차익이 생긴다. 돈을 빌려주는 기관은 고객으로부터 높은 금리를 챙기고 고수익 채권도 팔아 돈을 번다. 여기서 이 게임이 잘 작동하기 위한 전제는 무엇인가? 두 가지가 중요하다. 하나는 집값이 부단히 올라야 한다. 그래야 시세차익이 생긴다. 둘째는 새로 집을 사려는 자가 부단히 나와야 한다. 그래야 먼저 산 자가 차익을 남기고 은행에서 빌린 돈을 갚을 수 있다. 나중에 산 자는 비록 고금리 대출로 비싼 집을 샀지만 또 다른 뒷사람에게 더 고가에 팔아 차익을 남길 수 있다. 일종의 마약 중독 현상과도 같이 끊임없이 도수가 올라가야 사람들이 만족한다. 이를 증명하듯 어느 서브프라임 모기지 회사(켈너 모기지 인베스트먼트)의 CEO인 비트너는 이렇게 고백한다. "월스트리트와 투자은행은 마약왕들이나 다름없어요. 저는 그 밑에서 마약을 팔아먹는 사람이었지요."[3)]

그러나 만일 이 두 가지 전제 조건이 충족되지 않으면 이 게임은 어떻게 될 것인가? 집값이 더 이상 오르지 않거나 집을 살 사람이 더 이상 나타나지 않는다면? 그래서 생긴 것이 '서브프라임 모기지 론' 부실 사태다. 뒤이은 투자은행 등 금융기관의 파산도 핵심은 같다. 돌고 돌아야 할 돈이 더 이상 돌 수 없는 조건에 걸렸을 때, 이 거대한 세계적 투기 게임도 종말을 고하는 것이다. '아메리칸 드림'으로 불리는 '자기 집을 가지려는 욕망'과 더불어 '쉽게 벌고 쉽게 쓰는' 낭비적 생활 방식이 일종의 '경제적 쓰나미'가 되어 다가오는 것이다.[4]

생각건대 그동안 사람들은 온갖 '재테크'니 '휴먼테크'니 하면서 현란한 말과 기술로 잔치판을 벌였지만 그 핵심은 한 마디로 '투기를 잘 해 큰돈을 벌자'는 것이다. 다른 말로, '땀 흘리지 않고 떼돈 벌자'는 논리다. 그것은 한편으로 우리가 노동력을 팔아 열심히 노동해서 착실히 월급을 모아서는 결코 행복하게 살 수 없음을 말한다는 점에서 일말의 진실을 폭로한다. 하지만, 다른 편에서 보면 이는 스스로 땀 흘리지 않고 남의 피와 땀과 눈물을 대가로 떼돈을 벌어보려는 날강도 같은 생각이다. 남이 하면 투기고 자기가 하면 투자라 하지만 결국은 같은 것이다. 온갖 주식 투자나 부동산 투기, 로또 같은 게임들이 노동시장에서 좌절한 사람들의 마음을 어느 순간 사로잡긴 하지만, 결국에는 남의 눈물이 나의 웃음이 되고 나의 눈물이 남의 웃음이 되는 그런 적대적 게임에 불과한 것이 아니던가.

오늘 하루만 해도 세계적으로 약 3,000조 원이라는 천문학적 돈이 돌고 돈다. 그 중 실물 경제에 쓰이는 돈은 3%도 채 안 된다. 97% 이상은 투기성 자본이다. 이러한 '카지노 자본주의'에 구멍이 뚫리고 거품이 빠지는 것은 위험이 아니라 오히려 '찬스'다. 돈에 미친 사람들이 제 정신을 차릴 기회라는 뜻이다. 남의 피와 땀과 눈물을 값싸게 뽑아먹는 데 중독된 사람들이 그 중독의 고리를 끊을 수 있는 절호의 찬스다. 아무런 의미나 가치를 느끼지 못하고 단순히 '배부른 돼지'로 살다가 무의미한 죽음을 맞이하는 그런 헛살기를 그만 둘 수 있는 마지막 찬스다.

3. 삶의 위기 1―먹거리 위기

우리가 아무리 돈을 많이 번다 하더라도 배가 고프면 돈이 아니라 밥을 먹어야 한다. <빵과 장미>라는 영화도 있지만 우리가 인간답게 사는 데는 밥과 사랑이 모두 필요하다. 그렇다면 우리는 어떤 밥상을 차려야 하나?

직간접으로 체험한 두 가지 일이 생각난다. 하나는 이런 이야기다. 집은 호텔같이 멋지게 잘 지어 부엌엔 각종 조리기, 오븐, 식기세척기, 세탁기, 각종 그릇과 크리스털 유리잔 등 온갖 시설을 고급스레 잘 갖추어놓고도 막상 '밥은 집에서 해먹지 않는' 가정이 많다는 것이다. 다른 이야기는 사람들이 비싼 돈을 주고 화려한 뷔페나 고급 음식점을 가긴 하지만 남들이 못 가는 곳에 한번 가본다는 점에서 '상대적 우월감'을 느낄 뿐, 그 음식은 대개 건강하지도 않고 많은 경우 욕심을 부려서 너무 많이 먹기 때문에 먹고 나면 짜증이 난다는 이야기다.

오늘날 돈벌이 패러다임을 추구하는 사람들은 미국 중산층 사람처럼 살고자 한다. 그런데 막상 미국의 성인들 중 절반 이상은 비만으로 고생한다. 그 비만의 3대 원인은 패스트푸드, 설탕, 육류라 한다. 아이들도 예외가 아니다. 심지어 '어린이 성인병'까지 생긴다. 어린이들이 심장병, 고혈압, 당뇨 따위에 걸린다. 한편, 중국 농산물이 급속히 우리 밥상을 차지하고 있다. 그런데 2007년에 출판되자마자 금서가 된 어느 책에 따르면 중국 식품 위생이 엉망이어서 대단히 위험하다고 한다.[5] 비용을 줄이고 돈을 많이 벌기 위해 맹독성 살충제나 화공약품, 항생제, 독성 물질이 예사로 사용된다. 아니나 다를까, 마침내 2008년 가을, 멜라민 사태를 비롯한 '중국 발 식품 위기'가 일본, 한국만이 아니라 온 세상을 공포에 떨게 했다.

만약 우리가 참으로 건강하게 살고자 한다면 '소박하지만 건강한 밥상'을 차려야 한다. 비록 많은 반찬이 아니고 고급 반찬이 아니라 해도 가족이나 친구, 이웃과 함께 건강하면서도 소박한 밥을 나눌 수 있다면 그것이 바로 행복이 아닌가? 지금 이 순간에도 밥 한 끼 해결하지 못해 굶주리거나 죽어가는 사람들이 있는 반면, 다른 편에서는 너무 많이 먹어 군살을 빼느라고 비싼 회비를 내고 헬스클럽을 찾는 사람들이 많다. 소박한 밥상과 정겨운 대화, 이것만큼 일상적 행복을 느끼기 쉬운 것이 또 있을까?

소박한 밥상을 위해 스스로 '텃밭'을 일굴 수 있다면 금상첨화다. 유기농 채소를 사기 위해 생협을 이용하는 것도 좋지만 스스로 텃밭에서 길러 먹는다면 더 좋다. 여건이 된다면 실외에 뒷간을 만들고 똥과 오줌으로 거름을 만들어 텃밭에 주게 된다면, '밥이 똥이고 똥이 밥이 되는' 순환형 살림살이를 실천할 수 있다. 음식 찌꺼기도 닭이나 강아지를 기른다면 별로 버릴 게 없다. 닭똥이나 강아지 똥도 훌륭한 거름이 된다. 이렇게 뒷간, 가축, 텃밭이 3위 일체가 된다면 생태 순환형 살림살이가 가능하다. 모든 반찬을 자급자족할 수는 없지만 많은 부분을 스스로 해결할 수 있다. 상추, 배추, 무, 시금치, 부추, 콩, 들깨, 치커리, 호박 따위는 매우 손쉽게 자급할 수 있다.

그런데 오늘날 우리는 매일 접하는 밥상조차 건강하게 차릴 수 없게 되었다. '중국 발' 멜라민 사태는 그 직전의 '미국 발' 금융 위기 이상으로 삶의 위기를 부른다. 아기들을 위한 분유는 물론 우리 밥상에 오르는 채소류, 예컨대 상추, 미나리, 토마토, 감자 같은 것에도 멜라민과 같은 독극물이 들어가기 일쑤며, 닭이나 돼지, 소가 먹는 각종 사료 속에는 성장 촉진제, 항생제가 예사로 들어간다. 심지어 체내에 축적된 항생제, 방부제 덕에 사람이 죽어도 자연으로 가지 않고 '미라'가 된다고 한다. 바로 여기서 2008년 5월 이후 100여 일을 달군 '촛불 시위'의 계기가 된 미국산 수입 쇠고기 문제를 살펴보자.

개방화, 탈규제화, 민영화, 유연화를 핵심으로 하는 신자유주의 세계화,

그 일환으로 추진된 '한미FTA'의 끝자락엔 미국산 쇠고기 수입 개방이 자리 잡고 있다. 2008년 4월 18일, 전면 개방 합의 이후 미국산 쇠고기가 가진 광우병 위험성에 대한 불안이 전 국민적 저항을 초래했다. 광우병의 핵심은 초식 동물인 소가 억지로 육식을 한 것이다. 그것은 더 적은 비용으로 더 많은 이윤을 추구하는 사람의 탐욕 때문이다. 따라서 광우병의 본질은 사람이 돈에 미친 것, 즉 '광인병'이라 할 수 있다. 광인병이 없다면 광우병은 생기지도 않았을 것이다. 광우병 쇠고기를 먹은 사람은 특별한 치매에 걸리거나 인간광우병(변형 크로이츠야콥펠트병)에 걸려 죽기도 한다.[6] 따라서 광우병이나 인간광우병을 고치기 위해서는 '광인병'을 고쳐야 한다. 그런데도 세상은 광인병의 내용과 원인 따위에 대해서는 별로 주목하지 않는다.

광우병과 연관하여 흥미로운 에피소드가 있다. 한국에도 유명한 '배스킨라빈스'라는 아이스크림 체인점이 있다. 원래 버트 배스킨과 어브 라빈스는 그 회사 설립자들이다. 이 회사는 축산업과 유가공업을 겸하는 큰 회사다. 버트 배스킨은 심장병으로 죽었고 어브 라빈스도 고혈압과 당뇨로 고생했다. 어브 라빈스 회장이 어느 날 아들인 존 라빈스를 불러 자기 사업을 물려주겠노라 했다. 엄청난 재산을 물려주겠다는 아버지에게 아들은 뜻밖에도 '사양'을 한다. 그 이유는 건강한 사업이 아니란 것이었다. 그 이유를 묻는 아버지에게 아들은 축산업과 유가공업의 과정이 가진 문제와 모순을 하나씩 설명했다. 예컨대, 수천 마리의 소를 대량 사육하는 과정은 수많은 소들을 고문하는 것이며, 결코 먹을 수 없는 사료나 항생제, 영양제, 성장촉진제, 살충제 따위를 억지로 주입시키는 것은 사람이 할 일이 아니라는 것이다. 게다가 아프리카 등지에서는 하루에만도 수천 명이 굶어죽는데 엄청난 양의 옥수수나 밀이 잘 사는 나라 사람들의 육식을 위해 축산 사료로 소비되고 있다는 것이다. 예컨대 쇠고기 1킬로그램을 위해 곡물 16킬로그램이 들어간다면 이것은 일부의 육식을 위해 다수의 목숨을 앗아가는 것이나 다름없다는 것이다. 이렇게 말한 존 라빈스는 아버지의 재산을 상속해서 배부른 사장이 되기보다는 '육식이 세상을 망친다'(『미국인을 위한 식사』)라는 책을 써서 온 세상을 놀라게 했다. 이러한 존 라빈스의 올곧은 신념이야말로 세상을 살리는 길이 아닐까?

존 라빈스의 메시지에 따르면 대량으로 사육되는 동물이나 식물은 건강한 음식이 되지 못한다. 오늘날은 카길이나 몬산토 등 농산물 초국적 자본이 종자에서부터 제초제, 성장제, 생산, 가공, 유통, 식당, 소비 분야까지 온 세상을 장악할 정도다. 그리하여 "식품이 농장에서 식탁까지 평균 3,200킬로나 이동해야" 한다.[7] 나아가 옥수수나 콩은 유전자 조작 식품(GMO)으로 유통된 지 오래되었다. 그야말로 아이들을 사랑한다면 어느 책 제목대로 '차라리 아이들을 굶겨야' 할 정도다.[8]

정말 좋았던 시절은 집집마다 가축을 한두 마리 씩 가족처럼 키우면서 들녘에 풀을 뜯어 먹이며 키우던 때다. 그러다가 오랜만에 잔치라도 벌이면 가축에게 고맙고 미안한 마음을 느끼면서 요리를 해서 나눠먹던 시절, 당시의 고기는 질기지만 맛있고 건강한 것이었다. 더욱 중요한 것은 그렇게 가족처럼 지내던 동물을 한 마리 잡는 일은 너무나 가슴 아픈 일이기에, 생명 있는 것을 함부로 대량으로 죽이지는 못한다는 점이다. 그러나 오늘날 대량생산, 대량소비의 시대, 일중독과 소비중독의 시대에 와서 우리는 값싸게 대량으로 생산하여 대량 소비하는 일을 일상화함으로써 그러한 생명에 대한 감수성을 갈수록 잃어버린다. '집단 불감증'이다. 이런 생명에 대한 감수성을 잃은 채 그 대신 우리는 돈에 대한 감수성만 발달시켜 왔다. 그리고 정말 무엇을 잃어버리고 있는지조차 모르고 산다. 바로 이것이 사람이 돈에 미쳐 날뛰는 '광인병'의 핵심이다.

사태를 이렇게 본다면 우리는 단순히 미국산 소를 수입하느니 마느니, 아니면 30개월 이상 된 소를 수입하느니 마느니, 수입 쇠고기의 검사를 강화하느니 마느니 하는 차원에서 논의를 그쳐서는 안 된다. 그것은 최근의 조류독감이나 그 이전의 구제역, 사스 사태에서도 마찬가지다. 더 중요한 것은 돈벌이에 미친 우리의 심성 구조와 그에 기초한 온갖 '죽임의' 제도와 사회 구조를 바꾸는 일이다.

삶의 위기 2—고용 불안과 양극화

거품과 투기, 부채에 토대한 금융위기는 '미국'만의 현상이 아니다. 2008년 11월에 발표된 3분기 실적에 따르면, 한국의 시중은행 여섯 군데(국민·신한· 우리·하나·외환·기업) 모두 2008년 연체율이 상승했다.[9] 부동산 거품의 소멸로 건설업의 프로젝트 파이낸싱(PF) 부실이나 중소기업 대출, 가계 부채가 커져 부채 상환이 안 되는 것이 큰 원인이다. 특히 중소기업 연체율이 두드러진다. 이는 실물경제 둔화로 중소기업 등이 타격을 많이 입기 때문이다. 결국 '실물경제 둔화→연체율 상승→은행 대출 회수→실물경제 악화→연체율 급등'의 악순환이 나온다. 또 연체율 상승은 은행의 대손충당금을 증대시키고 수익이 줄면서 자본 적정성을 나타내는 국제결제은행(BIS) 기준 '자기자본비율'도 하락한다. 국제신용평가 기관이 부여하는 신용 등급이 떨어짐은 물론이다. 신용도가 하락하면 투자자들은 돈벌이 전망이 사라지므로 갈수록 많이 발을 뺄 것이고 외환위기와 환율 폭등을 동반한다. '제2의 IMF'에 대한 우려가 근거 없는 건 아니다. 결국, '건강한 자기 노동'에 기초하지 않은 허황된 돈벌이 경제는 갈수록 자가당착에 빠질 수밖에 없다. 게다가 금융위기는 삶의 위기를 부채질한다.

한국의 5대 도시들에서는 2008년 9월 중순부터 10월 중순까지 불과 한 달 사이에 무려 13만 개의 일자리가 사라졌다. 구조조정의 불안감 또는 'J 공포'[10]는 최근 금융·실물 위기의 직격탄을 맞은 증권·건설업계에서 특히 강하다.[11] 일례로, 증권예탁결제원은 연말까지 20명을 감원한다. 국민 세금에 기반한 '은행·증권사 구하기'가 계속되면서 반대급부로 구조조정이 확산된다. 외환위기 때 금융권은 공적자금을 수혈 받는 대신 전체 종사자의 40%가 떠났다. 건설업계도 감원바람이다. 전국 수십만 채의 미분양 물량이 쌓이면서 사무직원을 판촉이나 안내데스크 직원으로 발령 내는 방법으로 사실상 이직을 유도한다. 그 결과 '백수 가장'이 급증한다. 2008년 2분기 기준으로 가장이 백수인 가구의 비중은 외환위기는 물론이고 2분기 기준 사상 최고를 보였다. 2008년 11월 9일 통계청에 따르면, 전국 약 9,000가구를 표본으로 가계조사를 실시한 결과 올 2분기 기준으로 가구주가 무직인 가구 의 비중은 약 15%에 달하는 것으로 집계됐다. 글로벌 금융위기로 인한 실물 경제 타격이 현실화될 경우 백수가장의 비율은 더 높아질 것이다. 통계청 관계자는 "외환위기 이후 은퇴 연령이 낮아져 무직 가구주 비중이 높게 유지되고 있다"며 "최근 경기가 어려워지면서 무직 가구주 비중이 더욱 높아 지는 추세"라고 말했다.

금융위기와 실물경제 침체, 삶의 위기는 결국 중산층과 서민들에게 '양극화' 공포를 증폭시킨다. 내수와 수출 동시 부진으로 폐업 위기에 놓인 중소기업과 자영업자들도 한쪽 극에 몰린다. 현재 가계 부채가 620조원이 넘는데,[12] 주 가·아파트값 하락과 같은 자산디플레이션과 대출이자 상승 등으로 고통이 가중되는 상황에서 '실직'까지 겹치면 빈익빈 부익부 등 사회 양극화가 더 심화될 것이다. 또 이는 '가계소득 감소→대출 연체율 증가→은행 부실→경 제위기'라는 악순환을 초래한다.

삶의 위기 3─부채 및 자살의 증가

모든 삶의 근간이 되는 농촌은 오래 전부터 구조적 위기 속에 있다. 농업과 농촌, 농민은 신자유주의 세계화 속에 '확인 사살' 당한다. DDA(세계무역기구 도하개발아젠다 협상)나 FTA(자유무역협정) 등은 그간 '내치'로 죽어가던 농업을 '외치'로 끝장내는 것이다. 현재 한국의 식량 자급률은 25% 정도에 불과하다. 그나마 돈이 있어 75%를 사먹으니 '아사'와 '폭동'은 거의 없다. 2008년 초, 곡물가 폭등으로 동남아시아, 아이티 등 여러 국가에서 식량부족, 아사, 폭동이 속출했다. 이런 현상은 구조적이다. 갈수록 세계 각국의 식량 확보 전쟁이 우려된다. '식량의 무기화'가 멀지 않았다. 그러면서도 한국의 농가부채는 가구 당 2002년 1,989만원에서 해마다 증가, 2007년 2,994만원으로 무려 50.5%나 늘었다. 충남은 2007년 기준 2,499만원의 농가부채를 기록했다. 반면 농가소득은 2002년 2,470만원에서 2007년 3,196만원으로 30.6% 증가했다. 농가 인구도 지속적으로 준다. 2002년 359만 523명에서 2007년은 327만 4,091명으로 10%(31만 6,432명) 가까이 줄었다.[13]

한편, 한국의 2008년 2분기 가계부채는 660조원을 넘어섰다. 한 가구당 4천만 원의 부채다. 고물가도 여전하다. 통계청에 따르면 7월 이후 물가상승률은 5%대의 높은 수준이다. 최근 유가 하락과 원자재수요 감소 전망으로 공급측면에서 물가압력이 다소 줄긴 했지만, 한국은행의 금리인하 조치 등으로 인한 인플레이션 우려가 크다. 반면 노동자 임금은 정체다. 노동부가 7천여 곳의 사업장을 조사해 최근 밝힌 자료에 따르면 올해 2분기 실질임금 상승률은 2.6%에 그쳤다. 더불어 금융위기가 심화되면서 임금동결 요구가 거세다. 이명박 대통령이 2008년 9월, "경기회생을 위해 임금 인상 요구를 자제할 것"을 강조하자마자, 기획재정부는 2009년 공무원임금을 동결하는 예산안을 국회에

제출했다. 금융권 사용자들도 수억대의 임원 봉급을 스스로 깎겠다면서 2008
년 11월 중앙산별교섭에서 "미국 발 금융위기를 이겨내기 위해 금융권부터
임금을 동결하자"고 했다.[14]

　　최근 경기불황으로 인한 서민들의 고통은 이루 표현할 수 없을 정도다.
서민들은 "대통령을 잘못 뽑았다"고 하소연하기도 한다.[15] 이런 상황 속에서
생계형 범죄가 속출하고 자살도 빈번하다. 이명박 정부 출범 7개월 만에 일어
난 삶의 현실이다. 일례로 2008년 10월 22일 김모씨(42)는 자신이 근무하던
회사에서 구리전선 등을 몰래 빼돌리다 경찰에 붙잡혔다. 그가 훔친 구리전선
의 길이는 12m로, 시가 12만원 상당이다. 또 9월 22일 주부 김모씨(47)는
한 대형마트에서 라면, 상추, 돼지고기, 속옷 등을 훔치다 CCTV에 포착됐다.
김씨는 "남편의 실직으로 집안이 어려워져 생필품을 훔치게 됐다"고 했다.
나아가 40대 남자가 직장에서 해고된 뒤 생활비가 떨어져 지하철 역 앞에
있는 자전거를 훔치거나, 20대 부부가 아기 분유 값을 마련하기 위해 빈집을
터는 등 생활고 때문에 저지르는 범죄가 잇따르고 있다. 생계를 비관하여
자살이라는 극단적인 방법을 택한 사람들도 속출한다. 2008년 10월 8일 광주
에서 주부 이모씨(27)가 목을 매 숨졌다. 이씨는 자녀들과 남편에게 남긴
유서에서 "애들이 신는 신발이 작아 발이 아프다고 투정을 해도 신발을 못
사주고 있다. 목숨을 끊어 미안하다"고 했다. 또 서울 신림동의 주부 신모씨(27)
는 사업을 하던 남편이 부도를 내고, 끌어다 쓴 사채 4,000만원 마저 날리자
10월 23일 스스로 목숨을 끊었다. 주식이 폭락해 비관 자살하는 경우도 빈발한
다. 10월 25일 광주에서는 A씨가 목을 매 목숨을 끊었다. A씨는 1~2년 전
보험약관대출 및 주거지 담보대출 등으로 빚을 내 주식에 3억 7,000만원을
투자했는데 최근 주가가 폭락하면서 투자금 절반 이상이 날아가자 비관 자살
했다. 또 10월 22일 공주의 한 야산에서 모 보험회사 지점장 B씨(42)가 스스로

목숨을 끊었다. B씨는 최근 주식이 폭락함에 따라 변액보험 등 보험사의 주가 연계상품들의 손실이 커지자 투자자들에 대한 죄책감으로 비관 자살한 것으로 전해졌다.

한국이 세계 최고를 자랑하는 요란한 교육열, 최악의 산업재해, 최고의 자살률은 이러한 삶의 현실을 종합 반영하는 부끄러운 자화상이다. 임기응변적 처방만 일삼고 눈 가리고 아웅 하는 식의 '대증요법'을 과감하게 버리고 근본적 뿌리를 다스리는 '근본요법'으로 접근하지 않는 한 이런 부끄러운 자화상은 지속될 것이다.

삶의 위기4—사회적 약자 대변 목소리의 부재

이러한 전반적 '삶의 위기'에 대해 풀뿌리 민중과 고통을 함께 하면서 문제해결에 전면적으로 나서려는 행동가, 창조적 실천가가 별로 없다는 사실 또한 '또 다른' 삶의 위기다. 원래 정치가란 바로 이런 상황에서 필요한 행동가 중 하나다. 풀뿌리 민중의 삶을 대변하고 사회적 약자의 목소리를 대변해야 하는 것이 정치가인데도, 오늘날 정치가들은 당리당략에 따라 움직이고 '표'의 논리에 따라 움직인다. 오래 전 장 자크 루소의 말대로 "모든 국민은 투표하는 순간에만 주인이고 그 직후부터는 노예가 된다"는 점이 현실이다.

2008년 5월부터 시작된 '촛불시위'는 이런 점에서 풀뿌리 민중이 자신의 삶의 문제에 대해 공개적 발언을 하고자 직접 광장으로 나선 것이다. 한국사회가 참된 민주사회라면, 이명박 정부가 진정 '섬김의 리더십'을 자랑하려면, 이 촛불시위의 배후를 찾아 감옥으로 보내는 노력을 하기보다,[16] 촛불시위 광장에서 나온 목소리에 진지하게 귀를 기울여야 한다. 대의제 민주주의가 가지는 한계와 모순을 직시하고 직접 민주주의의 생동성을 적극 반영하는 새로운 민주 제도를 고민해야 올바르다.

한편, 많은 노동조합들도 오직 '한국, 남성, 정규직'만을 위한 권익 조직으로 굳어진다. 이주노동자나 여성, 비정규직 등 사회적 약자의 고통과 차별을 극복하기 위해 전면에 나서는 경우는 많지 않다.[17] 민주노동당이나 진보신당처럼 직접 서민층을 대변하려는 조직이 있어 그나마 다행이지만, 한편으로 역량 부족, 다른 편으로 기층의 지지 미확보 문제로 사회적 영향력이 미미한 편이다.

불행하게도 한국의 정치는 대내적으로 늘 국가주의적, 의회주의적 정치로 정의되고 그런 한에서만 용인된다. 한국 정치는 대외적으로는 늘 '눈치 보기'와 '강자와의 동일시'[18]로 특징 지워진다. 이런 사회 속에서는 대부분의 사회구성원이 희망보다는 절망, 활기보다는 좌절을 느낄 수밖에 없다. 이것이야말로 더욱 가공할 '삶의 위기'라 하겠다. 결국 삶의 희망은 풀뿌리 민초들 자신에게서 찾을 수밖에 없다. 우리 스스로가 '창조적 실천가'가 되어야 한다.

삶의 희망은 어디에?

생각건대 지금 세계 경제는 포화 상태다. 설탕물을 만들 때도 처음엔 설탕이 물에 잘 녹지만 포화 상태로 갈수록 잘 녹지 않는다. 지금 경제도 그렇다. 한국만이 아니라 세계 전체가 그렇다. 돈벌이 경제가 포화 상태로 치달으면서 갈수록 카지노 자본주의, 킬러 자본주의 속성이 커진다. 경제가 온통 놀음판과 죽임판으로 치닫는 것이다. 성장은 해도 고용은 없고, 고용이 되어도 삶의 향상은 없다. 돈은 벌어도 행복하지 않고 생산은 늘어도 삶의 질은 오르지 않는다. 이 모든 것은, 백번 양보해도, 오늘날 경제가 경제 개발 초기와는 다르기 때문이다. 물론 경제 개발 초기 때의 외연적 성장, 팽창적 성장, 외향적 성장, 의존적 성장, 유혈적 성장, 파괴적 성장이 옳았다는 말은 아니다. 따지고 보면, 그 바람직함(desirability)이나 보편적용성(universality), 지속가능성(sustainability) 등의 차원에서는 부정적이지만, '실행가능성'(feasibility)의 차원에서는 그게 가능할 정도의 여지가 있었다는 뜻이다. 어쩌면 불행히도 그게 초기에 '가능'했기 때문에 그런 식으로 '영원'할 거라는 '집단적 착각'을 심어주었을 것이다.

따라서 이제는 개발의 초기 시대 전략과는 다른 옷을 입어야 한다. 지금 필요한 옷은 더 이상 '삽질의 과학'이나 '뺑이치기 전략'이 아니라 '삶의 질 전략'이다. 지금까지는 '파이의 크기'만을 늘리기 위해 일로매진 하자고 했으나, 지금부터는 '파이의 분배'와 '파이의 원천'에 초점을 둔 새 전략이 필요한 것이다. 이것이야말로 돈벌이 경제가 아니라 살림살이 경제다. 이제부터라도 파이를 고르게 분배하고 파이의 원료를 건강한 것으로 만들어야 한다. 아이들이 외부의 기대나 돈벌이 전망을 보고 진로를 선택하는 것이 아니라 자신의 꿈과 적성을 보고 진로를 선택하되, 어떤 직업을 갖더라도 자부심을 갖고 비교적 평등한 대우를 받으며 살게 해야 한다. 나아가 '생산성' 향상이 자기도 모르게 '파괴성' 향상으로 가지 않도록 원료채취, 생산과정, 재생순환 등 경제의 전반적 과정을 건강하게 재편해야 한다. '저탄소 녹색 성장'이 단순한 '립서비스'가 되지 않도록 하려면 바로 이 점을 핵심으로 끌어안아야 한다. 그래야 삶의 희망이 생긴다.

삶의 희망은 외부가 아니라 내부에 있다. 미국이나 선진국만 바라본다고 될 일이 아니다. 농업 죽이는 대신 자동차 많이 파는 식의 FTA도 정답은 아니다. 삶의 희망은 돈벌이가 아니라 살림살이에 있다. 삶의 희망은 돈벌이 시스템이 강제한, 기득권 경쟁을 위한 '사다리 질서'가 아니라 참된 살림살이를 가능하게 하는, 소통과 연대의 '원탁형 구조' 속에 있다. 삶의 희망은 투기와 거품의 경제가 아니라 정직과 나눔의 경제 속에 있다. 삶의 희망은 화려한 외피 속 병든 음식이 아니라 소박하고도 건강한 밥상에 있다. 삶의 희망은 해고를 통한 비용 절감이 아니라 인간 존중, 생명 존중의 경영경제 속에 있다. 삶의 희망은 양극화가 아니라 더불어 사는 데 있다. 삶의 희망은 빚잔치와 좌절이 아니라 자립과 협동의 능력을 기르는 데 있다. 삶의 희망은 위로부터가 아니라 '아래로부터' 생긴다. 결국, 삶의 희망은 주어지는 것이 아니라 '만들어 가는' 것이다.

■ 주

1_ <프레시안>, 2008. 11. 10.

2_ 『머니 투데이』, 2008. 10. 31.

3_ 『경향신문』, 2008. 9. 20 참조.

4_ 브루스 E. 헨더슨 & 조지아 가이스, 『서브프라임 크라이시스』, 김정환 옮김, 랜덤하우스코리아, 2008 참조.

5_ 김종철·김우창, 「좋은 삶이란 무엇인가」, 『녹색평론』, 2008년 1-2월호, 23-24쪽.

6_ 콤 캘러허의 『얼굴없는 공포, 광우병, 그리고 숨겨진 치매』에 따르면 지난 20여년간 미국의 치매발생률이 900배 증가하여 500만 명의 치매환자가 생겼다고 하며, 그 환자가 죽은 뒤 부검 결과 5-13%가 인간광우병이었다 한다(김종철, 「책을 내면서」, 『녹색평론』, 2008년 7-8월호, 11쪽). 1986년 영국에서 처음 광우병이 발견된 이래 지금까지 총 20만 건이 나왔고, 인간광우병으로 죽은 사람은 2000년 92명, 2003년 125명, 2004년 153명, 2006년 193명이다. 2008년에도 스페인에서 일가족 두 명이 인간광우병으로 숨졌고, 미국에서는 해외여행 경험도 없는 22세 여성이 인간광우병 증세로 사경을 헤맨다는 보고가 나왔다. <프레시안>, 2008. 4. 10.

7_ 프레드 맥도프, 『이윤에 굶주린 자들』, 윤병선 외 역, 울력, 2006.

8_ 다음을지키는엄마모임, 『차라리 아이를 굶겨라』, 시공사, 2000; 『차라리 아이를 굶겨라 2』, 시공사, 2004.

9_ 『한겨레』, 2008. 11. 10.

10_ J는 Jobless(실직)를 뜻하므로, '실직 공포'라 할 수 있다.

11_ 『서울신문』, 2008. 10. 29.

12_ 『서울경제신문』, 2008. 9. 21.

13_ 『중도일보』, 2008. 11. 5.

14_ <매일노동뉴스>, 2008. 10. 12.

15_ <뉴시스>, 2008. 11. 2.

16_ 박원석(38)·한용진(44) 국민대책회의 공동상황실장, 김동규(34) 한국진보연대 정책국장, 권혜진(35) 흥사단 교육운동본부 사무처장, 백성균(30) 미친소닷넷 대표 등 5명은 2008년 11월 6일 경찰에 체포되었고 8일, 집회 및 시위에 관한 법률 위반 등으로 구속되었다. 이들과 함께 잠적한 이석행 민주노총 위원장을 비롯, 김광일 국민대책회의 행진팀장, 오종렬 진보연대 공동대표, 주제준 진보연대 사

무처장 등 촛불 관련 수배자 4명은 계속 잠적 중이다(『한겨레』, 2008. 11. 9).

17_ 예외적으로, 연세대 청소 용역 노동자들은 3억 원 이상의 체불 임금을 연세대 측으로부터 받게 되었는데, 그 과정에서 연대 학생들의 비정규 노동자와의 연대가 일정 부분 역할을 했다(『한겨레』, 2008. 11. 7 참조). 그러나 아직도 KTX 여승무원, 기륭전자, 코스콤 등 비정규 노동자들의 투쟁은 정규직의 무관심이나 연대의 결핍 속에 해결의 실마리가 보이지 않는다(『한겨레21』, 2008. 10. 31. 참조).

18_ 강수돌, 『경쟁은 어떻게 내면화되는가』, 생각의나무, 2008 참조.

03_ 철거와 재개발, 대안은 없는가?

소설 『난쏘공』 및 영화 <똥파리>에 나타난 철거와 재개발 문제

1976년 조세희 선생의 『난장이가 쏘아 올린 작은 공』은 1970년대 산업화 과정에서 '주변인'으로 거듭 추방되는 도시 빈민의 참상을 드러낸다. 주디스 버틀러와 가야트리 스피박은 『누가 민족국가를 노래하는가』에서 미국 내 '불법' 이주자들이 "내부로의 추방"을 겪는다고 고발한다. '강부자' 지향적인 한국에서 철거민도 마찬가지 운명에 처한다. 가난뱅이 판잣집이지만, 그래도 한 가족 공동체의 안식처요 보금자리였던 집에 '철거 계고장'이 날아들면서 비극이 시작된다. 어린 자녀들은 다니던 학교를 그만두고 공장에 나가야 한다. 노동 환경은 엉망이지만 해고가 무서워 아무도 저항을 못한다. "내전형 개발 파시즘"이 작동하기 때문이다.[1] 철거와 재개발의 보상 격인 '입주권'[일명 '딱지']은 부자 사내가 사버리고 딸 영희는 사라진다. 영희는 입주권을 산 사내와 동거를 시작한 뒤, 금고에서 입주권을 빼내 몰래 집으로 돌아온다.

아버지가 굴뚝에서 떨어져 죽은 뒤였다. 난장이 아버지는 "아무리 열심히 일해도 착한 사람이 살 수 없는 세상이라면 달나라로 떠나야 한다"는 지섭의 말에, 달나라로 비상하려고 높은 굴뚝 위로 올랐던 것이다. 산업화, 철거, 재개발 등이 '근대화된 빈곤'(I. 일리히)이나 '트라우마'(J. 허먼)와 동전의 양면임을 보여준다. 『슬럼, 지구를 뒤덮다』를 쓴 M. 데이비스가 "비공식부문 내에서의 경쟁이 치열해지면서 빈민의 생존에 반드시 필요한 사회자본과 자조 네트워크는 고갈 내지 해체되는 경향"이 있다고 한 것도 같은 맥락이다. 이런 면에서 『난쏘공』은 1970년 광주(성남) 대단지 사건만이 아니라, 1975년 청계천, 1977년 양평동, 1984년 목동, 1986년 상계동, 사당동, 2005년 오산 세교지구 철거 투쟁의 본질을 잘 드러낸다.

2008년 양익준 감독의 영화 <똥파리>는 2009년 1월의 '용산사태'에서 드러난 폭력의 배경과 결과가 어떠한 것인지 상징적으로 엿보게 한다. <똥파리>에서 이른바 철거나 재개발 과정에서 더러운 돈을 벌며 '용역 깡패'로 살아가는 상훈은 욕설과 폭력에 절어 산다. 심지어 핏줄인 아버지조차 죽이고 싶다. 단, 돈과 힘 앞에서는 자기도 모르게 기가 죽는다. 그가 시위현장을 폭력으로 진압하고 사채를 받아내려고 사람을 예사로 때리는 것도 돈 때문이다. 물론 그의 가슴 깊은 곳에는 상처(트라우마)가 있다. 어린 시절에 아버지의 가정폭력 때문에 어이없이 죽은 여동생과 어머니에 대한 죄책감이 깊은 흔적이다. 그로 인한 상처와 증오가 상훈으로 하여금 용역 깡패로서 폭력을 자연스레 쓰게 한다. 이 상흔은 비슷한 상처를 안고 사는 여고생 연희와의 따뜻한 사랑 속에서 조금씩 치유된다. 그러나 끝에 연희의 동생 영재가 또다시 용역 깡패로서 폭력을 휘두르는 장면이 나오는데, 이것은 결국, 황금만능주의와 개발지상주의가 만연한 사회에서 개인적으로나 사회적으로 폭력의 악순환과 재생산이 끈질기게 이어질 수밖에 없음을 암시한다.

그리고 실제 현실로서 '용산 철거민 항쟁'이 있다. 2009년 1월 20일에 발생한 '용산 사태'는 5명의 생존권 투쟁을 하던 시민과 1명의 진압 경찰관의 목숨을 앗아갔다. 철거민 희생자는 아직도 장례식을 치르지 못했다. 검찰은 '철거민 유죄, 경찰 무죄'라는 결론에 맞춘 듯 서둘러 수사를 종결했고, 법원 명령에도 불구, 수사 기록을 공개하지 않았다. 약 28조 원의 천문학적 개발비가 소요되는 용산국제업무지구 재개발 현장은 이렇게 국가 폭력과 사회 갈등을 동반하며 진행된다. <대책위>의 이종회 공동대표에 따르면,[2] 참사가 일어난 4지구에 속하는 남일당 건물의 옆 동네인 5구역은 이미 재개발이 끝나 남산과 한강이 다 보이는 44층짜리 주상복합건물이 들어섰다. 불황기에 집값이 떨어져 아우성치는 시점에도 평당 4천만 원 이상을 호가하는, 서울에서 가장 값비싼 아파트다. 그러니 원래 주민들은 아예 입주할 엄두도 못내는 곳이 되었다. 하물며 세입자들이야 말할 나위가 없다. 세입자들은 대개 점포를 운영하던 '중산층'이다. 『난쏘공』이나 <똥파리>에 나오는 철거민들은 '도시 빈민'이지만 <용산>의 철거민들은 '중산층'이다.[3] 이것이 암시하는 바는, '20 대 80의 사회', 즉 신자유주의 시대에선 하층 빈민만이 아니라 중산층마저 착취와 수탈의 대상이 되어, 마침내 '누구나 죽일 수 있지만 제물로도 써먹을 수 없는' 존재인 '호모 사케르'(조르조 아감벤)가 되어버리고 만다는 것이다. 사람과 자연을 살리기보다는 죽임으로써만 생존이 지속가능한 자본과 그를 내면화한 사람들의 공범관계가 만들어낸 결과다.[4]

1970~80년대 식 개발과 재개발은 국가가 직접 나서서 시행을 한 경우가 많았지만, 1990년대 이후 재개발 사업은 국가는 여건 조성만 한 채 한 걸음 물러나고 이젠 민간 건설 자본이 앞에서 진두지휘를 한다. 그것도 'IMF 사태'를 거친 뒤로는 민간 건설 자본조차 시행사와 시공사로 이원화하여, 지주 설득(협박, 공갈 포함) 작업이나 민원 해소(회유, 보상, 폭력 포함) 작업, 관청 인허가(뇌

물, 위조 포함) 작업 등 힘들고 지저분한 일은 시행사가, 깔끔하고 세련된 브랜드 이름을 무기로 폼 나는 은행 보증 및 건설 작업은 시공사가 하는 식으로 분업화되었다. 사업의 효율화와 저항의 분산화를 동시에 추구하는 것이다. 동시에, '개발독재'의 이중적 의미, 즉 개발을 위한 독재와 개발 과정에서의 독재는 사회의 '절차적 민주화'와 더불어 갈수록 국가보다는 건설 자본에 의해 직접 행해지게 되었다. 여기서 건설 자본이란 시행사, 시공사, 설계사, 토목사, 철거 용역사, 건설 하청사 등을 모두 포함한다.

천문학적 개발 이익의 원천

주택보급률이 이미 2002년 이후 100%를 넘는데도, 가계의 절반 이상은 '자기 집'이 없다. 또 국민의 절반 이상이 아파트에 산다. 아직 206만 가구가 최저주거기준(국토해양부 고시 최저기준은 가구원 1인인 경우 침실은 1개, 총 주거면적은 12m²[약 3.6평], 3인 가구는 최소 8.8평) 이하의 집에서 살며, 단칸방에 사는 가구는 112만 가구, 쪽방[벌집방] 생활자도 6만 6천여 명이다.[5] 월세로 사는 집은 300만 가구라 하고, 방공호로 출발한 반지하에도 150만 가까이 산다. 또 전국의 역 주변에는 노숙자 또는 준 노숙자들이 수천 명에 이른다. 한편, 2009년 6월 현재 전국에는 미분양 아파트가 약 15만 채에 이른다.[6] 종부세 논란이 한창이던 2004년, 국세청 기준 시가로 6억 원 이상 주택 소유자는 전국적으로 10만 명이 넘고, 가장 많은 집을 소유한 자는 무려 1천 개 이상 갖고 있다. 극소수는 자기 소유의 집과 땅을 통해 엄청난 불로 소득을 향유하는 반면, 대다수의 사람들은 수천만 원 이상의 대출로 인해 저당 잡힌 아파트나 전세, 월세, 쪽방, 비닐하우스, 노숙자, 준 노숙자로 살아야 하는,

'주거 양극화'가 뚜렷해진다.

여기서 이런 의문이 든다. "주택의 절대 양은 넘치는데, 과연 팔리지도 않을 아파트를 왜 그리도 많이 지을까?" 하는 것이다. 하지만 건설사들은 얼마 전까지만 해도 "팔리지 않을 것"이란 예측을 믿지 않았다. 이 수요 예측의 오류 외에 어떤 이유가 있을까? 바로 여기서 건설업 분야가 GDP에서 차지하는 비중이 20%에 이른다는 점에 유의하자. 즉, '건설업이 망하면 나라 경제가 흔들린다'는 신화다. 따라서 미분양 아파트가 생긴다 해도 "나라가 사 줄 것이다"라는 믿음과 배짱이 있었다. 안 그러면 '국민 경제'가 흔들리니까… 2008년에 출범한 이명박 정부도 2008년 10월부터 건설자본을 살리기 위해 무려 9조 2천억 원을 투입하고 있지만 대개는 '투기를 부추겨 경제를 살린다'는 맥락을 벗어나지 못한다. 2009년 들어서는, 대운하는 안 한다 하면서 4대강 사업엔 무려 22조나 투입하려 한다. 하기야 노무현 정부 때이던 2006년에도 총 50조원 이상 규모의 '대규모공공투자사업'이 전국에서 766개나 벌어지고 있었으니 두말할 나위가 없다.[7] 국가가 자본의 권익을 대변하는 조직이라는 명제가 들어맞는 예다. 그러나 과연 이런 것으로 건설 자본들이 아파트를 무한정 지으려는 행위가 충분히 설명될까?

앞서 살핀 대로, 하나의 개발 프로젝트를 성공적으로 시행하려면 지주 설득 작업에서 민원 해소 및 관청 인허가 작업 등 온갖 일을 다 효과적으로 해내야 한다. 그 과정에서 지주나 민원 제기자(기존 주민들), 시민사회 단체 및 활동가들, 도시계획위원 등 전문가들, 경찰 및 행정 공무원들, 시의원이나 군의원들, 시장과 군수, 국회의원, 지방의원, 지역 신문사들 등 다양한 '이해관계자들'에게 이른바 '약을 쳐야' 일이 쉬워진다. 바로 이 '약'을 치기 위해서는 엄청난 돈이 필요하다. 그러고도 철거 시엔 '철거 용역비'를 포함한 엄청난 돈과 시간이 든다. 모두 '비용 요인'이다.

이 엄청난 비용을 다 치르고도 천문학적 수익을 얻는 건설 사업, 즉 개발 또는 재개발 사업은 거의 수수께끼 같다. 요컨대, 이 천문학적 수익이야말로 "팔리지도 않을 아파트를 그렇게도 많이 짓는" 심층적 배경이다. 그렇다면, 과연 이 천문학적 이윤의 비밀은 무엇인가?

나는 여기서, 크게 네 가지의 원천이 있다고 본다. 첫째는, 원래 살던 주민의 측면이다. 『난쏘공』에서처럼 기존의 주민과 마을, 공동체, 인간관계 등을 파괴하고 그 바탕 위에 완전히 이질적이고 값비싼 상품을 만드는 것이다. <똥파리>나 <용산>처럼, 개발이나 재개발 때 철거 과정이 강제와 폭력으로 점철되는 까닭도 결국은 원래 살던 주민과 마을 공동체를 돈과 권력으로 파괴하려 하니 개별적, 조직적 저항이 필연적으로 나올 수밖에 없기 때문이다. 그런 저항을 단칼에 분쇄하는 방식이 강제와 폭력 아니던가? 그러나 원래 살던 주민들의 삶이나 마을 공동체, 이웃 간 인간관계는 결코 돈의 가치로 환원할 수 없다. 그러나 바로 그것 때문에 이런 것이 돈과 권력 앞에 무참히 파괴되더라도 별다른 가치가 없는 것처럼 받아들여지곤 한다. 개발이나 재개발 사업과 관련하여 한국사회에서 행정심판청구나 사법적 재판이 숱하게 이뤄지지만, 개발에 대항한 주민 측이 이긴 적이 거의 없는 것도 바로 이런 배경 때문이다. 재판부조차 '개발이 바람직하다'는 자본의 논리에 충실하다. 한편, 공사 과정에서 (철거되지 않고 남은) 인근 주민들이 각종 소음, 진동, 먼지, 균열, 지하수 고갈, 통행 불편 등 어려움을 겪는 것도 돈으로 계산되기 힘든 비용이다. 이렇게, 기존 공동체와 인간관계를 체계적으로 파괴하고 희생시킨 대가로 건설 자본은 엄청난 이윤을 길어 올린다.

둘째, 자연 생태계의 측면이다. 한편으로는 자연 생태계를 파괴함으로써 만 고수익의 개발 사업을 완수할 수 있고, 다른 한편으로는 그나마 잔존하는 자연 생태계를 상품화함으로써 개발 상품을 더욱 고가품으로 만들 수 있다.

산도 보이고 호수도 보이는 "전망 좋은 아파트"가 더욱 값비싸지거나 인기 높은 까닭이다. 그간 가난하지만 인간적으로 살던 철거민을 몰아내고 또 산과 언덕, 논밭을 파괴하고 시멘트 숲처럼 지어댄 아파트를 화려하게 광고하면서 대개 "자연이 숨 쉬는 전원형 아파트로 오세요!"라 말한다. 이때 외모가 빼어난 남녀 탤런트를 활용하여 '동일시'를 유도한다. 그러나 바로 이런 광고에선 개발 사업으로 인해 잘린 산의 혈맥, 고층 건물로 인해 가로막힌 신선한 공기의 흐름(바람길), 방해받는 자연 정화 작용, 가로막힌 경관과 전망, 차단된 햇빛과 하늘, 사람의 마음을 압도하는 고층의 시멘트 덩어리 등의 문제는 교묘히 은폐된다. 게다가 바벨탑처럼 수십 층으로 높이 올라가는 고층 건물은 '허공'을 가장 자본주의적으로 활용하여 고이윤을 뽑는 길이다. 건설 자본이 가능한 한 건폐율과 용적률을 최대화하려는 까닭이 바로 이것 아닌가?

셋째, 노동하는 사람의 측면이다. 건설 자본에 고용되어 일하는 노동자들은 안전사고 등 산업재해에 많이 노출되고 엄청난 체력을 쓰면서도 노동자로서 정당한 권리를 온전히 누리지 못한다. 대개 비정규직이고 '노가다'란 푸대접을 받는다. 산재 사망 통계만 보더라도 건설업종 산재가 60% 이상이다. 게다가 원청회사에 고용된 경우는 극히 일부고 하청, 2차 하청, 3차 하청 등, 끝없는 하청의 연쇄 고리 속에 편입된다. 그 고리의 아래로 갈수록, 하청을 받은 작은 회사는 강제된 '단가 압력' 때문에 자기 회사 노동자 인건비를 더욱 줄여야 한다. 그 과정에서 미숙련공, 저학력자, 일용직, 이주민, 여성, 노인, 아르바이트 학생 등 사회적 약자들은 '계급 이하의 계급' 취급을 받는다. 마치 고층 아파트가 높이 올라갈수록 그 이윤은 더욱 많이 '적분'되는 것과는 정반대로, 인간 노동력의 하청 연쇄 고리가 길어질수록 그 인건비는 더욱 '미분'됨으로써 맨 마지막엔 비인간적 노동조건에 부실공사라는 사회적 위험이 중첩되어 나타난다.

　넷째, 새로 입주하는 주민의 측면이다. 이들은 일차적 소비자로서 대개 중산층 내지 부자들이다. 발레리 줄레조가 『아파트 공화국』에서 말하듯, 아파트는 중산층의 상징이 되었다. 물론, 한국사회의 경우, 실수요자보다 시세 차익을 노리는 투기꾼이 설치는 경우도 많다. 이들이 지불하는 고액의 분양 대금(최소한 2-3억 원, 서울의 경우 예사로 10억 원) 역시 건설 자본에게는 천문학적 고수익을 실현하게 하는 원천이다. 그런데 이들 중에는 이미 거액의 재산이 남아돌아 수억대의 분양대금을 다 지불하는 경우도 있지만, 대부분은 은행 대출을 해야 한다. 2009년 7월까지 한국의 가계 빚이 모두 700조 원(총 1,667만 가구), 가구 당 4천만 원을 넘는 것도 주택 문제에서 기인하는 바가 가장 크다. 노동자들은 자신의 미래 노동력을 계속 원활하게 잘 판매한다는 전제 아래 그를 근거로 비싼 아파트를 장만한다. 마치 시행사가 (은행에서 수백억을 대출하는) 프로젝트 파이낸싱(PF)에서 시공사로 하여금 보증을 서게 하듯, 새 입주민들은 대개의 경우 은행으로부터 수천만 원의 대출을 받으면서 아파트와 함께 자신의 미래 노동력을 인질로, 매월 '할부금'을 성실히 납입하기로 약속한다. 이해준 감독의 영화 <김씨 표류기>에 나오는 주인공 김씨도 그러한 은행 대출금을 제때에 갚지 못해 회복 불가능한 '신용불량자'가 되고 말았다. 한국사회에서 회사에 다니던 노동자가 정리해고 되는 순간, 아파트 할부금을 비롯한 각종 할부금을 체납하게 됨으로써 큰 곤란을 겪기 때문에 그만큼 저항도 강할 수밖에 없다. 그렇게 힘겹게 구입할수록 또 사람들은 '시세 차익'을 더 많이 기대한다. 인기 있는 아파트의 경우, 뒤에 온 사람이 앞사람에게서 거액의 차익을 지불하고 사더라도, 또 일정한 시간이 지나면 그보다 더 많은 차익을 남기고 팔 수 있다는 믿음이 있기에 선뜻 구입한다. 이런저런 사연들이 농축된 신규 아파트 분양 대금, 그것도 지방 소 도읍에서조차 최소한 2억 원 이상의 거금, 이런 돈이 건설 자본에겐 한 사업 당 예사로 수백 억 원에 이르는 천문학적 순수익을 보장한다.

이러한 네 원천에 기초해 일확천금의 꿈이 가능해진다. 그러나 아직도, "왜 집은 남아도는데 계속 짓는가?"에 대한 의문은 남는다. 그것은 결국 주거 문제가 인간성('인간다운 생활')의 시각이 아니라 수익성의 시각('천문학적 이윤')에서 다뤄지기 때문이다. 즉, 철거와 (재)개발이 인간적 필요라는 동력이 아닌, 무한한 이윤이란 동력에 의해 진행되다 보니("개발이익을 위한 개발", 김남근 변호사), 주거 양극화 현상과 더불어 폭력과 살인마저 예사로 일어나는 것이다. 이 과정에서 더욱 비극인 것은, 비싼 아파트나 상가 입주자들은 일종의 사회적 성취자로, 거기서 밀려난 철거민이나 빈민들은 일종의 사회적 탈락자 ("호모 사케르")로 갈라지는, '사회적 양극화'가 가속화한다는 점이다. 결국, 주거 양극화는 사회 양극화의 결과이자 원인이다.

대안 모색의 실마리

요컨대, 건설 자본의 천문학적 이윤은 결국 주민과 공동체, 인간관계와 자연 생태계를 희생시킨 대가다. 윤제균 감독의 영화 <해운대>에도 얼핏 나오듯, 많은 정치가들은 엄청난 자금이 필요하기에 건설 자본가들과 쉽게 결탁한다. '밀실 정치' 또는 '야밤 정치'가 많은 까닭이다. 또 그 '개발 이익'은 워낙 크기 때문에 예사로 '용역 깡패'까지 동원, 강제와 폭력의 방법을 통해서라도 반드시 관철시킨다. 그들은 돈이 되는 듯 보인다면 '지옥이라도' 쫓아간다. 그 과정에서 일부 떡고물이라도 얻어먹으려는 자들이 행정, 입법, 사법, 학계 등 곳곳에 퍼져 있다. 물론 건설 자본이 천문학적 수익을 뽑으려 하듯

일반 시민들조차, 실질적 수요와 쾌적한 주거보다는 신분 상승과 재산 증식에 더 많은 관심을 기울이기도 한다.[8] '뉴타운' 열풍을 보라. 특목고로 상징되는 신분 상승의 기회와 재산 증식의 기회가 종합된 것이 '뉴타운' 아니던가? 그리고 바로 그것 때문에 선거 결과도 달라지지 않던가? '학군' 좋은 곳의 집값이 비싼 사실, 어느 학생이 아파트에서 투신자살을 해도 모두 쉬쉬하며 아무 일도 없었다는 듯 모른 체 하는 현실, 서민을 위한 임대주택을 짓지 않아도 재개발 사업이 가능하다고 하니 재개발 지역 집값이 치솟는 상황, 이 모든 것이 우리 사회의 모습이다. 이런 것들로부터 자유롭지 않은 우리 모두가 실은 건설 자본과 더불어 개발이나 재개발 사업과 '공범 관계'를 이룬다. 이러한 성찰이 전제되어야 비로소 우리는 현실에 대해 참된 대안을 논할 수 있다.

대안 모색에 있어 몇 가지 중요한 실마리가 있다. 첫째, '땅은 결코 부동산이 아니다'란 시각이 필요하다. 독일의 괴테(1749~1832)는 "자연은 인간을 위해 거기에 있는 것은 아니다"라 했다.(장희창 교수, 한국괴테학회 회장) 또 1854년 북미 스쿼미쉬 인디언 추장인 '시애틀'은 미국 정부가 땅을 팔라고 했을 때 "당신들은 돈으로 하늘을 살 수 있다고 생각하는가? 당신들은 비를, 바람을 소유할 수 있다는 말인가? …내 조상들은 내게 말했다. 우리는 알고 있지, 이 땅은 우리의 소유가 아니라 우리가 이 땅의 일부란 것을"이란 취지의 답을 했다. 미국의 사상가 헨리 조지(1839-1897)는 『진보와 빈곤』(1879)에서 '토지 공개념'의 토대를 놓았다. 헝가리 출신의 문화인류학자 칼 폴라니도 1944년의 『대전환』에서 "토지, 노동, 화폐는 상품이 될 수 없다"고 했다. 다니엘 퀸이 쓴 『고릴라 이스마엘』(2004)에서는 "과연 세상은 인간을 위해 존재하는가?"라는 근본적 질문을 던진다. 이 모든 이야기는 '땅, 즉 자연은 결코 상품 또는 부동산이 아니'라고 말한다. 어머니 대지와 자연적 생명에 대해 오만과 불경의 극치를 달리는 현실, 땅과 신체만이 아니라 영혼마저 상품화하는 현실적 경향을 정면에서 바꾸는 것, 이것만이 희망이다. 크리스토프 라무르는 『걷기의 철학』에서 "겸허는 라틴어로 '흙'이란 뜻의 후무스(humus)에서 유래한다"고 하지 않았던가. 겸손하게 흙과 더불어 사는 것, 그런 삶의 자세를 되찾는 것, 이것이 필요하다.

둘째의 실마리는, 싱가포르나 중국처럼 토지를 상품으로 거래하지 못하게 국유화한 뒤, 저렴한 공공주택을 많이 지어 분양하거나(싱가포르) 개별 건축물만 시장 거래가 가능하도록(중국) 하는 방식에서 찾을 수 있다. 싱가포르는 국민의 85% 정도가 민간 아파트 값의 45% 정도밖에 안 되는 저렴한 공공주택에 사는데, 집을 팔 때는 꼭 정부에 되팔도록 하여 주택 전매를 금지한다. 이렇게 되면 집은 투기나 재산 증식 수단의 역할을 상실하고 인간적 주거 개념을 실현하게 된다. "한국은 돈이 없어서 못 사는 나라가 아니라 많은 돈을 잘못된 방식으로 벌고 잘못된 방식으로 쓰고 있어서 못 사는 나라"라는 홍성태 교수의 지적은 이런 면에서 시사적이다.

셋째의 실마리는, 급속도로 사라지고 있는 인도나 한국 등의 가난한 달동네처럼, '스스로 건설한 빈민 공동체'에서 찾을 수 있다. 영화 <슬럼독 밀리오네어>에 나오는 인도의 가난한 빈민촌, 그 속에는 인정스러운 이웃 관계가 있고 깔깔거리며 숨바꼭질하는 아이들이 있다. 또, 고 제정구 의원, 정일우 신부 등이 1970년대 양평동 철거민들과 함께 이주해 만든 시흥의 복음자리 공동체도 사람 냄새 나는 대안이라 할 수 있다. 부산의 물만골 공동체 역시 중요한 사례다. 이곳엔 1960년대 이후 부산의 철거민들이 하나둘 모여들면서 무허가 빈민촌이 형성되었다가 1980~90년대엔 강제철거 저지 운동을 벌이면서 더 인간적인 공동체가 형성되었다. 소박한 삶을 영위하던 주민들은 주기적으로 반복되는 철거와 재개발 시도에 저항하면서도 월 10만원씩 모아 마침내 일부 땅인 3,500여 평을 공동으로 사들였다. 최근엔 환경부로부터 '생태마을'로 지정되어 인근의 고층 아파트촌과는 대조적인, 인간적이고 생태적인 공동체를 이루며 산다.

이제, 이런 실마리들을 고려하며 요약해 보자. 땅은 상품이 아니다. 그래서 시장에서 거래해선 안 된다. 결국, 부동산 시장이니 (재)개발 사업이니 뉴타운이니 하는 것은 그리 좋은 게 아니다. 땅이나 집의 영역에는 시장의 개입이 극도로 제한되어 '주거 상품성'이 규제되어야 한다. 반면, 국가는 모든 땅을 국유화하여 절대로 개인이 사고팔지 못하게 하면서도, 영구 임대주택이나 공공주택, 사회주택 등의 비중을 늘려 '주거 공공성'을 실현할 책임이 있다. 도시재생사업의 경우, "지역 성격이나 주민 사정에 따라" 사업 방식을 공공성 중심형이나 시장성 중심형으로 이원화하되, "공공의 책임"을 명확히 해야 한다.[9] 그러나 국가의 주거 공공성 책임 못지않게 중요한 것이 풀뿌리 민초에 의해 아래로부터 구축되는 '주거 자율성'이다. 시흥의 복음자리 공동체나 부산의 물만골 공동체와 같은, '빈민의, 빈민에 의한, 빈민을 위한' 그런 삶의 공간을 공동체적으로 만들어가는 역량, 이것이야말로 철거와 (재)개발 속에 깃든 폭력과 (돈)중독, 비인간적이고도 반생명적인 야만을 원천 봉쇄할 토대다. 박승옥 선생이 오스카 루이스(『산체스네 아이들』 저자)를 인용해 강조하듯, "빈곤층 사람들이 스스로 토지를 점거하고 이주하여 자신이 살 집을 스스로 짓고 마을을 이룰 때 빈곤의 고리를 끊을 수 있는 가능성이 가장 높다"[10]고 보기 때문이다. 이런 면에서, '부자 되기'에 사로잡힌 개발지상주의나 개발중독증에 대한 올바른 대안은, 모두 부자 되기 광풍이 아니라, 또한, 강요된 빈곤이라는 의미에서의 '근대화된 빈곤'(I. 일리히)이 아니라, 사람과 사람, 사람과 자연이 더불어 평화롭고 겸손하게 사는, '자발적 간소함'에 있는 것인지도 모른다. 이제, 우리 모두의 과제는 '자발적 간소함'이 자연

스레 깃든 식의주 양식의 실천과 더불어 '생산-유통-소비-순환'에 이르는
모든 경제 활동을 근본적으로 재구성하는 일이다. 과연 우리는 기존의 모든
'트라우마'와 기득권을 초월하여, 아무런 두려움 없이 서로 소통하고 연대할
준비가 되어 있는가?

▪ 주

1_ 조희연, 「내전형 개발파시즘'으로서의 남한파시즘과 민주주의」, 『문화/과학』 58호, 2009년 여름.

2_ <참세상>, 2009. 5. 8.

3_ 박래군, 「'용산'은 계속되고 있다」, 『녹색평론』, 2009년 7-8월호.

4_ 강수돌, 『살림의 경제학』, 인물과사상사, 2009; 강수돌·하이데, 『자본을 넘어, 노동을 넘어』, 이후, 2009 참조.

5_ 『시사저널』, 2009. 8. 26.

6_ <mbn 뉴스>, 2009. 8. 4.

7_ 홍성태, 「사회운동의 생태적 전환과 연대」, 『진보평론』 40호, 2009년 여름.

8_ 엄기호, 『아무도 남을 돌보지 마라』, 낮은산, 2009 참조.

9_ 김수현, 「뉴타운 문제의 이해와 근본대안」, 『시민과 세계』, 2009년 상반기.

10_ 박승옥, 「자활 신용조합을 찾아서」, 『녹색평론』, 2009년 7-8월호, 67쪽.

04_ 일중독, 성장 중독증, 그리고 중독 정치

들어가는 말

사람이 죽어간다. 아무도 슬퍼하지도 분노하지도 않는다. 무섭다. 그리고
또 무섭다. 사람을 체계적으로 죽이는 집단이 있다. 어제는 농민을 죽이고
오늘은 학생과 노동자를 죽이며 내일은 철거촌 사람들을 죽인다. 그런 체계
적 죽임에 대해 아무도 큰 소리로 아우성을 치지 않는다. 그래서 더 무섭다.
사람만 죽이는 게 아니다. 살아 움직이는 사람의 생명력을 죽인다. 공부에
절어 죽게 하고 시험에 절어 죽게 하고 점수에 등수에 절어 죽게 한다.
취업 압박에 절어 죽게 하고 노동 강도에 절어 죽게 한다. 하루에도 240명
내외가 산재를 당해 다치며, 10명 내외가 일하다가 산재로 죽어간다. 그
중 2-3명은 과로사라 한다. 일중독이 사람을 잡는다. 그것도 모르고 대부분
일에 절어 산다. 다른 편에서는 실업 공포에 절어 죽고 탈락 공포에 절어
죽는다. 말문을 막고 눈과 귀까지 막으려 든다. 저항하고 항거하는 사람들은

'적군'으로 비친다. 작살을 내버려야 할 대상으로밖에 보이지 않는다. 그뿐이 아니다. 금수강산 온 데 간 데 없고 온 천지에 고층아파트를 깔아버리고 온 천지에 4차선 도로를 뚫어버린다. 거칠 것이 없다. 탱크다. '물불' 가리지 않는 시행사에 버금간다. 무엇이? 나라를 경영한다는 사람들이 하는 방식이 그렇다. 더욱 무서운 것은 그들이 자신들의 행태가 어떤지조차 모르고 있다는 점이다. 모르는 데 그치지 않는다. 자기들끼리 술집에 앉아서 '잘하고 있다'고 박수를 치고 있다. 군사독재 정권 시절이 그랬고 민간 정부 시절이 그랬다. 지금은 더하다. 군사독재와 자본독재의 종합완결판이기 때문이다.

언론 탄압—눈과 귀와 입을 막는다고 아우성을 치지 못하는 건 아니다

사람들이 일상적 삶에 절어 눈앞과 코앞만 보고 살 때, 어느 방향으로 가야 할지에 대해 바른 소리를 내야 하는 곳이 세 군데 있다면 나는 단연코, 교육, 언론, 종교를 들고 싶다. 이 세 분야는 사회적 삶을 구성하는 여러 관계들 속에 깃든 '불편한 진실'을 가차 없이 말해야 하고 요리조리 따져야 하며 냉철한 비판 속에 새로운 길을 제시해야 할 본연의 사명을 갖고 있다. 이명박 정부는 말로는 '섬김의 리더십'을 이야기하지만 실제로는 '섬뜩한 리더십'을 보인다. 그 증거 중의 하나가 언론 탄압이다.

KBS나 MBC, 그리고 YTN에 대한 탄압은 그 우두머리를 '낙하산 식'으로 바꾸거나 프로그램 내용이나 진행자를 '입맛대로' 바꾸는 행태로 나타났다. <PD 수첩>에 대한 어이없는 탄압이나 '미네르바'에 대한 탄압은 GDP 세계 순위를 도저히 따라 가지 못하는 낙후된 우리 사회의 반영이다. 촛불 민심에 진실되게 반응하고 성찰해서 자기 혁신을 하기보다는 촛불 민심을 억지로 없었던 것처럼, 마치 촛불 하나하나가 악마의 징조인 것처럼 만들어 버리려는 체계적 시도가 나타난 것이다. 신 모 대법관이 청와대를 왔다 갔다 한 뒤로 "촛불 재판에 날카로운 칼을 들이대라"는 식으로 산하 법관들에게 '의견'을 내린 것이 이런 추론의 근거다.

'미네르바' 탄압은 보수적인 법조계조차 잘못이라고 판정을 내리지 않던가. 물론 살아 있는 '미네르바'를, 그리고 더 많은 '미네르바들'을 일정 정도 길들이는 데 성공하고 나서 한참이 지난 뒤에 '자다가 봉창 두드리듯' 이제부터 '자유롭다'고 해봐야 별 소용이 없기는 하다마는. 벌써 그 활활 타오르던 열정이 대부분 식어버린 뒤에 혼자 외쳐봐야 무슨 힘이 있겠는가. 재판 과정은 그 결과에 무관하게 그 지리한 과정에서 바로 그 생동하는 에너지를 순치하는 역할을 하는 것이 아닌가.

마찬가지로 인터넷 실명제를 통해 자유로운 입을 탄압하겠다는 뜻을, 국가인권위원회를 축소하겠다는 뜻을, 우리는 잘 안다. 자유로운 입만 통제하는 것이 아니라 자유로운 머리도 통제하려는 뜻을. 구글이 단번에 '거부 의사'를 표시한 점은 그래서 통쾌했다. 조지 오웰이 『1984』에서 공산주의식 통제를 비판했을 때 저들은 자유에 대한 탄압이 얼마나 나쁜지를 선전하면서 그런 나라는 나쁜 나라라고 입에 게거품을 물었다. 자본주의든 공산주의든 자유에 대한 탄압은 잘못된 것이다. 누가 봐도 그렇다. 목숨 걸고 저항해서 막아내야 한다. 그래서 얻은 자유 하나하나이기에 얼마나 소중한 것인가. 우리가 편하게 누리는 작은 자유 하나도 그 뒤에는 숱한 선배들의 숱한 어른들의 피와 땀과 눈물이 깃들어 있다는 것을 한시도 잊어서는 안 된다. 그래야 인간이다. 그것을 알고 지키고 확장하기 위해 몸부림을 쳐야 한다. 그것이 인간의 조건이다.

안다. 여중생들도 알고 초등생들도 안다. 무엇이 옳고 무엇이 그른지를. 안다. 여고생들도 알고 아줌마들도 안다. 남중생이나 남고생도 조금은 늦더라도 금방 안다. 아직도 가슴 깊이 양심이, 본성이, 생명력이 살아있다면 말이다. 아직도 지배질서에 길들여지지 않았다면 말이다. 그리고 또 안다. 바보같이 일만 하는 농민이나 노동자들도 안다. 어떻게 사는 것이 사람답게 사는 것인지를. 안다. 평생 동안 자식을 위해 땀 흘리다 주름살만 주룩주룩 늘은 할머니, 할아버지들도 다 안다. 나라를 제대로 경영하고 있는지 말아먹고 있는지를. 물론 모르는 사람도 있고 잘 한다고 소리치는 사람도 있다. 그러나 조금만 껍데기를 벗기면 다 알게 되어 있다. 얄팍한 편법으로 민심을 호도하려 들지 마라. 공권력의 위력으로 양심에 반하는 언행을 하도록 강요하지 마라. 그런 식으로 알코올 중독자가 가정을 다스리듯 나라를 다스린다면 결국은 패가망신한다. 이런 이야기를 하는 것은 그나마 잘 하기를 바라는 뜻이 있기 때문이다. 일말의 기대나 희망을 갖고 싶기 때문이다. 그냥 이 나라를 버리고 훌훌 떠나고 싶지 않기 때문이다. 그렇지 않다면 조용히 떠나거나 패가망신하도록 가만히 그냥 내버려두는 편이 나을지 모른다. 남을 성의껏 비판하는 것은 그에 대한 관심이 조금이라도 있기 때문이지 않던가. 제발 자기들 몇 명의 권력욕과 재물욕, 탐욕을 채우려고 온 나라를 망치지 말았으면 좋겠다. 자기들 마음대로 하려고 국민의 눈과 귀, 입을 틀어막으려는 수작을 부리지 않았으면 한다. 스스로 일중독에 절어 조직 전체를 나라 전체를 중독 사회로 만드는 세력들아, 제발 스스로가 중독에 절어 있다는 사실을 제발 인정하라. 그리고 새롭게 태어나라.

그러나 나는 안다. 저들은 그럴 능력과 의지가 없음을. 그들이 누리는 돈과 권력과 명예, 위신이라는 떡고물에 중독된 채 절대로 스스로는 중단하지 않을 것임을. 중단한다 하더라도 대개는 '금단현상'에 고통받기에 또다시 떡고물에 중독되려 할 것임을. 그래서 나는 안다. 중하층 사람들이 건강한 목소리를 내면서 건강한 눈과 귀와 입으로, 건강한 팔과 다리로 완전히 새로운 길을 만들어야 한다는 것을. 사람과 사람, 사람과 자연이 모든 기득권을 버리고 겸손하게 더불어 사는 길을. 진정한 대안을….

경제위기, '마이너스' 성장의 시대?—굳이 두려워 할 이유 없다!

바야흐로 '마이너스' 시대가 왔다. 한국 경제라는 큰 배의 공식 선장에 해당하는 기획재정부가 경제성장률이 -2%에 머물고 일자리 20만 개가 사라질 거라 전망한 바 있다. 이미 국제통화기금(IMF)은 2009년 한국 경제성장률을 OECD 회원국 중 가장 낮은 -4%로 예측했다. 실제로 최근 신규 취업자 수도 -10만 명이다. 물론 IMF가 하나씩 던지는 전망에 일희일비할 일은 결코 아니다. 그런 것에 신경 쓰는 한, 우리의 독자적인 삶의 전망은 오지 않는다. 그런데 2007년 대통령 선거 때 '747 공약'은 연평균 7% 성장을 장담했는데 어인 일인가?

'노동사회'란 자본주의 사회를 인간 노동력 관점에서 재규정한 개념으로, 노동을 중심으로 사회적 삶이 통합되고 조직되는 사회다. 우리가 공부하고 취업하여 일평생을 보내는 것도 노동을 중심으로 삶이 돌아가는 것을 증명하며, 설사 우리가 실직을 한다 하더라도 오히려 더 노동(일자리)에 강박적으로 집착하는 현실도 그를 증명한다. 그런데 경제가 성장해야 고용도 증대하고 사회통합도 증대한다는 근본 원리에 균열이 크게 나고 있다. 온 세상이 '마이너스' 성장을 이야기하는 시대가 와버린 것이다. 인정하고 싶지 않아도 그게 '현실'이다.

설상가상, 한국에서만도 2009년 초, 두 달 새 약 42만이 넘는 자영업자가 폐업했다. 통계청에 따르면, 2009년 1월 자영업자 수는 총 558만 7천명으로, 2000년 2월의 552만 4천명 이후 최저치며, 2008년 11월의 600만 3천명에 비해서도 42만 정도 줄었다. 한 조사에 따르면 자영업 등 소상공업 4곳 중 3곳은 '마이너스' 곧, 적자다. 이런 상황 속에 『88만원 세대』의 저자 우석훈 박사는 정부 고위층으로부터 '비판을 자제하라'는 경고를 받았다 한다. 아마도 당국은 '안 그래도 상황이 좋지 않은데, 격려는 못할망정 비판만 하니 더 악화된다'는 인식을 갖고 있는 것 같다. 허나 바로 이런 태도야말로 진짜 문제다.

바로 이 지점에서 차분히 생각해 보자. 생각건대 지금까지 우리가 믿어온, '대량생산–대량소비–대량폐기'를 핵심으로 하는 경제 구조가 모두에 행복을 줄 거라는 신화는 한마디로, 허상이다. 그 근거는 이렇다. 대량생산을 지탱하던 석유 등 화석에너지의 고갈이 가깝다. 다른 자원도 바닥을 칠 날이 멀지 않다. 또 대량생산한 상품을 대량 판매할 시장도 포화 직전이다. 게다가 폐기물을 대량으로 처리하는 것도 한계에 다다랐다. 이상 기후가 자주 나타나는 것도 지구 전체가 몸살을 앓는 증거다.

2008년 봄, 일부 초국적기업의 농간에 의한 식량가격 폭등으로 세계 수십 개 나라에서 식량폭동이 났다. 석유 등 화석에너지 고갈이 오면 지금 우리가 누리는 거의 모든 생활이 '올 스톱'이다. 고층 건물의 엘리베이터가 설 것이며, 옷도 편히 사입지 못하고, 출퇴근도 자동차 없이 해야 한다. 지구온난화로 북극 빙하가 녹는 것처럼, 석유 고갈로 인간 삶은 꽁꽁 얼어붙을 것이다.

바로 이 맥락에서 경제성장률이 마이너스가 되고 일자리가 줄고, 사업이 잘 안 돼 망하는 기업이 느는 건 매우 안타까운 일이긴 하나, 보다 차분히 보면 앞으로 다가올 대 파국을 미리 알려주는 신호탄이다. 그것은 마치 우리가 큰 병을 앓기 전에 대개 감기가 와서 신호를 주는 것과 같다. 즉, 감기는 '몸에 저항력이 떨어졌으니 생활 태도를 반성하라'는 경고다. 이런 면에서 우리는 감기에 '고맙다'고 해야 한다. 마찬가지로 현재 우리 앞의 각종 '마이너스' 지표들은 '여태껏 살아온 대로 하다간 총체적 파멸이 올지 모르니 제대로 반성하라'는 경고 메시지다. 따라서 우린 마이너스 지표들에 대해 두려워하거나 쉬쉬할 일이 아니라 오히려 감사해야 한다.

『경제성장이 안 되면 우리는 풍요롭지 못할 것인가』를 쓴 더글러스 러미스는 경제성장이라는 강박증 뒤엔 두려움이 놓여 있다고 한다. 즉 열심히 일하지 않으면 실업자로 전락하거나 집 없이 떠도는 노숙자가 될지 모른다는 공포, 혹은 병이라도 나면 병원비를 지불하지 못할 거라는 공포다. 이 두려움, 공포, 불안감을 줄이려면 상부상조 사회를 실현하고, 그 어떤 구성원도 빠짐없이 서로 돌보는 우정과 환대의 사회를 만들어야 한다. 물질적 풍요 속에 사회 양극화나 정신적 사막화에 시달리는 현실을 직시하자. 이제는 물질적으로 풍요한 유토피아는 불가능하다는 현실을 인정하고 오히려 정신적 풍요의 방향으로 전환하자. 이 패러다임 전환은 물론, 아래로부터의 공감대 확산과 민주주의적 압박 없인 불가능할 것이다. 그러나 일단 새로운 길을 선택만 할 수 있다면 그것은 경제성장보다도 훨씬 의미있는 프로젝트가 될 것이다.

이제부터라도 우리의 생산방식과 생활방식을 보다 근본적으로 반성해야 한다. 남보다 더 빨리, 더 많이, 더 높이 성취하는 것을 행복의 지름길이라 믿어온 공식과 이제는 결별해야 한다. 사람과 사람, 사람과 자연이 더불어 살고, 두루 검소하게 살며, 적게 쓰고 많이 성찰하는 것이야말로 우리를 대 파멸로부터 구할 '지혜의 길'이기에.

신판 노예제, 비정규직—기간을 연장한다고 노예가 아닌 것은 아니다!

이른바 'IMF 사태' 이후 기업들은 경영의 효율화를 위한 체중감량으로 대대적 정리해고를 단행했다. 또 정부는 노동시장 유연화로 국가 경쟁력을 키운다는 명목으로 근로자 파견법을 도입했다. 1998년 7월부터 시행에 들어간 '파견근로자보호법'에서 파견근로자는 1년씩 고용계약을 갱신하여 2년이 지나면 저절로 직접고용이나 정규직으로 전환되도록 했다. 그러나 기업들은 1년씩 계약을 갱신한 뒤 채 2년이 되기 전, 계약 해지를 해버렸다. 정식 고용 부담에서 자유로워지기 위해서였다. 해고된 방송사 비정규노조나 한국통신 계약직 노동자 등 비정규 노동자들이 '고용 안정'을 위해 노조를 결성하고 투쟁하기도 했다.

그리고 2007년 7월부터는 '기간제및단시간근로자보호법'이 시행되었다. 입법 취지는 파견직과 마찬가지로 비정규직 노동자의 고용 보호 및 차별 금지를 위한 것이었다. 하지만 실제 현실에서는 2년 경과 이후 '고용 의무'를 회피하기 위해 계약 해지가 이어졌다. 예컨대, 이랜드 뉴코아 노동자들은 이 법이 시행되기 직전, 회사에 의해 대량 해고되었고 생존권을 둘러싸고 노사 간 갈등이 1년 이상 지속되기도 했다.

이제 2009년 7월 이후 2년간의 고용 이후 정식 고용을 해야 하는, 5인 이상 300인 미만을 고용한 50만 개의 기업들은 큰 부담을 갖게 되었다. 그래서 일부를 제외하고 대개는 이 조항을 회피하기 위해 채 2년이 되기 직전에 '계약 해지'를 한다. 파견 노동자나 기간제 노동자 당사자들은 해고를 당하는 셈이고, 사회 전체적으로는 실직자와 실업률이 높아지는 셈이다. 이에 해당되는 사람들이 대략 100만 명을 넘는다고 한다.

그렇지 않아도 '마이너스 성장'이니 '고용 없는 성장'이니 하는 판국에,

또다시 대량 실직 사태가 불을 보듯 뻔하니, 당국으로서도 대단히 입장이 난처하다. 그래서 3월 12일, 노동부는 '비정규직법 개정안'을 확정 발의했다. 그 핵심은, 기간제노동자와 파견노동자의 사용기간을 기존 2년에서 4년으로 늘리는 것이다. 올 7월 이전에 정규직 전환을 준비하던 기업조차 비정규직으로 그대로 유지할 것이다. 이 외에도 기간제한을 받지 않는 단시간 노동의 범위를 주 15시간에서 20시간 이하로 완화했다. 대신 정규직으로 전환시 사업주 부담의 4대 보험료의 50%를 2년간 지원한다. 파견범위 역시 현행 32개 업종에서 시행령을 고쳐 규제를 더 푼다. 불법파견업체에 대한 단속은 강화한다. 또 차별시정 신청기간을 차별 발생 3개월 이내에서 6개월로 연장하기로 했다.

문제는 과연 이 정도의 내용으로 비정규직 노동자를 보호하거나 정규직 전환을 유도할 수 있는가 하는 점이다. 가장 큰 문제는 기간제든 파견직이든 사용 기간을 4년으로 늘린다고 해서 보호가 되거나 정규직 전환이 쉬워지느냐 하는 것이다. 안 그래도 비정규직에 빗대 '현대판 노예제'라는 자조어린 말까지 나오는 판국에, '그래도 실직보단 연장이 낫다'는 논리는 너무나 소극적 대응임을 고백한다. 또 파견 범위의 확대가 외견상 고용 확대를 가져오는 듯하지만 실은 고용의 질 저하를 확산할 뿐이다. 영세한 파견업체들이 난립하고 중간착취나 실질임금 저하 등 고질적 병폐 역시 고쳐지지 않는다. 정규-비정규 사이에 갈수록 '하늘과 땅 차이'가 난다.

최근 대졸자 초임을 최고 28%까지 삭감한다거나, 사기업이나 공교육에 인턴십 제도를 확대하려는 정책과 함께, 비정규직 법안 개정도 그러한 '고용 정책' 중 하나다. 그러나 이 모든 정책들은 고용 안정이나 삶의 질 향상은 물론 '경쟁력' 향상에도 별로 도움이 되지 않는다. 그것은 노동자들이 조직에 일체감을 느끼고 자기효능감이 높아질 때 조직 헌신도도 높아지고 창의력도 높아지기 때문이다. 비정규직 등 고용불안 및 신분차별을 고착화하는 제도는 결국 노동자들의 조직 일체감이나 자기효능감을 저하시켜 개별 기업은 물론 나라 전체의 생명력을 침식하게 될 것이다. 정부가 이런 중장기적 시각을 놓치면 안 된다. 내가 이런 말이라도 하는 것은, 그래도 이 나라가 좀 잘 되었으면 하는 바람을 놓고 싶지 않기 때문이다.

수능성적 공개와 교육감 선거—진정한 교육은 어디에?

한국교육과정평가원이 2009년 4월, 사상 처음으로 최근 5년간의 일반계 고교(전체 1,500여 개) 수능 성적 결과를 공개했다. 16개 시도와 230여 시군구별로 언어, 수리, 외국어 세 과목 성적을 분석한 것이다. 수능 표준점수 기준으로 학교 간 점수 차는 최대 73점이었고 평준화 지역 안에서도 점수가 최대 42점이나 차이가 났다. 보다 자세히 보면 광주나 제주 등 특목고나 자립형 사립고, 비평준화 고교가 있는 곳은 성적이 높았다. 230여 시군구 중 상위 20곳은 도시 지역은 85.5%, 농어촌은 14.5%였다. 도농 간 격차가 극명했다. 그 외중에도 농어촌의 비평준화 지역, 예컨대 전남 장성고와 경남 거창고가 속한 곳은 높은 성적을 보였다. 게다가 전체적으로 국공립보다 사립학교가 더 높았다. 일반화하자면 사립, 비평준화, 특목고, 도시 지역 등에서의 학력이 상대적 강세를 보였다. 처음부터 '공부' 잘 하는 학생들이 모인 곳이거나, 치열한 경쟁으로 '공부' 강도가 높은 곳이 강세를 보인 것이다. 한편, 2008년 10월의 학업성취도 평가와 마찬가지로 이번 수능 성적에서도 충남은 "전국 최하위"에 속했다.

이로써 이미 우려한대로 학교별, 지역별 차이가 재확인된다. 특히 그간 사람들이 알고 있던 사실, 예컨대 특목고, 서울 강남, 비평준화 고교 등이 세다는 것을 구체적 데이터를 통해 확인한 점이 이 공개의 성과라면 성과다. 흥미로운 점은, 전교조의 존재와 수능 성적 간 (역) 상관성이 드러나지 않은 점이며, 또 평준화와 수능 성적 간 (역) 상관성도 일반화할 수 없다는 점이다.

그런데 원래 성적 공개의 핵심 배경은 고교생들의 학력 정보공개를 통해 교육 경쟁력을 높일 계기를 마련한다는 것이다. 성적 공개를 통해 상호 비교를 함으로써 경쟁력을 높인다는 발상, 과연 이것은 얼마나 타당하며 또 교육적으로 바람직할까?

우선, 이러한 성적 공개는 만약 원자료가 보다 폭넓게 공개된다면 학교별 성적 비교가 가능함으로써 점수 경쟁이 더욱 치열할 것이다. 경쟁의 장점이라면 경쟁을 통해 정체하지 않고 발전한다는 것이다. 그러나 불행히도 우리 사회의 학력 경쟁은 발전이 아니라 파괴로 간다. 잘 하는 아이는 자기 억압을, 못 하는 아이는 자포자기를 계속해야 한다.

둘째, 시험 성적이 교육적 효과를 거두려면 상대 평가보다는 절대 평가를 해야 하고, 공개 비교보다는 자기 성찰을 하게 해야 한다. 미국 고교에서는 학기 초와 말에 학부모와 교사 간 미팅을 가진다. 각 학교 벽에 성적을 공개한다. 학생 이름은 없고 학번만 있다. 등수도 없다. 점수만 있다. 이로써 학생 본인과 그 부모, 담임만 성적을 알 수 있으며, 학기 초와 말 사이의 비교만 한다. 다른 아이와 비교하거나 다른 학교와 비교하지 않는다. 학생 발전에 도움이 안 되기 때문이다.

셋째, 교육 경쟁력은 시험 점수에 있지 않다. 교육이란 원래 아이들이 한 인격체로서 자율적이고 공동체적으로 살아갈 수 있도록 의지와 역량을 드높이는 과정이다. 시험 점수는 그를 위한 매우 작은 부분에 불과하다.

성적과 무관하게 사회와 역사를 알아야 하고 인간관계를 배우며 세상을 보는 통찰력을 높이고 자기 내면의 소질과 끼를 탐색해야 한다. 이 중요한 걸 놓치고 오로지 점수만 높이는 건 교육이 아니다. 핀란드 교육이 주목을 받고 있는 이유 중 하나는 각 학교마다 일정한 교육 목표(예, 전인적 발달, 개성 발현, 공동체적 심성의 고양)를 세우고 그 목표 달성도를 주기적으로 측정하면 나라가 더 나은 교육을 위해 성실히 지원하기 때문이다. 평등 교육, 통합 교육, 인간 교육이 핵심이다. 핀란드가 학력 평가에서도 좋은 성적을 거두는 것은 이런 시스템의 자연스런 결과이지 처음부터 시험 점수 중심으로 교육한 결과가 아니다. 아이들이 행복하고 교사가 행복해야 교육 경쟁력도 생긴다.

해마다 10대 청소년 200여 명이 자살하는 나라, 해마다 약 5만 명의 아이들이 학교를 이탈하는 나라, 날마다 아이들이 아침 일찍부터 밤늦게까지 점수 따기 경쟁에 절어 사는 나라, 이런 나라에서 과연 교육의 경쟁력을 논할 수 있을까? 진정 우리가 해야 할 일은 매일 학교 가는 일이 즐겁고 행복한 사회, 학교 가서는 선생님이나 친구들과 따뜻하고 인간적인 관계를 맺을 수 있는 곳, 매일같이 학교에서 자신의 개성을 살리고 끼를 뿜어내게 하는 공부를 할 수 있는 곳, 나날이 자신의 내면이 발전하고 실력이 발전하는 것을 확인함으로써 미래에 대한 꿈과 비전을 점점 구체화할 수 있는 그런 사회를 만드는 일이다.

이런 점에서 각 지역마다(경기, 충남, 경북 등) 시행된 최근의 교육감 선거도 점수 기계를 많이 만들 사람이 아니라 행복한 학교를 만들 사람을 뽑는 축제 과정이 되어야 했다. 다행히도 경기도의 경우 광범위한 소통과 연대가 기초가 되어 진보적 교육감이 탄생했다. 다른 곳에서도 '전국 최하위'라는 딱지를 떼기 위해서 또는 '전국 최우수' 딱지를 따기 위해서가 아니라 '모두 행복한 교육'을 창조하기 위해 적합한 이를 뽑아야 했다. 제도적으로 임시 공휴일이라도 만들어 투표율을 높여서 아이들의 장래, 우리의 장래를 스스로 책임성 있게 선택할 수 있도록 하는 것이 좋을 뻔 했다. 할 수만 있다면 고등학생들도 투표에 참여할 수 있도록 해 온 가족이 선거에 관심을 드높이고 교육 민주화를 앞당겨야 했다. 투표율을 높이는 것보다 더욱 중요한 것은 올바른 후보를 선택하는 일, 즉 사람들의 통찰력과 판단력을 높이는 일이다. 과연 언제까지 우리 아이들이 점수 기계 속에서 고통을 받아야 할 것인가? 그리고 우리는 언제까지 아이들을 점수 기계 속으로 밀어 넣는 일을 아무런 죄책감 없이 계속할 것인가? 이런 '불감증 속의 고통'을 하루 빨리 끝장내야 한다. 그래야 교육에 희망이 생기고 삶에 희망이 생긴다.

마키아벨리 공식과 삽질의 경제─망국의 지름길이 아닌지 성찰하라!

요즘 나는 시간이 날 때마다 텃밭을 일군다. 조금만 시기를 놓치면 풀들이 텃밭을 온통 점령한다. 누군가 '태평농법'이니 '자연농법'이니 하면서 그냥 모두 가만히 두고 씨만 뿌리고 나중에 거두기만 하라고 하지만, 아직도 나는 그런 농법에 확신을 갖지 못한다. 어머니가 그랬듯, 농약과 제초제를 치지 않고 그저 부지런히 땅을 일구고 호미로 흙을 북돋워 작물을 돌보고 내가 직접 만든 똥오줌 거름으로 땅을 기름지게 하는 것이 내가 실천하는 소박한 유기농법의 전부다. 땅을 일구면서 거듭 확인하는 것은 '콩 심은 데 콩 나고 팥 심은 데 팥 난다'는 원리다. 원래 농사란, 정직과 진실의 경제다. 대개의 공업이나 상업처럼 과장이나 허상을 기초로 움직이는 경제가 아니란 말이다. 열심히 땅을 일구어 씨앗을 뿌리면 반드시 땅과 하늘은 사람에게 보답을 한다. 생각보다 많은 소출을 준다. 감사할 따름이다. 그런데 오늘날 경제는 참 이상하다.

마키아벨리주의 공식이란 것이 있다. 원래 덴마크에 있는 올보르대학의 벤트 플뤼브예르그 교수가 고안한 것인데, 박용남 선생이 『녹색평론』에서 소개한 이론이다. 그 내용은 대형 건설 사업에 있어 프로젝트 제안자들이 대체로 비용 및 환경 영향은 과소평가하되, 개발 효과나 이익은 과대평가하는 것이다. 이런 엉터리 조작이 일상화하니 생명 살림의 입장에서는 가장 부적절한 것들이 더 잘 살아남는 기형적 현상이 발생한다. 플뤼브예르그 교수는 이것을 '역전된 다윈주의'라 한다.

생각건대 이 마키아벨리 공식은 사익을 추구하는 민간경제는 물론 공익을 추구한다는 공공경제에서도 관철된다. 그것은 공익을 추구한다는 이름 아래 정치가나 행정가, 민간 기업 사이의 유착 관계가 성립하기 때문이다. 일종의 '개발 동맹'이다. 결국 '눈에 드러나지 않는' 혈세는 국가의 조세권으로 강제 집행되는 반면, 그 혈세의 떡고물은 이러한 개발 동맹들에 의해 체계적으로 독점된다. 이러한 현상이 가장 잘 드러나는 분야가 '삽질의 경제'다. 원래 삽질이란 농사에서 땅을 파고 곡식을 심거나 도랑을 파서 물길을 잡을 때 필요한 것으로, 대단히 중요한 경제 행위다. 그러나 오늘날 '삽질'이란 마치 군대에서 불필요한 작업인데도 수많은 병사들의 인력을 놀릴 수 없으니 괜스레 땅을 파라고 했다가 또 괜스레 덮으라고 하는, 별 의미 없는 경제행위를 일컫는다. 그러나 엄격히 말하면 장교 입장 또는 군대 입장에서는 쓸 데 '있는' 행위다. 그렇게 해야 뭔가 일을 했다는 표시를 낼 뿐더러 병사들의 군기가 잡히기 때문이다.

이러한 '삽질의 경제' 원리가 국가적 대형 사업으로 확장되면 더욱 심각하다. 그것은 겉으로는 멀쩡하지만 실익은 없이, 수천억에 이르는 혈세가 그 납세자인 국민도 모르는 사이에 개발 동맹에 의해 독점 분배되기 때문이다. 일례로, 2001년 3월에 협약이 체결된 인천공항철도는 4조원이 투입된 최대 민간 투자 사업이다. 이는 현대건설컨소시엄이 30년간 운영해 원리금을 회수하는 방식으로 진행되었다. 그런데 이 사업의 최소 운영 수입 보장율은 자그마치 90%에 달해, 기업 입장에서는 사실상 투자 위험이 거의 없이 엄청난 수익을 확보하는 형식으로 계약이 체결됐다. 물론 그 수익을 위해 혈세가 충당된다. 마키아벨리 공식을 증명하기라도 하듯, 2007년에 개통된 인천공항철도의 실제 수요는 원래 예측치의 7%에 불과했다. 향후 30년간 모두 생각하더라도 원래 예측치의 30% 수준 정도라 추정된다. 건설 과정에서 비용은 예측치보다 더 많이 들고, 수익은 예측치보다 훨씬 낮게 나오니, 결국 비용 부분에서 엄청난 혈세가 낭비되고, 또 수익 보장을 위해 천문학적 혈세가 낭비된다. 실제로 지난 2년간 2,700억 원의 국고보조금이 지급되었고, 앞으로 30년간 연평균 4,610억 원, 총 13.8조 원이 소요될 것이라 한다. 엄청나다.

이렇게 왜곡된 경제를 바로 잡으려면 다시금 '콩 심은 데 콩 나고 팥 심은 데 팥 나는' 원리로 돌아가야 한다. 성실하고 정직하게 땀 흘리는 사람이 건강하고 행복하게 살 수 있는 사회를 만들어야 한다. 땅과 더불어 사는 사람들이 존중받는 그런 사회여야 한다. 탐욕과 허세를 버리고 본심을 회복할 수 있는가, 그리고 그러한 사람들이 떳떳하게 살 수 있는 구조를 만들 수 있는가 하는 점이 핵심이다. 그럴 때 마키아벨리 공식은 더 이상 쓸모없게 될 것이다. 이제, 한반도 대운하니, 새만금이니, 4대강 유역 정비니, 댐 건설이니 하는 식으로 '삽질의 경제'는 그만 좀 하자. 더 이상 금수강산이 오염강산으로 변모하기 전에. 더 이상 '동해물과 백두산이 마르고 닳아' 없어지지 않도록….

사당동 더하기 22, 용산 참사, 흉물 아파트—'개발 중독' 사회의 종말은?

지금 서울 사당동은 교통의 요지이자 서울의 새 도심 중 하나다. 하지만 1986년 아시안게임과 1988년 올림픽을 치르면서 당시까지 최대의 달동네 중 하나였던 사당동은 86년에서 88년에 걸쳐 무자비한 철거를 당했다. 단 한 가구(정금순 일가)만 제외하곤 아무도 임대주택 같은 데로 옮길 수 없었다. 정씨는 아픈 몸으로 쓰레기를 줍는 공공근로를 하며 생계를 이었다. 그 사이 그는 세상을 떠났고, 큰손자는 최근 필리핀 여성과 결혼했다. 둘째인 손녀는 세 아이의 엄마가 됐다. 막내는 방황과 일탈의 기간을 거쳐 헬스클럽에서 트레이너로 일한다. 동국대 조은 교수 연구팀이 1986년부터 2008년까지 22년간 현장 밀착 연구를 하는 과정에서 만든 다큐 영화 <사당동 더하기 22>의 내용이다. 긴 세월의 변화에도 여전한 것은 가난의 대물림이다. 물론 이들은 모두 "과거에 비하면 지금은 살 만하다, 행복하다"고 한다. 행복은 역시 주관적인 것인가 보다.

한편, 상대적으로 그보다는 좀 나은 사람들이 철거 직전의 현장에서 목숨 건 저항을 하다가 갑자기 철거민 5-6명이 생명을 잃은 사건이 있었다. 아직도 정확한 진상 규명이나 책임자 처벌, 엄숙한 장례식은 요원하다. 벌써 100일이다. 이른바 '용산 참사'다. 지금은 '깔끔한' 고층 아파트 단지로 변해버린 사당동에서 전철로 불과 20분 거리다. 죽어간 양회성 씨의 아들은 경찰에 짓밟혀 연골이 파열되어 수술을 받고 지팡이를 짚고 다닌다 한다. 재개발 조합원들과 그들을 조종하는 거대 자본의 '재산 증식'을 위해 폭력적으로 진행되는 철거 및 재개발 과정에서 '재산의 증식'이 불가능한 자들은 저항하다 죽거나, 살아남더라도 '상처의 축적'만 진행된다. 이것이 그간의 역사에서 반복되는 객관적 법칙이다. '민중의 지팡이'이어야 할 경찰은 그 과정에서 '민중에 몽둥이'질만

한다. 상처만 두터워진다.

철거, 재개발, 뉴타운, 고층 건물의 번창은 크게 두 가지를 이야기한다. 하나는 (건설) 자본을 통한 부단한 이윤 창출의 과정이 삶의 세계를 폭력적으로 장악한다는 사실이다. 사당동 철거민들은 대개 그 이전엔 서울 한복판인 양동(지금의 서울역 건너편)에서 철거당한 이들이었다. 1970년대 청계천 철거민도 마찬가지다. 용역 깡패의 역사는 그렇게 길다. 그 과정에서 건설 자본들, 재벌들의 몸집은 수백, 수천 배 불었다. 둘째로 철거와 재개발의 역사가 말하는 것은, 가난했지만 공동체와 인간미가 숨쉬던 역사에 대한 기억 상실 내지 흔적 지우기다. 새로운 건물과 거리를 보며 과거의 가난을 잊고 환히 웃으라는 것이다. 철거민들은 보이지 않는 곳으로 '처리'한 뒤에 말이다. 올림픽 등 국제 행사를 치루기 직전에 행해지는 통과의례가 늘 이런 식이다. 지금도 세계 곳곳에서 벌어진다. 그래야 대외적으로 '체면'이 선다. 동시에 '대내적'으로도 사람들이 더 이상 과거의 절망과 가난을 기억하지 말고 깨끗하게 망각하며 오로지 내일의 밝은 면만 보자고 강요한다. 강하고 멋있고 화려한 것만 생각하자는 것, 그런 것만 바라보며 앞을 보며 달리자는 것, 그런 꿈을 꾸며 더욱 허리띠를 졸라매라는 것, 그러나 바로 이야말로 사람과 자연을 억압하는 자본이 우리를 공범 관계로 포섭하는 테크닉이 아니던가. 그래서 이에 대한 저항은 망각이 아니라 기억으로부터 출발해야 한다. 대안도 마찬가지다. 망각이 아니라 기억, 철거가 아니라 복원, 단순한 복원이 아니라 창조적 복원, 이것이 대안 창조의 논리적 기초다.

사당동 철거와 용산 재개발에 이어 내가 사는 조치원의 흉물 아파트 이야기도 있다. 이미 전국의 주택 보급률이 100%를 넘은 지 오래건만, 건설 자본은 끊임없이 아파트 단지를 만들어댄다. 건설 자본의 속성 상,

아니 자본의 속성 상 '쉬는 것은 잃는 것'이기 때문이다. 공식 통계만으로도 15만 가구 이상이 미분양이다. 실제로는 두 배 이상이라는 말도 있다. 내가 사는 동네도 약 1천 가구 아파트를 짓다가 15세대 정도밖에 분양이 안 되니 공사를 중단했다. 동네는 동네대로 망가뜨리고 마을 공동체에 상처는 두텁게 남긴 채 자기들은 사업에 실패해 물러난단다. 처음부터 그렇게도 말릴 때는 미친 놈 쳐다보듯 하더니 말이다. 결혼도 하지 않을 것이면서 그럴 듯한 속임수로 애꿎은 처녀만 망가뜨리고 도망가는 악당 같은 꼴이다.

전국 곳곳을 다니다 보면, 이런 식의 흉물 아파트가 여기저기 보인다. 엄청난 사회적 비용을 초래하는 저 맹목적 파괴의 행렬을 저들은 '건설'이라 한다. 건설 허가를 내준 행정 당국, 지자체장, 도시계획위원회 등은 아무도 책임을 안 진다. 잘 되면 돈 잔치, 술잔치를 벌이고, 안 되면 슬그머니 숨어 '쯧쯧' 탄식만 하고 그만이다. 그야말로 정상이 비정상처럼 보이고 비정상이 정상처럼 보이는, 무책임하고도 미친 세상이다.

맺는 말

과연 이런 '삽질'의 나라에서 정을 붙이고 살 사람이 있을까? 입으로는 '애국가'를 부르고 '국기에 대한 맹세'를 하지만, 실제 삶에 있어서 이 땅을 참으로 사랑하고 이웃과 진정으로 더불어 살려는 사람들이 과연 얼마나 될까? 진절머리 나는 세상, 미쳐 돌아가는 사회, 정나미 뚝 떨어지는 나라… 이민 행렬에 나선 사람들처럼 짐을 싸들고 홀연히 이 나라를 떠나버릴까? 개인적으로야 얼마든지 행복하게 살 대안은 있다. 그러나 그런 식으로 피한다고 해서 해결이 되는 건 아니다. 사실 사람 사는 곳이야 어디에 가건 문제없는 곳, 모순 없는 곳이 없으리. 오히려 절망의 한복판에서 절망하는 이들과 함께 울고 웃으며 새 희망을 만들어가는 것, 바로 이야말로 눈물겹고도 행복한 대안 창조 과정이 아닐까?

따지고 보면 그런 숨은 노력을 하는 분들이 한둘이 아니다. 사당동 철거 과정 이후 22년을 동고동락하며 참여 연구를 수행한 분들이 그렇고, 용산 참사 현장에서 유족들과 동고동락하는 분들이 그러하며 마을 공동체를 지키기 위해 자본의 폭압과 행정의 멸시에 저항한 내 이웃들이 그러하다. "노동자도 인간이다"고 외치며 절망의 사회에서 희망을 건져 올리고자 울부짖다 산화한 수많은 열사들이 그러하며, 삽질의 경제가 아니라 정직하고 성실한 경제를 일구려는 수많은 일꾼들이 그러하다. 참교육을 위해 해직을 마다하고 투쟁한 선생님들이 그러하며 진실을 위해 기득권을 내던지며 '내부 고발'을 감행한 여러 투사들이 그러하다. 억울하고 힘들지만 땅과 더불어 사는 농민들이 그러하며, 돈벌이가 안 되어도 사람과 자연을 살리겠다는 뜻을 가진 모든 일꾼들이 그러하다.

암담한 현실 속에서조차 희망은 등잔 아래 어두운 부분 속 밤버둥에서부터 시작된다. 세상이 아무리 험하고 암담해도, 그 누군가 힘 센 자가 우리 눈과 귀와 입을 틀어막아도, 우리 자신이 먼저 포기하고 굴복하지 않는 한, 새 세상 창조의 가능성은 얼마든지 열려 있다. 사람과 사람, 사람과 자연이 더불어 사는 그런 세상을 열겠다는 큰 뜻을 품은 이들이여, 추운 겨울을 조심스레 이겨내고 조용히 물을 잣아 올리는 저 들풀이나 나무처럼 삶의 활기를 잃지 마시라. 살기 위해 몸부림치다 억울하게 죽은 분들을 기억하며 또 진심으로 그 명복을 빌면서… 또한, 일중독과 강박적 성장 중독증을 극복하지 않는 한, 건강한 사회, 활기찬 사회는 오지 않음을 기억하면서…. 억울한 사람의 명복을 비는 것이 아니라 중독 사회, 중독 정치의 명복을 빌 날이 하루 빨리 오기를 기원하면서….

Ⅱ_ 노동사회를 넘어 문화사회로

05_ 노동중독 사회와 주5일 근무제

노동중독 사회

일본의 어느 유명한 회사에서 일하는 사람들이 이런 수기를 썼다고 한다. 첫 번째 사람이 말한다. "나는 아침 6시만 되면 회사로 출근해서 하루 종일 일하고 또 저녁 내내 일하고 집에 새벽 1시경에 돌아오면 녹초가 되어 쓰러져 자다가 다시 새벽 6시가 되면 회사로 간다. 매일 이렇게 돌아간다. 이런 생활이 얼마나 계속될 수 있을지 나도 모른다." 두 번째 사람은 여성이다. 이렇게 말한다. "나는 일을 하다가 화장실에 가고 싶어도 우리 작업조원들에게 부담을 지울까봐 미안해서 휴식 때까지 억지로 참는 습관이 생겨버렸다. 마침내 나는 방광염에 걸리고 말았다." 세 번째로 한 남성은 더욱 절망적인 그림을 그린다. "나는 점심시간에 밥을 먹으면서 곁다리로 일을 하기만 해도 좋다고 생각한다. 왜냐하면 지금은 일을 하면서 곁다리로 밥을 먹고 있기 때문이다."

이것이 세계 3대 강대국에 드는 일본의 노동 세계이다. 10월 8일부터 전개되고 있는 미국의 아프가니스탄에 대한 '보복 테러' 못지않게 '테러블'한 광경이다. 한국의 노동 세계도 이와 크게 다르지 않다. 어쩌면 노동 세계의 테러와 생활 세계의 테러는 동일한 동전의 양면인지 모른다. 이때 같은 동전이란 자본이다. 죽은 노동인 자본은 스스로 증식하기 위해서 끊임없이 살아 있는 노동을, 모든 생명력을 빨아들여야 한다. 산 것을 무한히 죽임으로써만 살아갈 수 있는 것, 이것이 자본의 자기모순이다.

따지고 보면 영미식의 신자유주의적 세계화 물결은 범지구적으로 대량실업과 빈곤, 차별과 불평등을 세계화시키고 노동강도 강화와 산업재해, 노동중독과 과로사를 세계화시킨다. 이런 측면에서 본다면 일본의 노동 세계는 일본의 특수성에 국한되지 않고 경향적으로 한국과 중국, 그리고 심지어는 미국과 독일 등 여타 선진국들에게도 적용될 수 있다.

반면 미국 중심의 세계화는 동시에 저항의 세계화도 불러일으켰다. 지난 몇 년간 시애틀, 워싱턴, 시드니, 서울, 포르토 알레그로, 제노바 등지에서는 세계의 진보 세력들이 그러한 저항의 세계화를 온 몸으로 보여주었다. 그리고 2001년 9월 11일에는 그 어떤 할리우드 영화보다도 더 영화 같은 테러가 미국의 한복판에서 일어났다. 그것은 제 아무리 철통같은 기술주의적 안보망을 자랑하는 나라라도 치밀한 게릴라전 앞에서는 무기력할 수 있음을 보여줌과 동시에, 신자유주의적 세계화 구호 아래 선진 독점자본의 이익을 대변하려는 세력들이 결코 아무런 저항도 받지 않고 지구를 통째로 삼킬 수는 없다는 것을 노골적으로 보여주는 사건이다. 물론 이러한 점이 테러 자체가 갖는 끔찍스런 폭력성을 정당화하지는 못할 것이다. 그러나 그런 테러가 재발하지 않도록 하기 위해서라도 우리는 테러의 근본 원인을 파헤쳐야 한다.

세 가지 테러

지금까지 인류의 역사에서 가장 커다란 테러 두 가지를 들라면 이렇게 말하고 싶다. 그 하나는 인간이 자연에 가한 테러이며 그 둘은 자본이 인간과 자연 모두에 가한 테러이다. 그런데 인간의 자연에 대한 테러는 봉건제 시대까지만 해도 '지속가능한' 것이었다. 왜냐하면 그 테러의 본질적 특성이 인간의 필요를 충족시키는 것에 국한되었기 때문이다. 그러나 자본제 시대가 발전하기 시작하면서부터 인간의 필요가 아니라 자본의 무한축적이 시스템 작동의 자기 목적이 됨으로써 수백 년이 지난 오늘날 그 '지속가능성'은 심각히 의문시되고 있다. 인간적 필요가 아니라 자본의 무한한 축적을 감당하기에는 인간과 자연이 대단히 제한되어 있기 때문이다. 즉 자본축적이라는 함수에 자연 자원이 한계를 지울 뿐만 아니라 인간의 집합적 저항과 신체적 피로가 또 다른 한계를 설정하고 있다.

한편, 이 자본축적 함수의 파생물이면서도 역으로 그에 일정한 제약을 가하게 되는 요인이 바로 노동중독증이다. 이 노동중독증은 이제 자본이 인간에 가하는 테러를 넘어 인간으로서의 노동자가 노동자 자신에게 테러를 가하는 것이므로 이것을 역사상 세 번째의 중요한 테러라고 말하고 싶다.

'자기 테러'로서의 노동중독증

노동중독증은 경향적으로 사람이 일을 통제하는 것이 아니라 일이 사람을 통제하는 병적 상황을 말한다. 노동중독증의 역사적 발생 배경은 역시 자본주의의 발전 과정에서 찾을 수 있다. 중세 종교를 비판하면서 등장한 신교가 예정조화설이나 신의 부르심(소명)에 의거한 노동의 신성함, 그리고 근면한 노동을 통한 부의 축적을 강조하면서 자본주의적 정신을 사회적으로 고양하는 데 일조한 것이 한 배경을 이룬다. 또 엔클로저 운동이나 '피의 입법' 등에서 보는 바와 같이 국가의 폭력적 개입이 노동 패러다임을 사회적으로 강요하게 된다. 그리고 학문적으로는 아담 스미스와 리카르도 등 고전파 경제학자들이 부의 생산에 차지하는 인간 노동의 가치를 이론화하고 노동운동에서는 '노동의 권리'를 전면에 내세움으로써 임금 노동을 사람들이 '내면화'하는 데 기여한다. 이후에 자본이 고용 보장과 임금 인상, 승진 제도와 복리 후생 등을 통해 물질적인 보상을 하자 그러한 노동의 내면화 과정은 더욱 견고하게 진행된다. 오늘날 부모들이 자녀들에게 좋은 학교 성적을 올리라고 기대하거나 요구하는 것도 후세들이 성과와 업적 중심으로 살도록 내면화하는 데 일조한다. 그리하여 노동(중독) 패러다임이 대를 물려가며 이어져 왔다. 수백 년이 지난 오늘날 노동자들은 '고용 안정'을 내세우고 투쟁하는 한편, 자유적이고 계몽적인 학자들은 '완전 고용'을 국가의 정책 과제로 제시한다. (임)노동 이외는 살 길이 없다고 보기 때문이다. 이제는 '고용 안정'이 아니라 '고용가능성', 평생직장이 아니라 평생 직업이 중요하다며 노동의 유연화, 그리하여 자본의 유연화를 정당화하는 신자유주의적 주장들까지 등장하고 있다. 그러나 고용 안정과 완전 고용이든 고용가능성과 평생 직업이든 그 고용과 노동의 본질은 그대로 둔 채 그 형태만을 문제 삼고 있다는 것이 진실로 큰 문제다. 내가 보기에 그 본질은 노동과 고용의 예속적 성격이며 경향적 중독성이다.

노동(Arbeit, laborare)의 원래 어원이 그러하듯 노동은 노고, 수고, 고통, 부담을 뜻하는 것이었으며 그것도 고아가 겪는 고통, 고립감, 절망감, 따라서 먹고살기 위해 후견인의 그 어떤 요구도 들어주며 일해야 하는 부자유스런 사회 관계를 내포한다. 다시 말해 종속적, 예속적, 노예적 사회 관계가 바로 노동 관계인 것이다. 따라서 노동을 '신성시'하는 것은 자본주의가 발전하면서 부터 나오게 된 역사적 산물에 불과하다. 그리고 여기서 문제는, 노동을 '신성 시'하며 직업에 '귀천이 없다'고 하며 노동을 조장하는 과정에서 사람들이 자신의 정체성을 노동 자체와, 그리고 노동의 성과 및 그에 대한 보상과 '동일 시'함으로써 진정한 자신의 정체성을 경향적으로 잃게 된다는 데 있다. 자신의 내면이 공허해지는 것이다. 그 공백을 노동으로, 업적 및 성과로 때우려는 것이 노동중독증으로, 술로 때우려는 것이 알코올중독증으로, 쇼핑으로 때우려는 것이 쇼핑중독증으로 발전하게 된다. 특히 노동중독증에서는 인간 자신이 노동을 통해 자신에 테러를 가한다. 이것이 바로 세 번째의 테러로, 노동자가 자신에게 가하는 테러이다. 앞에서 오줌을 참다가 방광염에 걸린 노동자는 자신을 억압한 결과가 어떠한지를 단적으로 보여준다. 노동중독은 단기적으로는 노동자 자신에게, 장기적으로는 자본의 효율성에 타격을 가한다. 그리하여 자본의 축적 함수에 노동중독증이 일정한 한계를 지우는 것이다. 그런데 더욱 중요한 것은 노동자가 노동을 통해 자신에게 테러를 가하면서도 테러를 가하고 있다는 사실조차 모르고 있다는 점이다. 이것이야말로 모든 중독증이 가지는, 참으로 '테러블'한 측면이다.

결국 사태의 핵심은 인간이 자기정체성을 자기 안에서 재발견하고 이를 창의적으로 키워내어 사회적으로 실현시키는 일이다. 이것이 내가 강조하는 '삶의 자율성' 회복이며 진정으로 사회가 진보하려면 이것에서부터 다시 출발해야 한다고 본다. 최근 논란이 되는 '주5일 근무제' 요구의 제한적 진보성도 이런 의미 부여를 할 수 있는 한에서만 그러하다. 그렇지 못하고 현상적으로만 더 적게 일하는 것처럼 된다면 아무런 진보성도 담지하지 못하게 된다. 따라서 근본적으로는 자본이나 국가에게 일자리를 달라고 구걸할 것이 아니라 현 시스템이 결코 모든 이들에게 인간답게 살 일자리를 제공할 수 없다는 근원적

한계를 '인정'하고 차라리 새로운 시스템을 근본적으로 다시 만들어 나가는 작업을 해야 한다. 따라서 신자유주의 세계화 물결과 그에 따른 구조조정에서 생기는 삶의 위협들에 대해 조직적으로 '저항'하는 한편으로, 노동중독으로부터 자유롭고 그 어떠한 테러로부터 자유로운, 진정으로 대안적인 삶의 구조를 아래로부터 새롭게 만들어 내는 '형성'의 노력을 하는 것, 즉 '저항과 형성의 변증법'을 발전시키는 것이 우리의 절박한 시대적 과제가 아닌가 한다.

노동시간 단축 논의의 공허함

한편, 한국사회에서 전개되는 노동시간 단축 논의의 지형을 보면 대단히 갑갑하다. 약 5년 전부터 노동 진영에서 주장해온 '주5일 근무제'에 대한 사회적 논의가 곧 결실을 맺을 듯하다가 다시금 정체 상태로 빠졌다. 노사정 위원회에서 의견 수렴이 막바지에 이르렀다는 소식도 있었고 정부가 곧 단독 입법을 추진한다는 소식도 있었다. 현 정부로서도 선거 당시 공약 사항이었을 뿐만 아니라 이미 노동 대중들의 열망도 커질 대로 커져 있어 어떤 형태로든 매듭을 짓고 넘어가야 할 판이다. 나아가 최근 들어 경영자들은 임금 보전을 위한 여러 조치들에 심하게 반발하고 있어 과연 '주5일제'가 가능할지 상당히 의심스럽게 되었다. 실행되더라도 대단히 왜곡될 가능성이 크다.

다시 말해 '주5일 근무제'라는 외피를 걷고 지금까지 절충된 잠정타협안을 차분히 들여다보면 '이건 아니다!'라는 본능적 저항감을 억누를 길이 없다. 노사정 사이에 오랫동안 타협과 양보 과정이 이어지면서 마침내 탄력근로제의 정산 기간 연장(1년), 생리휴가 및 주휴 무급화, 연월차 휴가 축소, 초과근로 수당 축소, 단계적 실시 기간 연장(9년) 등 '주5일 근무제'를 사실상 무의미하게 만드는 조항들이 줄줄이 대기하고 있기 때문이다. 원래 노동시간 단축 논의에서 가장 핵심적인 것은 '시간주권' 회복과 '삶의 질 향상'이 아니던가. 1970년 11월에 스스로 죽음으로써 모두에게 영원히 살아있는 노동자, 전태일의 외침대로 '인간답게 살아보자!'는 것, 이것이 '주5일 근무제'의 출발점이어야 한다.

돌이켜보건대 지금까지 우리 사회의 경제 발전 전략은 저임금, 장시간, 고강도 노동에 기초하여 세계시장에서 일정한 지위를 차지하려는 수출지향적 성장 모델이었다. 하지만 이 모델은 적어도 1987년 전후의 노동자 저항들에 의해서, 그리고 더 최근에는 1997년 이후의 'IMF 사태'로 말미암아 사실상 종말을 고했다.

따라서 지금 우리에게 필요한 것은 더 이상 예전의 모델을 복원하기 위해 노동자들을 상대로 다시금 '군기 잡기'를 하는 것이 아니라 그간의 발전 모델 자체에 대해 진지한 성찰을 하고 그에 바탕하여 대안적 구상을 모아내고 실천하는 일이다. 이런 점에서 생각해볼 수 있는 대안적 시나리오는 대체로 두 가지다.

그 하나는 세계시장에서의 지위 향상을 도모하는 구도 자체는 건드리지 않은 채 예전과는 다른 방식으로 접근하는 것이다. 즉 더 이상 저임금, 장시간, 고강도 노동이 아니라 적정 임금, 많은 여가, 노동 인간화 및 참여 경영 등을 통해 노동 측에 동기부여를 함으로써 생산성 향상과 품질 개선, 기술 혁신 등 총체적 경쟁력을 드높이는 것이다.

다른 하나는 신자유주의 세계화 물결이 온 세상을 '20 대 80 사회'로 분열시키고 있음에 착안하여 더 이상 분열과 경쟁, 지배와 억압이 없는 새로운 세계 체제를 만들어내는 것이다. 이 구상에 따르면 시장 지상주의도, 엘리트 지배체제도, 제국주의 국제관계도 모두 극복과 지양의 대상이 된다. 그래야만 전 세계 모든 사람들이 연대와 협동을 하면서 평화롭고 우애롭게 살 수 있기 때문이다.

그런데 노동시간 단축은 두 시나리오 어디에도 필요한 방책이다. 어떤 이는 지금과 같은 고도의 생산력 수준에서는 하루에 4시간씩 5일만 일해도 모두가 충분히 먹고 살 수 있다고 할 정도이다. 한국사회에는 하루 8시간만이라도 지켜졌으면 하는 노동자들이 대부분이다. 문제는 가진 자들이 기득권을 상실할까봐 두려워하고 있고 대부분의 사람들이 미래에 대한 '자기 비전' 없이 위로부터 강제된, 소외된 삶의 양식을 내면화하고 있다는 점이다.

반면에 한창 논란 중인 '주5일 근무제' 타협안은 이미 종말을 고한 70년대식 발전 전략으로 회귀하는 듯한 인상을 준다. 이런 점에서 한 노동자의 말은 매우 시사적이다. "임금감축 없는 주 40시간제를 전면 실시하지 않을 바에야 차라리 지금처럼 모두 44시간 일하자."

노동(중독)의 거부: 주5일 근무제의 본질

앞의 노동자 말대로 '임금감축 없는 주 5일제'가 실시되지 못하는 것도 문제겠지만 지금처럼 주 44시간제를 계속하는 것도 문제가 아닐 수 없다. 법적으로는 주 44시간제이지만 실제 노동시간으로는 주 50시간에서 60시간 사이가 보통이기 때문이다.

그리고 이러한 장시간 노동은 육체적 피로와 산업재해를 불러일으킬 뿐만 아니라 노동자의 시간주권과 삶의 자율성을 박탈한다. 오로지 일만 하다가 '볼 일 다 보게' 만든다. 만일 그 일에서 좋은 성과가 난다면 그 노동자는 임금이든 승진이든 일정한 보상을 받을 것이다. 그리고 이 보상 체계의 달콤한 맛은 또다시 그로 하여금 일에 대한 광기를 더 강하게 뿜어내게 할 것이다.

이러한 중독적 과정이 지닌 사악한 측면은, 이것이 당사자로 하여금 결코 대안적 삶의 추구를 위한 시간을 허락하지 않는 것이다.

이런 의미에서 주5일 근무제 요구는 노동시간 단축을 통한 일자리 나누기라는 실용적 차원을 넘어 자기에 대한 테러로서의 노동중독에 대한 거부, 나아가 노동거부로 나아가는 비상탈출구로서의 의미를 지닌다. 바로 이런 점이 주5일 근무제 요구의 본질로 자리매김되어야 한다. 단순히 일을 더 적게 하고 돈 더 많이 벌자는 요구가 아닌 것이다. 한편, 여기서 '노동거부'라고 말한다 해서 거북해 할 필요는 없다. '거북'하게 들린다는 것 자체가 이미 우리 몸 깊숙이 체화된 노동중독증을 증명할 뿐이다. 노동 그 자체나 노동의 결과물, 그리고 그에 대한 보상 속에서 자아실현감을 느끼는 것이 노동중독증의 핵심이라고 본다면 노동의 거부는 인간의 노동에 대한 종속성에 대한 거부이자 인간의 자기 독립 선언이다. 일하는 사람들이 더 이상 자본 안에서 자기를 찾는 것이 아니라 자신 안에서 진정한 자기정체성을 찾아나가는 과정이라는 의미다. 이 말은 우리가 주6일 근무에서 단순히 하루를 덜 일한다고 그렇게 된다는 말이 아니라, 주5일제로의 변화에 그러한 '노동해방'적인 의미 부여를 할 수 있다는 말이다. 주5일제에 대해, 노동자가 인간답게 사는 세상에 한 걸음 더 다가가는 길이라고 적극적 의미를 부여해 보자는 뜻이다. 그래서 새 제도의 내용도 이러한 방향성에 걸맞게 꾸려져야 한다. 말로만 주5일제이지 내용상 주6일제나 별 다름이 없거나 중심부 노동자와 주변부 노동자 사이의 격차만 벌어진다면 사상누각에 불과할 것이다.

그런데 진정한 노동해방이 가능하려면 노동시간이 대폭적으로 줄어들어야 할 뿐만 아니라(예컨대 주3일제, 하루 4시간), 노동내용도 근본적으로 달라져야 한다. 상품의 경쟁력을 높이기 위한 노동, 이윤 추구를 위한 노동이 아니라 인간답게 살기 위해 꼭 필요한 물자와 서비스를 제공하는 활동, 자아(개성,

소질, 적성)를 실현하는 활동이 되어야 한다. 작업 내용이 바뀔 뿐만 아니라 종속 노동이 아닌 자유 활동으로 그 관계가 바뀌어야 한다.

해마다 70만 명이 노동시장에 새로이 등장하는데 취업 가능한 사람은 7만 명에 불과하다. 90%는 좌절감과 패배감에 무릎을 꿇어야 한다. 그리하여 '노동시장의 실패'가 갈수록 명백하게 드러나고 있다. 그 승리한 10%조차 하는 일이 결코 건강하다고 볼 수 없다. 대부분은 자연과 인간, 자신에게 테러를 가하는 일을 하고 있다. 그런데도 대개 사람들은 10%의 성공 대열에 들기 위해 허리띠를 더욱 졸라매라고 한다. 그러나 그러한 개별적 노력이 가져올 결과는 우리가 지금 바로 우리 눈앞에서 보고 있듯이 너무나 뻔하다. 따라서 시스템 자체를 바꾸어야 한다. 남녀노소 가리지 않고 자신의 취향과 소질에 맞추어 모두가 자기 할 일을 지니고 적정한 일을 하며 일의 결과를 사회적으로 공유할 수 있는 그런 희망적인 시스템 말이다.

희망의 시스템 만들기

파괴와 절망의 시스템에 살면서 희망의 시스템을 설계하고 건설하기란 거의 불가능하거나 무척 힘들 것이다. 그리고 이미 때가 늦었다는 느낌이 들기도 한다.

그러나 시간이 아무리 오래 걸리더라도, 성과가 아무리 미미하더라도 희망의 씨앗은 뿌리고 가야 한다. 이것이 현 시대를 사는 우리의 역사적 과제다. 혁명적 변화는 결코 진공 속에서 이뤄지는 것이 아니라 이해관계를 달리하는 세력들이 복잡하게 상호작용하는 현실 속에서 일어나기 때문이다. 따라서 변화가 가능하다는 믿음을 다시 추스르는 일, 이것이야말로 희망의 시스템 만들기에서 첫 번째 과제다. 좌절감과 무관심, 냉소주의와 패배감이야말로 파괴와 절망의 시스템이 '자기 유지'를 위해 민중들에게 강요하는 것임을 알아야 한다.

두 번째 과제는 현재의 시스템 안에서 자기가 하고 있는 역할을 비판적으로 점검하는 일이다. 현 시스템이 경쟁과 분열, 억압과 착취, 파괴와 절망을 부추긴다면 그에 대해 앞장서거나 도와주거나 침묵하거나 동조하기를 계속해서는 안 될 것이다. 자연과 인간, 그리고 자신에게 가하는 '테러들'을 그만두어야 하는 것이다. 하루아침에 안 된다면 몇 개년 계획을 세워서라도 그러한 파괴적 역할로부터 빠져 나와야 한다. 혼자서 어렵다면 여럿이 함께 시도할 수 있다. 이러한 연대 행위의 과정은 개인이 가진 다양한 두려움을 상당히 줄여줄 것이다.

그리하여 세 번째 과제는 파괴적 시스템에 대한 저항과 더불어 희망의 시스템을 새롭게 만들어 가는 것이다. 이것이 앞서 말한, '저항과 형성의 변증법'이다. 노동운동, 여성운동, 환경운동 등 풀뿌리의 생동하는 연대에 기초를 둔 집단적 저항 속에 새로운 형성의 의지와 능력이 고양될 것이고, 또 창의적 형성 과정 속에 새로운 생명력이 분출되면서 그 어떠한 반동적 움직임에 대해서도 저항할 수 있는 힘이 더욱 고양될 것이다. 부분적이나마 해방적 의미를 띠는 '주5일 근무제'도 바로 이런 사회적 맥락 속에 실현되어야지만 그 본질적 의미를 제대로 구현할 수 있을 것이다.

06_ '참여정부'의 경제주의 비판과
대안경제의 전망

무엇이 문제인가?

국회 안이나 국회 밖이나 '정쟁을 그만두고 경제를 살려라!'고 한 목소리로 외치지만, 정작 무엇이 경제를 제대로 살리는 건지 그 내용에 대한 토론은 없다. 도대체 경제란 무엇인가?

경제(經世濟民, economy)란 동서양을 막론하고 '백성들의 살림살이'란 뜻이다. 돈이란 그런 살림살이(인간답게 먹고사는 것)를 위한 하나의 수단에 불과하다. 그런데 오늘날은 경제라 하면 돈벌이를 연상한다. 개인이든 기업이든 정부든 돈벌이가 잘 되면 경제가 잘 된다 하고 돈벌이가 안되면 경제가 어렵다고 하는 것이다. 물론 살림살이를 위해 돈이 필요하기는 하다. 그러나 살림살이를 위해서는 돈 말고도 많은 부분이 필요하다. 예컨대 먹을거리 생산을 위해서는 땅과 물, 공기가 맑고 건강해야 한다. 건강한 집을 짓기 위해서는 흙과 나무가 많아야 한다. 더욱 중요한 것은 각 가정, 마을이나 사회 단위로 스스로 살림살이를 꾸릴 수 있는 자립의 능력이 갈수록 커져야 한다. 그러기 위해서는 자립의 토대, 즉 물적 자원은 물론 인적 자원, 특히 사람들이 가지고 있는 '마인드'가 건강해야 한다.

이런 점에서 '참여정부'의 여러 정책들이 본질적으로 무엇이 문제인지 짚어 보고, 참된 '대안'이 무엇인지 논의하는 일은 그 무엇보다 시급하다. 왜냐하면 갈수록 건강한 살림살이의 토대 자체가 되돌리기 어려울 정도로 훼손되고 있기 때문이다. 토대 자체를 허물어 가면서 '잘 살기' 위한 방책을 강구한다는 것은 자가당착이 아닐까 한다.

참여정부의 '참여'가 의미하는 것

우리 민중은 수십년간 계속된 '군부독재' 시절을 종식시키고 마침내 1990년 대에 들어 '민간정부'를 출범시켰다. '문민', '국민', '참여' 정부 등 일련의 상징적 이름들은 한편으로 더 이상 군부 쿠데타 같은 것은 불가능하지 않을까 하는 암시를 주고 있고, 다른 편으로는 갈수록 한국 민주주의가 발전한다는 인상을 주고 있다.

그런데 도대체 '참여'란 무엇인가? 현실적으로 이루어지는 참여의 모습은 크게 두 가지다. 하나는 과거의 민주화 운동 세력들이 대거 국정 운영에 참여한 다는 것이다. 대통령부터 민주화 운동의 경력이나 인권변호사 경력을 갖고 있고, 장관들과 국회의원, 대통령 비서실, 판검사, 변호사 등 국가 주요기관들에도 민주화 인사들이 많이 진출해 있다. 이를 두고 우익들은 "한국사회가 '빨갱이국가'로 되었다!"고 한탄을 하지만, 그것은 이미 '흘러간 옛 노래'에 불과하다. 더 이상 들어줄 사람도 없고 그 노래를 듣고 맞장구를 칠 사람도 없기 때문이다. 그들을 기다리는 것은 오직 무덤뿐이다.

다른 하나는 일반 민초들이 '인터넷' 등 다양한 매체를 통해 자신의 '목소리'를 낼 수 있는 공간이 많이 열렸다는 것이다. 예컨대 각 읍면, 시군구, 도, 국가 차원에서 이루어지는 각종 행정이나 입법, 사법 절차와 관련해서 민초들은 자신의 견해를 제출할 수 있고 공개적으로 응답을 받을 수 있다. 물론 얼마나 실질적인가 하는 문제는 별도로 남지만, 일단 형식적 절차상으로나마 민초들이 적극 참여하여 목소리 내기는 쉬워졌다. 그래서 예전에 비해서는 음성적인 뒷거래가 많이 줄었고 투명행정, 열린행정, 민본행정의 가능성이 커졌다.

그런데 다른 한편으로, 대통령부터 민초에 이르기까지 '참여'의 형식은 좋아졌으되, '참여'의 내용과 관련해서는 아직도 많은 문제를 안고 있다. 예컨대 대통령은 아직도 "교육은 산업"이라는 생각에 젖어 있으며, "국가경쟁력 향상을 위해 기업 하기 좋은 나라를 만들어야 한다"는 생각을 갖고 있다. 또한 대부분의 민초들조차 "땅값과 집값이 오르면 좋은 것이고, 개발이 되면 좋은 것이다"라는 생각을 갖고 있다.

나는 이런 식의 발상, 즉 모든 것을 돈벌이 관점에서 보고, 그 돈벌이 관점으로 세상일을 지배적으로 운용 또는 설명하는 접근방식을 '경제주의'라 부른다. 참여정부와 동시대를 사는 민초들이 가진 '마인드'의 밑바탕에는 바로 이 '경제주의'가 강하게 깔려 있다는 것이 나의 생각이다. 물론 이 경제주의는 일본 제국주의의 지배과정이나 '해방' 후 60년이 지나도록 계속되어온 '성장지상주의'의 산물이다. 그런데 이 '경제주의'가 '참여주의'와 결합이 되면 대단히 위험한 사생아가 나온다. 그것이 바로 '전 국토의 개발화'요, '삶의 토대의 더욱 철저한 파괴'다. 왜냐하면 아래와 위를 가리지 않고 모두 참여하여 돈벌이 경제를 방방곡곡 확장해나가는 데 협력하기 때문이다.

'경제'의 본원적 의미

바로 여기서 우리는 도대체 '경제'라는 말이 어디서 왔는가를 찬찬히 살펴볼 필요가 있다. 앞서서 경제를 돈벌이가 아니라 살림살이로 보아야 한다고 했다. 이제 그 근거를 하나씩 뜯어보자.

우선 동양에서 경제라 하면 그것은 '經世濟民' 또는 '經國濟世'의 약자라고 한다. 경세제민이란 '세상을 잘 다스려 백성을 구한다'란 뜻이고, '경국제세란 나라를 잘 다스려 세상을 구한다'란 뜻이다. '다스리'고 '구한다'란 것이 사실은 오늘날의 정치를 뜻하는 것인데, 이것이 바로 경제라는 글자를 이루고 있으니, 결국 정치와 경제는 다른 것이 아님을 알 수 있다. 나아가 백성을 '구하고' 세상을 '다스린다'는 것은 바로, 백성들이 걱정 없이 잘 먹고살게 만든다는 뜻이 아닌가?

원래 '經濟'라는 말은 4세기 전후의 중국 역사를 다룬 『진서』의 「은호전」에서 처음 출현했다고 한다. 그 뒤 오늘날까지 1500년 이상 나라 살림살이의 모든 부분을 다스린다는 뜻으로 사용되어 왔다. 어원적으로 經은 '베를 짜는 것'과 연관이 되는데, 經은 세로를 뜻하고 緯는 가로를 뜻한다. 베를 짠다는 것은 가로 세로 두루 잘 살피고 조화를 이루게 해야 하는 것이므로 결국 '다스림'으로도 연결되는 것이다. 또한 詩經의 梁惠王 章句(上) 2장에는, 중국 주왕조의 문왕이 靈臺를 짓고 계획을 세워 터전을 닦고 일을 시작했다는 뜻의 "詩云, 經始靈臺하여 經之營之 하시니…"라는 구절이 나온다. 여기서도 經은 '다스리다' 또는 '일을 해 나가다'란 뜻이다.

이와 같이 '경제'라는 말이 원래는 '세상의 살림살이'를 말하며, 그 '살림살이' 속에는 다스림, 먹고사는 것, 살아가는 과정, 생명, 살리기, 살아 있음 등의 뜻이 내포되어 있음을 알 수 있다.

그러면 서양에서는 어떠한가? '경제'를 뜻하는 economy라는 말은 원래 가정, 집을 뜻하는 oikos와 관리, 다스리기, 규칙을 뜻하는 nomos의 합성어다. 한마디로, '살림살이'를 뜻한다. 이러한 살림살이 즉 삶을 뜻하는 말이 자본주의 발달과 더불어 '돈벌이'로 변모하고 말았다. 희로애락과 애정과 증오, 친밀함과 어색함 따위의 총체인 삶의 과정, 즉 '살림살이'가 '돈벌이'로 변하게 된 역사적 과정을 우리는 일찍이 17세기의 네덜란드에서 간접 체험할 수 있다.

1630년대 튤립은 터키가 원산지였기에 터키문화를 상징하는 일종의 **문화**였다. **사랑의 고백** 또는 **매혹**을 상징하는 이 꽃을 유럽귀족, 특히 네덜란드인들이 열광적으로 좋아했다. 이에 투기바람이 분다. 튤립 값은 천정부지로 뛰기 시작해 한때 튤립뿌리 1개를 사기 위해 황소 15마리를 주어야 할 정도가 됐다.(황재성, 『동아일보』, 2003년 9월 30일 참조 재구성, 강조는 글쓴이)

이렇게 생동하는 삶의 과정, 살림살이가 오로지 무한축적을 향해 움직이는 돈벌이로 변모한 것, 이것이야말로 역사적인 '대변환'(칼 폴라니)이 아니고 무엇인가? 오늘날 우리가 동서양을 막론하고 경제라 하면 곧 돈벌이를 연상하고 실제 행위나 정책들이 그렇게 돌아가는 것은 결코 처음부터 그런 것이 아니라 바로 이러한 역사적 '대변환'의 결과임을 알 수 있다.

참여정부의 '경제주의' 비판

앞서 나는, '경제주의'에 대해 모든 것을 돈벌이 관점에서 보고, 그 돈벌이 관점으로 세상일을 지배적으로 운용 또는 설명하는 방식을 '경제주의'라 본다고 했다. 이제 다시 우리의 현실로 돌아와 보자. 최근 15년 가까이 역대 민간정부들이 한결같이 주창해온, '경제를 살리자' 또는 '경제개혁을 하자'는 것이란 쉽게 말해 '경제를 바로잡자'는 뜻이다. 경제를 바로잡는다는 것은 쉽게 말해, 백성들의 살림살이가 건강하고 행복한 것으로 되게 만든다는 뜻이다. 물론 이때 백성들이란 빈부를 가리지 않고 모든 사람을 가리킬 수도 있지만, 사실은 소수의 특혜층이나 기득권층보다는 대다수의 풀뿌리 민초를 가리킨다고 보아야 한다. 왜냐하면 특혜나 기득권 자체가 대다수 풀뿌리 및 자연생태계가 흘린 피와 땀과 눈물에 토대한 것이기 때문이다. 따라서 올바른 나라 정책이란 그런 특혜와 기득권 구조 자체를 허물고 누구나 정직하고 열심히 사는 한 자연의 품안에서 행복하게 살 수 있는 그런 구조를 만드는 것이다.

생각건대 백성들의 살림살이를 건강하고 행복하게 하려면 1) 정신과 육체의 **건강**을 증진시키고 삶의 **여유**를 드높이고, 2) 모든 사람이 **인격체**로 존중받게 하고 부당한 차별을 없애 **평등**해야 하며, 3) **공동체**적인 유대와 인간관계를 증진시키고, 4) 모든 삶의 토대인 **생태계**를 보호하고 복원시켜야 한다. 한마디로, 지금과 같은 '경쟁력 중심 구조조정'이 아니라 '**삶의 질** 중심 구조혁신'을 해야 한다.

꽤 오래 전부터 '경제살리기' 담론이 온 사회를 뒤덮고 있지만 대부분의 논쟁이 '더 많은 시장이냐, 더 많은 국가냐'와 같은 줄다리기 논쟁이거나 '더 많은 소비 진작이냐, 더 많은 기업 장려냐' 아니면 '감세 정책이냐, 재정지출 증가냐' 따위에만 매달린다. 이런 논쟁 아래 깔린 공통점은 '삶의 질'(진정한 행복)이 아니라 '경쟁력'(돈벌이)이다. 문제는 돈벌이(경쟁력)만 추구하면 저절로 삶의 질과 진정한 행복이 오지 않는다는 데 있다.

이렇게 '삶의 질' 중심으로 살림살이 구조를 바로잡는다는 근본 철학이 올바로 정립된 상태에서 자원과 사람을 모으고 이를 추진할 제도와 시스템을 구축하는 동시에 역사의 수레를 거꾸로 돌리는 자들의 수구적 저항을 풀뿌리의 힘으로 막아내야 올바른 혁신이 이뤄진다.

그러나 지금 참여정부는 그런 철학도 일관성 있게 정립되지 않은 데다(기존 시장 이데올로기만 갈수록 전폭 수용하고 있다. 그래서 '신자유주의 구조조정'을 더욱 '완성'하려 한다는 비판까지 받는다.) 기득권세력이나 수구세력의 눈치를 보면서 이리 밀리고 저리 밀리면서(이는 풀뿌리와 기득권 모두에게서 표를 얻고자 하는 양동작전 때문이다. 차라리 한쪽 편만 확실히 들겠다고 하는 것이 자신도 편하고 유권자도 편하다.) '죽도 밥도 아닌' 개혁, 아니 기존의 기득권 구조를 전혀 허물지 못하면서도 풀뿌리의 삶의 토대만 훼손하는 그런 구조 개혁으로 치닫고 있다.

차라리 군사독재 시절이면 풀뿌리가 목숨 걸고 저항한다. 그러나 개혁세력이 한다고 하니 이리 끌리고 저리 끌리다 나중에 황당한 사태를 맞을 지경이다. 실로 안타까운 사태다. 진정한 삶의 관점에서 위기의식을 느끼지 않을 수 없다.

그렇다면 과연 어떤 구체적인 점들이 참여정부가 '경제주의'에 경도된 증거라고 할 수 있는가? 무엇이 문제이고 무엇이 돌파구가 되어야 하는가?[1]

경제정책의 전반적 기조—경제(돈벌이) 중심성과 개발 중심성

젊은 세대의 변화된 가치관과 네트워크 시대라는 변화된 운동방식을 기초로 '참여정부'라는 새 정권이 2003년 초에 탄생했다. 새 정권의 의미는 사회적으로나 역사적으로 의미심장한 것으로, 과거 40년간 지속된 '경제개발 지상주의'와 '성장지상주의'를 비판적으로 성찰하고 '삶의 질' 중심의 구조 혁신을 본격적으로 시작해야 하는 '역사적 사명'을 띤 것이었다.

그러기 위해서는 대외적으로 시장 개방과 투자 유치만 강조할 것이 아니라

자주와 연대(대외적 독립성 추구 및 유사한 입장의 나라들과 연대 추구)를, 대내적으로 효율과 경쟁력만 강조할 것이 아니라 **자립과 삶의 질**(살림살이의 자립도를 전체적으로 향상함과 동시에 삶의 질 중심으로 구조 혁신함)을 일관성 있게 추구해야 한다. 그러나 내가 보기에 참여정부는 그러한 근원적인 성찰을 처음부터 결여하고 있었거나 그런 성찰을 일관되고 체계적인 정책으로 전환시킬 수 있는 역량을 결여하고 있었다.

2003년 3월 27일에 발표된 '새 정부의 경제운용 방향'에서는 새 정부가 추진할 경제정책의 기본 방향이 제시되었다. 우선, 경제정책의 목표를 "효율적이며 공정한 경쟁질서를 확립하기 위한 시장개혁을 추진함으로써 경제 전반의 생산성과 성장잠재력을 제고"하는 것으로 설정했다. 구체적인 내용도 한마디로 '성장과 안정'을 강조하는 예전의 정책들과 질적인 차별성이 별로 드러나지 않았다. 다음이 주요 내용들이다.

-대내외 불확실성 속 탄력적 대응 강조

-경제안정의 시급성 강조, 생산성 및 성장잠재력 배양 강조, 재정 조기집행과 투자활성화 우선[2]

-개혁과제의 일정을 명시하여 예측가능성과 투명성 제고, 시장 불안요인 해소

-성장과 분배의 선순환 구조 정착을 통한 성장잠재력 고양, 기업하기 좋은 환경 만들기, 우수인력 양성

-국가균형발전과 소득분배 개선으로 사회통합, 신성장의 토대 구축

-환경 관련 규제의 합리화, 대기, 자동차, 토지, 수도권, 스키장, 골프장 등 규제 합리화 등

-이라크전 후 재건사업 적극 참여

-DDA(도하개발아젠다) 협상을 국내 유망 서비스업의 해외진출 기회로 활용하고 취약분야의 구조조정의 계기로 이용

-농업부문에서 개도국 지위를 유지할 수 있도록 최대한 노력

-쌀 협상시 관세화유예 유지를 위해 최대한 노력하면서 개방 확대에 대비한 구조조정
 노력도 강화

-전 세계적인 FTA(자유무역협정) 확산에 대응하여 우리도 적극적으로 FTA를 추진하
 여 교역실리를 추구 등.

　물론 중산층이나 서민, 환경을 위한 일부 대책도 있으나, 그것은 다른 정책
들과의 체계적 연관성을 갖지 못하는 것이다. 예컨대 서민을 위한 임대주택
건설은 주택이 재산증식을 위한 투기수단으로 된 현실을 주거 개념으로 개혁
하는 방향이 아니라 그건 그대로 둔 채 단지 '니치' 부분을 위로용으로 활용하는
것이다. 또한 FTA에 대한 대응문제도 '싼 농산물 수입하는 대신 휴대폰 많이
팔아 부자가 되면 되지 않느냐' 하는 식의 경제주의적 시각을 답습하고 있다.
농업(농어촌 등 소위 '1차산업' 분야)이 무너지면 나라 살림살이의 자립성은
물론 자연과 사람의 건강성마저 무너진다는 근본적 위기의식이 결여되어 있기
때문이다.

　이것은 역시 '2004년 경제운용 방향'이라는 문건에도 반복된다. 경제정책
의 기본 과제를 "투자 활성화로 일자리를 창출하고 성장잠재력 배양과 경쟁력
강화"로 설정한 것이다. 투자 활성화란, 투자관련 규제완화, 외국인투자 유치
촉진, SOC투자 활성화를 포함하고, 일자리 창출에는 서비스산업 육성, 중소·
벤처기업 경쟁력 강화 등이 포함된다. 물론 서민생활 개선도 있다. 그러나
돈벌이 중심의 정책에 보너스로 한 가지 보태는 꼴이다. 결코 삶의 질이 중심이
아니다. 주거여건과 교육 등 생활여건 개선, 물가안정 노력 강화, 청년·취약
계층의 고용 및 생활안정 지원, 사회안전망 내실화, 소비자 권익 강화 등이
그 예다.

중장기적으로는 성장잠재력 확충과 경제시스템 선진화, 노사관계 선진화, 대외 개방과 협력 강화가 꼽혔다. 성장잠재력을 위해 혁신주도형 성장전략과 동북아 경제중심 구상이 부각되었다. 국가 균형발전과 농어업 경쟁력 강화는 사실상 환경 규제 '합리화'를 통한 규제 완화와 생태계 보전의식의 약화를 엿볼 수 있다. 경제시스템 선진화에는 투명하고 공정한 시장경제 확립과 공공부문 효율성 제고가 포함된다. 시장경제와 효율성이 핵심이다.

노사관계 개혁에는 유연성과 안정성을 추구한다고 하지만, (자본을 위한) 유연성이 우선이고 (노동자 삶의) 안정성은 사후적이다. 현대판 노예제도라고 하는 '비정규직'이 50%를 넘은 지 오랜데 갈수록 줄기는커녕 늘고 있다. 최근에는 비정규직을 더욱 양산하려는 제도를 개혁이라는 이름 아래 강행하려 하기도 했다. 중소기업 노동조건과 대기업 노동조건의 차이가 벌어지게 된 원인을 대기업 노동조합 탓으로 돌리는 등 노동자 죽이기에 '참여정부'도 적극 참여한다.

대외개방과 협력강화는 FTA나 DDA 속에 포함된 불평등한 국제관계의 본질은 건드리지 않은 채 적절히 '개도국' 지위를 활용하면서 또 다시 불평등한 국제관계를 재생산할 우려를 자아낸다. 남북경협 강화도 '내부 식민화'(남한의 고비용을 회피하고 북한의 저렴한 자원을 십분 활용하는 방식, 정치적 분단은 유지한 채 사실상 돈벌이 경제의 관점에서 통일을 추구)의 가능성까지 내비춰 보인다.

이러한 돈벌이 내지 경쟁력 중심의 경제정책은 역시 '2005년 경제운용 방향'에서도 계속된다. 먼저, 경제정책의 최우선 목표는 '일자리 창출'과 '지속성장'으로 제시되었다. 역시 '성장과 안정'의 기조가 핵심이다. 일자리 창출을 하려면 양질의 폭넓은 '성장'이 요구된다고 한다. 그래서 개방과 경쟁을 촉진하고 규제완화, 기술혁신, 신성장동력 발굴 등을 적극 추진해야 한다.

대통령의 2005년 연두 기자회견에서도 "바야흐로 선진경제와 선진한국을 이야기할 때가 되었다"고 하며 "2008년경엔 국민소득 2만불 시대가 열리고 2010년엔 선진경제에 진입하여 다음 정부 출범시엔 선진한국호의 열쇠를 넘겨줄 수 있을 것"이라 했다.[3] 이러한 '경제 올인'을 위해 대기업 정규직 노조에는 날카로운 화살을 겨냥하면서도 재계에 대해선 기업하기 좋은 환경 조성이라는 약속을 던졌다. 적어도 사회경제적 민주주의 측면에서 '참여정부' 라는 말은 빛을 잃고 말았다.[4]

최근의 모든 개혁이란 것이 '신자유주의 시장'을 위한 개혁이라고 비판받는 것도 바로 이런 점들 때문이다. 세계시장에서 '따라잡기식' 혹은 '일등국가 만들기식' 발전 전략이라는 것이 사실은 선-중-후진국식 분열과 경쟁의 패러 다임 속에서 나도 망가지고 남도 망가지게 되는 패러다임이라는 역사적 고찰 이 결여된 데서 나오는 맹목적 전략이다. 그 과정에서 선-중-후진국 막론하고 기득권층, 특혜층만 돈과 권력을 독과점하는 반면 온 세상의 풀뿌리와 자연생 태계는 총체적으로 망가진다는 것을 아직도 모르는가, 아니면 모른 척하고 자기 잇속(기득권) 챙기기에 바쁜가?

물론 경쟁촉진과 구조조정 과정에서 '불가피하게' 발생하는 '사회적 약자'에 대한 '보호'를 강화하여 사회통합을 확보하는 것도 정책 내용에 빠지지 않는다. 그러나 이것도 '경쟁력 강화'라는 맥락 속에 풀뿌리의 희생과 헌신을 끌어내면 서 약간의 '보너스'를 주는 격이다.

내가 보기에 올바른 구조 변화란, 그런 사회적 약자를 부수적으로 만들어내 는 것이 아니라 아예 처음부터 생기지 않게 만드는 것이며, 그들을 (자존심 상하게) '보호'할 필요를 느끼지 않도록 시스템 속에서 모든 사회구성원이 (자긍심을 갖고) 자신의 소질과 역량을 발휘할 수 있게끔 새 구조를 창조하는 것이어야 한다. 그런 구조 변화가 아니면 처음부터 잘못된 구조조정이다.

또 신행정수도 후속조치로 행정도시 건설, '기업도시'를 비롯한 지역균형발전, 환경친화적 개발, 에너지·자원제약 극복, 고령화 대책 등으로 지속가능한 성장의 토대를 마련하기 위한 시책도 본격 추진한다고 했다. 물론 "친환경적·자원순환형 생산·소비체계 구축"이라는 항목도 있으나 경제 전반의 생태성을 근본적으로 강화하는 것이 아니라 환경운동 압력에 약간 반응하면서도 일종의 '환경친화적 경쟁력'을 구축하려는 방향이다. 즉 그 내용으로 설정된, 환경산업·기술지원 및 친환경상품 구매·판매 지원 등을 통한 친환경적 경영체계 구축이나 건설폐기물 감량·재활용 활성화, 생산자책임재활용 대상 품목 확대가 결국은 '새로운 경쟁력'의 원천을 찾는 것에 불과하다.

요컨대, 기업, 금융, 공공, 노동 개혁 등 주요 개혁 내용들은 결국 '성장과 경쟁력 강화'를 기조로 그 이전의 불합리하고 비시장적인 요소를 '합리화', '시장화'하는 것으로 귀결된다. 일부 서민정책이나 노동정책은 그 과정에서 생기는 부작용을 약간 보상하는 정도로 '사회안정' 효과를 내기 위한 것이다. 이 모든 과정에서 자연생태계는 시장과 성장, 개발과 경쟁의 희생양으로 될 수밖에 없다. 이 모두가 현 경제정책의 본질적 한계, 즉 반녹색주의 또는 경제중심주의, 성장(개발)지상주의를 드러낸다.

이제 요약해 보자. 결국, '더 많은 파이를 생산하면 더 행복해질 것'이라는 고전적 패러다임 위에 모든 경제정책이 구축되고 있다. 역시 '파이의 크기(size)' 문제다. 설사 노동자, 농민, 서민 등 풀뿌리 민초가 파이의 분배 문제를 제기하는 경우에도 '파이의 크기를 키우지 않으면 나눌 파이가 없지 않느냐'는 고전적 응답이 대세다.

그러나 '파이의 분배(share)'가 고르지 않은 곳에서 결코 장기적으로 파이의 크기도 지속적으로 담보되지 않음을, 봉건주의든 자본주의든 사회주의든 모든 곳에서 발견할 수 있다. '콩 한 알이라도 세 사람이 나눠먹을 수 있는' 그런 사회라야 '콩 서말을 만들어도 골고루 나눠 먹는다.' 그러나 '콩 한 알밖에 없으니 우선은 나만 먹고 내가 산 연후에 너희도 열심히 하면 그때 가서 나눠줄게' 하는 경우, 한두 번은 속아도 나중에는 속지 않는다.

한편, 파이의 크기나 파이의 분배 문제보다 갈수록 더욱 중요한 것은 '파이의 원천(source)' 문제다. 파이를 만드는 데, 그 원재료가 수많은 사람들의 피와 땀과 눈물을 무자비하게 희생시킨 결과이거나 모든 삶의 토대인 자연생태계를 훼손한 대가라면 그것은 결코 건강한 파이가 아니다. 크기 문제에만 신경 쓰다 보면, 건강하지 못한 파이를 크게만 만들어 설사 비교적 고르게 나눠먹는다 해도 그것은 삶을 파괴한다. 세계경제의 대부분이 사력을 다해 추구하는 '생산성(productivity) 향상'이 불행하게도 '파괴성(destructivity) 향상'으로 치닫는 것도 바로 이러한 성찰이 결여된 까닭에서다.

앞으로도 환경정책이나 노동정책, 교육정책 등이 돈벌이 중심의 경제정책을 위한 하위파트너로 인식되는 한, 그리하여 돈벌이가 아니라 삶의 질 향상을 위한 경제정책이 다른 분야 정책과 균형을 이루지 못하는 한, 반환경적, 비민주적, 반교육적 정책이 정부 정책의 주류를 이룰 것은 뻔하고 따라서 풀뿌리 인간과 자연 모두가 좌절과 희생을 겪을 것은 분명하다. 과연 우리는 어떤 세상을 후손들에게 물려주고자 하는가? 20%에게는 돈과 권력의 독점이 존재하고 80%에게는 굶주림과 소외가 존재하는 양극화된 세상인가, 아니면 모두가 더불어 건강하게 사는 세상인가?

기업도시 문제

최근의 기업도시(또는 민간복합도시) 논의가 공식적으로 제기된 것은 전경련이 발주하여 한국건설산업연구원에서 작성한 「주택가격 안정과 지방 균형 발전을 위한 기업도시 건설방안」(2003.9)이라 할 수 있다.[5] 이 보고서에서는 기업도시의 건설효과로 주택가격 안정과 지역의 균형발전 유도, 건설투자 유도에 따른 경기부양 효과 등을 들고 있다. 그러나 이후 전경련에서 발표된 기업도시 건설 관련 제안에서는 주로 일자리 창출과 기업경쟁력 강화, 기업투자 활성화 등을 주된 목적으로 제시한다.

재계가 기업도시 추진을 위해 제시하고 있는 전제조건은 지금까지 제한된 목적으로 특별구역에 한정하여 활용되던 규제완화와 각종 지원정책뿐만 아니라 기업도시 건설을 위해 필수적이지 않은 규제까지 포함하는 것으로, 기업도시 건설 자체보다는 기업도시 건설에 대한 논의를 계기로 하여 전반적인 돈벌이 환경을 개선하고자 하는 자본 전략이 드러난다.

기업도시는 한편으로는 지역균형발전과 수도권 주택문제 해결이라는 개혁 정책 수행을 위한 수단의 성격을 지니고 있으나, 다른 한편으로는 규제완화를 통한 기업환경 개선, 일자리 창출을 위한 기업의 개발특권 부여라는 성장만능주의의 정책수단이기도 하다.

기업도시는 기업 경쟁력 강화를 위해 기업이 직접 계획, 개발, 분양 등의 개발업무를 담당하는 것으로, 생산자본이 직접 추진하기보다는 대기업계열사의 건설자본에 의해 추진될 가능성이 높다. 이 경우 그동안 대기업 구조조정을 통해 분리된 산업자본과 건설자본이 기업도시 건설과정에서 재통합된다. 이는 재벌기업에 대한 지속적인 구조조정 및 계열분리라는 기존의 제한적 경제개혁조차 기업도시 건설을 계기로 전면 후퇴하는 것이다.

이를 위한 '기업도시개발특별법'은 기존의 국토제도의 근간을 완전히 허물어버리는 제도적 반란이다. 외국인투자를 촉진하기 위한 경제자유구역법, 지역균형발전을 위한 특화특구법 등 그 어떤 법률보다 법률의 위임도 크고 특혜의 규모도 크다. 기존의 택지개발촉진법으로 신도시를 건설하던 과정에서도 주민들과 심각한 갈등을 겪고 있는 형편에, 기업에게 토지수용권을 주고 막대한 개발이익을 보장해주는 방식으로 신도시를 건설한다면 아마도 제2의 부안사태가 벌어지지 말란 보장이 없다. 이제 정부는 택지개발촉진법을 젖혀두고 기업도시개발특별법이라는 무소불위의 개발수단을 통해 국토와 인권을 잠식해 들어갈 것이다.[6]

기업투자와 일자리를 늘리고, 국토균형 달성을 위한 기업도시의 의의는 아무리 강조해도 지나치지 않아, 언론이나 국민들은 기업도시 건설에 지지를 보내고 있다. 하지만, 그 목적이 아무리 바람직하다고 하더라도, 토지의 수용권 및 처분권, 공공시설의 자율관리권, 자본규제의 완화, 노동권의 임의적 통제 등을 파격적으로 요구하고 있는 전경련의 기업도시 건설의 방법은 목적달성을 위한 수단으로선 결코 정의롭지 못한 것들이다. 문제는 이것으로 끝나지 않고, 정의롭지 못한 수단으로 얻은 목표가 과연 바람직한지에 관한 문제, 또한 개별적인 사익의 극대화를 통해 집합적 가치인 공익실현이 과연 가능할는지 등의 문제가 끊임없이 제기될 수 있다. 한마디로 기업도시론은 경제적 효과성을 내세워 사회 기본가치인 정의(justice)를 훼손하는 심대한 오류를 가지고 있다.[7]

게다가 개발과정에서 필수적인 환경영향평가도 그 평가 주체가 풀뿌리 민초의 대표체가 아니라 사업시행사이기 때문에 사람과 자연 등 생태계 전반에 미치는 영향을 제대로 고려할 수 없다는 근본문제를 안고 있다. 또한 다목적 복합도시(기업도시) 개발 허용을 담은 지역복합개발지구 제도는 지자체의 중복 및 무분별한 개발계획 추진이 문제로 지적되기도 한다.[8] 일본의 경우 지자체마다 앞다퉈 복합도시를 조성했는데 경제성과 생태성 등을 종합적으로 고려하지 않은 점과 중복개발로 인해 지역경제에 오히려 걸림돌로 작용하기도 한다.

현재까지 기업도시 유치 희망지역은, 강원 4개소(원주, 춘천, 강릉, 양양), 충북 3개소(충주, 진천, 음성), 충남 5개소(아산, 서산, 공주, 서산, 당진), 전북

11개소(군산2, 익산2, 남원2, 무주, 부안, 전주, 김제, 정읍), 전남 5개소(무안, 순천광양여수, 해남영암, 무안나주, 함평), 경남 8개소(창원, 마산, 진주, 통영, 김해, 사천, 밀양, 거제), 경북 4개소(포항, 영천, 경주2), 제주 1개소(서귀포) 등 모두 41개소이다. 대체로 관광레저형이거나 산업교역형이다.

이러한 기업도시(또는 민간복합도시) 아이디어는 민간자본의 투자를 활성화하여 국토를 균형 발전시킨다는 전략에 기초한다. 그러나 지금까지 국가가 조성한 공단지대를 보라. 그것은 도농 균형과 조화를 통해 삶의 자립성과 높은 삶의 질을 가진 '전원공동체'를 만드는 것이 아님이 드러났다. 오히려 고용창출의 명분 아래 농업을 기반으로 살던 사람들을 값싼 양질의 노동력으로 전환시키는 계기였으며, 일정기간 이후 기업들이 더 이상 고수익을 거두어들이기 어려워지면(노동자의 권익의식 향상이나 노조 설립, 노동저항 강화, 또는 물과 나무 등 원재료의 값싼 획득이 불가능하거나 세금 등 국가적 혜택기간 완료 등) 가차 없이 떠나버리고 남는 것은 병든 땅과 병든 공기, 병든 몸뚱어리뿐이지 않았던가. 도시지역이라 하더라도 형식적인 발전 뒤에는 빈부격차 강화와 물과 공기 오염 증대, 교통난 증대, 농지나 산림의 파괴, 황금만능주의 팽배, 물신주의 확산, 소비중독과 일중독 등이 숨어 있지 않던가.

이 모든 사태의 기저에는 이른바 '1차산업'으로 대변되는 농, 임, 어업의 발전이 부가가치 창출과 경제 발전에 큰 도움이 되지 않는다고 보고 무시하거나 소멸시켜야 할 대상으로 여긴다는 인식이 놓여 있다. 대개 이것을 발전이라 부른다. 그러나 내가 보기에 이건 발전이 아니라 파괴다.

그것은 일차적으로 건강한 먹을거리 생산의 자연적 토대를 파괴하는 것이며, 이차적으로 사람들의 공동체적 인간관계를 파괴하는 것, 삼차적으로 자연과 사람의 연결고리를 파괴하는 것이다. 궁극적으로 우리 삶의 기초인 경제적,

사회적, 생태적, 문화적, 정신적 유대를 파괴하는 것이다. 이것을 어찌 발전이라 부르는가?

골프장 건설과 경제 살리기

2004년 2월 국무회의에서 대통령이 골프장 설립과정 등에 어떤 규제가 있는지 실태를 분석하라는 지시가 있었다. 그 뒤 현지 실태조사 7회, 골프장 건설관련 전문가 의견 수렴 10회, 관계기관 협의 12회를 거쳐 마침내 7월에는 '지역경제 활성화를 위한 골프장 건설규제 개선방안'이 나왔다. 또한 4월의 총선 시기에는 골프장과 스키장에 대한 규제를 전면 합리화한다는 공약이 나왔다. 그리하여 여당 차원에서 이에 대한 규제 완화를 공식화했다.

이와 같은 맥락에서 재경부장관의 골프장 230개 건설 발언, 한술 더 뜬 건교부 장관의 2천개 건설 발언, 전북도지사의 새만금 540홀짜리 세계 최대규모의 골프장 건설 발언 등이 쏟아져 나왔다. 참여정부의 핵심 개발론자들이 한 목소리로 쏟아내는 이구동성은 가히 역대 정부에서 찾아보기 어려운 사례다.[9] 내가 보기에 갈수록 자본의 이윤창출 공간이 좁아지기 때문에(이것 또한 자연과 인간의 생명력을 부단히 흡수함으로써 자기 생명을 유지하고 증식하는 것을 본질로 하는 자본[관계]의 파괴성이 초래한 불가피한 결과다.) 갈수록 여태껏 건드리지 않았던 것들을 수익성 창출의 영역 안으로 끌어들이려 할 것이다. 최근 새롭게 부상한 '지식기반 경제'라는 것도 결국은 인간의 두뇌 속 깊은 곳에 있는 창의성까지 이윤공간으로 적극 이끌어내는 것에 다름 아니다.

골프장에 대한 규제는 일단 환경영향평가가 있고, 환경부 장관의 승인 과정이 있어 규제를 할 수 있지만, 현재의 지역개발이나 지역균형개발, 지자체의 발전 전략 등의 맥락 속에 이런 규제는 갈수록 완화된다. 예컨대 시도별 4%

범위에서 총량 규제를 하던 것이 5%로 변한 지 꽤 되었고, 제주도의 경우 7%까지가 목표로 제시되는 형편이다.[10]

우석훈 박사 분석에 따르면, 골프장이 지역경제에 대해 가지고 있는 기여효과는 전국 골프장의 절반을 유치하고 있는 경기도, 그 중에서도 용인시의 경우를 보면 잘 알 수 있다. 즉, "용인시의 어떠한 통계에서도 골프장으로 인하여 용인시가 발전의 계기를 찾았다는 흔적을 찾을 수 없으며, 시민단체의 평가로는 지역 민주주의가 극단적으로 문제를 발생시키고, 게다가 우리나라에서 가장 심한 난개발 후유증을 앓고 있는 곳이 바로 용인시다."[11] 또 경기도 여주에는 학교정화구역 200미터도 지켜지지 않은 채 초등학교 담벼락을 마주한 채 골프장이 건설 중이다.

또한 정부는 '한계농'이라는 이름 아래 준농림지역만이 아니라 농림지역조차 골프장을 전면 허가하려 한다. 그렇게 되면 골프장에서 제초제 등 농약을 대량 사용하기 때문에 골프장 수계에 있는 농가에서는 지하수 오염과 토양오염으로 친환경농업을 할 수가 없다. 바닷가 가까운 곳의 골프장은 당연히 연근해 오염을 통해 수산자원도 죽인다.

게다가 제주도의 경우 대표적으로 드러나듯 지역 자본에서 골프장을 만들기보다는 대형 건설회사가 골프장 건설을 새로운 수익사업으로 끌어들이면서 이른바 '리조트형 수익모델'을 개발하는 방식이 대표적인데, 이 경우 고용창출이나 세금수입 효과는 극히 미약하다. 18홀 기준으로 500억 정도 투자비용이 지출된다고 할 때, 지방세 수입 5억원 정도는 큰 도움이 안 되고 그것도 경쟁적 특소세 인하 붐으로 실수입은 그 절반 정도에 그친다.

고용효과의 경우에도 18홀 기준 기껏 200명 정도다. 총무팀, 코스관리팀, 홍보팀, 경기팀 등은 전문인력으로, 대개 인근지역에서 고용되는 인원이 아니다. 경기보조원인 캐디도 전문자격증을 통해 관리되므로 지역고용 효과가 미미하다. 다만 농약 살포와 잔디관리를 하는 비정규직은 지역고용 인원인데 역설적으로 농약(환경부 허가 농약은 500종) 살포가 많으면 고용이 는다. 전남 무안의 36홀 골프장의 경우 총고용이 7,700명으로 제시되었으나 사실은 총고용 200명 정도, 지역고용 30명으로 평가된다. 일용직 7,500명을 연봉 4,000만원의 일반직 기준으로 환산하면 30명 정도로 환산된다. 게다가 실제 운영되는 골프장을 보면 약 6명의 비정규직 고용이 발생하고 있다.

엄청난 사회경제적, 생태적 비용을 지불하면서 건설된 대형 골프장이 과연 얼마나 많은 사람들에게 지속적인 행복과 건강을 안겨다 주는가? 골프장이 남기는 파괴의 흔적은 영원하되 그 효익은 너무나 단기적이고 부분적이다. 경제를 살리기 위해서 골프장을 건설한다는데, 과연 누구를 위한 경제 살리기인가?

국가균형 발전계획

국가균형발전위원회와 산업자원부는 2004년 8월에 제1차 국가균형발전 5개년 계획을 발표했다. 마치 1962년부터 시작된 제1차 경제개발 5개년 계획을 연상시킨다.

이 계획의 추진 배경에는 과거 성장정책에 대한 반성도 들어 있다. 즉 저임금에 기초한 노동정책, 낮은 농산물가격의 인위적 유지, 정경유착과 관치금융, 지역간 불균형 심화 등 수많은 문제점을 노출시켰다는 것이다. 그동안 대내외 여건변화에 맞추어 수차에 걸친 성장전략의 수정이 있었으나 기본적으로 '요소투입형' 성장패턴을 유지했기에 1997년 IMF 외환위기와 '마(魔)의 국민소득 1만 달러 벽'을 10년째 넘어서지 못하고 있다고 진단한다.

그러나 여기서도 드러나듯이 국민소득이 1만 달러를 넘어 '2만 달러' 시대로 진입한다면 더 한층 행복해질 것으로 보고 있다. 그런데 과거 국민소득 1천 달러 시대에 비해 현재 1만 달러 시대가 얼마나 더 행복한가? 그간 1만 달러로

소득을 높이느라 희생된 사람과 자연의 한은 어떻게 치유할 수 있는가? '3면이 바다이고 70%가 산이라 가진 것은 양질의 값싼 노동력뿐'이라던 이데올로기 대신 3면의 바다에 온갖 물고기와 다양한 해산물을 기르고(가만히 놓아두기만 해도 풍성하다), 70%의 산에다 온갖 나무를 심고, 또 약초와 산나물, 버섯, 인삼, 장뇌삼, 한우, 닭, 염소 등을 기른다면, 그리고 평야에다 온갖 작물과 벼농사, 과일 농사 등을 해서 건강한 먹을거리를 생산하여 자립하고 남는 것은 수출한다면 온 백성이 건강하게 먹고살 수 있지 않겠는가. 이미 파괴될 대로 파괴되어 때늦은 감은 있지만 이런 경제전략이야말로 '지속가능한 살림 살이 전략'이 아니겠는가.

한편, 국토균형발전 전략의 일환이었던 신행정수도 문제에서도 불거졌듯이 한편으로는 수도권의 권력집중 문제, 다른 편으로는 투기자본의 창궐 문제 등이 노골적으로 드러났다. 수도권 권력집중 문제는 경제적, 교육적, 문화적 중앙집권화의 폐해가 얼마나 심각한지 또한 그런 중심부에 살고 있는 사람들의 기득권 수호의식이 얼마나 강고한지를 확인하는 계기가 되었다. 또 신행정수도 문제가 가시화되자 충청권에 창궐한 투기자본은 정말 눈꼴사납게 설쳐댔다. 예컨대 충남 연기의 한 지역에 고급아파트 건설 계획이 발표되고 분양신청을 받은 결과 경쟁률이 100대 1까지 솟았지만, 알고 보니 서울의 투기자본이 몰려 무더기 분양 신청을 한 것이지 현지의 실수요자는 별로 없었다는 것이다. 생각건대 전국의 투기자본을 확실히 잡지 않는 한, 동시에 수도권에 집중된 정치경제적, 교육문화적 힘들이 전국 골고루 풀뿌리 민주주의에 접근하는 방식으로 분산되지 않는 한, 그 어떤 균형발전 구상도 수포로 돌아가게 되어 있다.

게다가 위 균형개발 전략은 혁신주도형 '발전'기반 구축과 '낙후'지역 자립 기반 구축 등을 통해 결국은 '국가경쟁력'을 드높이는 것을 목표로 하고 있다.

앞에서 '요소투입형' 성장패턴이 가진 한계가 보고서에서 지적되었다고 했는데, 이런 발상 역시 '요소투입형' 성장패턴의 일환이 아닌가? 즉 이제는 노동력과 원료, 기계 등의 생산요소만이 아니라 새로운 땅과 지역적 네트워크 등을 새로운 생산요소로 맘껏 투입하겠다는 발상이 아니고 그 무엇이던가?

또 여기서도 '낙후'지역을 '발전'시키고 '경쟁력'을 키운다는 개발전략이 기존의 '성장과 개발' 패러다임을 고스란히 답습하고 있음을 알 수 있다. 왜냐하면 '낙후'지역이란 농어촌 지역을 말하며 '발전'이란 부가가치 기준이나 GDP 기준으로 수치가 높아지는 것에 다름 아니기 때문이다. '국가경쟁력'은 기업경쟁력과 마찬가지로 누군가의 희생(경쟁에서의 탈락과 좌절, 경쟁을 위한 파괴와 훼손)을 대가로 타자 위에 올라서는 것을 말한다. 결코 모두가 '더불어 건강하게 살자'는 패러다임이 아닌 것이다.

생각건대 모두 더불어 건강하게 살기 위한 참된 국토 균형발전은 현재의 농촌과 도시를 하나로 묶어 유기농 중심 농촌 살림살이가 70% 정도를 구성하고 건강한 공업과 서비스업이 30% 정도를 구성하는 '전원마을 공동체'가 바둑판처럼 전국 방방곡곡에 서야 한다. 그러한 창조과정에서는 (비록 오랜 시간이 걸리더라도) 자본이나 권력이 주도권을 행사하는 것이 아니라 풀뿌리 민초들이 주인이 되어 사람과 자연이 진정으로 더불어 사는 그런 살림의 구조를 만들어내야 한다. 현재 '참여정부'가 할 일이 있다면 그런 밑그림을 현실화하기 위해 한편으로 땅과 돈 등 자원의 재분배를, 다른 편으로는 수구적 저항을 막아내는 시스템을 창출하는 역할을 해야 한다.

경자유전 원칙 폐기

2004년 2월에 나온 '농촌·농민 종합대책'은 농촌과 농민을 살리기 위한 대책이 아니라 농촌과 농민을 영원히 역사에서 사라지게 하기 위한 10개년 계획을 담고 있는 로드맵이다. 1948년 제헌헌법에서부터 현재 헌법까지 유지되어온 경자유전 원칙이 무참히 깨지고 있는 것이다.[12] 올해부터는 그나마 정부가 농민 보호를 위해 시행해온 벼 수매제가 사실상 폐지되었다.

2003년 9월 10일, 멕시코 칸쿤에서 이경해 열사가 WTO의 자유무역체제와 쌀 개방에 반대하며 자결했다. 이 세계사적 사건에 대한 일말의 성찰도 하지 않은 채 10월의 국무회의에서는 '농림어업인의 삶의 질 향상 및 농어촌 지역개발 촉진에 관한 특별법'이 '삶의 질 법'이라는 이름으로 통과되었다. 한마디로, 농림어업인의 삶의 질을 향상시키려면 돈이 안 되는 농어촌 지역을 '개발'하여 농림어업인을 농어촌 본연의 터전으로부터 떠나게 해야 한다는 것이다. 이제 행자부가 아니라 농림부(농업기반공사)가 농촌지역(전국의 읍·면) 개발의 주관부서로 등장하게 되었다.

마침내 2003년 11월에는 농업을 그만두는 고령 농업인에 대해 보조금(헥타르당 월 24만원을 70세까지)을 지불하는 제도를 발표한다. 이런 방식이 쌀 개방 협상, 한-칠레 FTA 등 저항에 직면할 때마다 폐농에게 돈을 주는 식으로 입막음을 하는 농림부의 방법으로 정착된다. 그리고 2004년 2월, '농촌·농민 종합대책'이 나왔다(한-칠레 FTA 발효 1개월 전). 이제 더 이상 '소규모 가족농'이 아니라 '대규모 기업농'만이 기계화, 효율화, 경쟁력을 담보하는 것이라는 이데올로기가 국가정책으로 제시된 것이다.

2004년 6월부터 삶의 질과 전혀 무관한 '삶의 질 법'이 시행되었고, 같은 맥락에서 7월에 농지법 개정안이 입법예고되었고 연말에 국회를 통과했다(2005년 7월부터 시행 예정). 이로써 경자유전 원칙은 완전히 포기되었고, 도시인들도 농사를 짓지 않아도 농지를 가질 수 있게 되어 도시의 투기자본이 농촌으로 유입될 수 있게 되었다. 기업들도 농토에 공장을 지을 수 있게 되니 도시 공단지역에서 노조 문제나 노사관계 악화 등 문제가 생기면 얼마든지 옮길 수 있게 되었다.

현재의 이런 형국은 한 축에 규모농, 화학농, 특화농이 버티고 있고, 다른 축에 가족농, 생태농, 다품종농이 버티고 맞서 싸울 준비를 하고 있는 모양새다.[13] 사실 전자가 정책적으로는 승리한 상태다. 이런 분위기는 신자유주의 세계화를 선도하는 IMF, 세계은행, WTO 체제가 선도하는 바이기도 하다. 그러나 과연 무엇이 민초들의 건강한 살림살이를 담보하는 것인가?

이제 경자유전 원칙이 파기되어 도시인도 농지를 살 수 있게 되면 시골 농촌은 물론, 산간벽지까지도 도시의 투기꾼들에게는 좋은 투자 기회가 될 것이다. 이제 땅과 사람의 근원적인 관계는 파괴되고 오로지 돈과 돈의 물신적 관계만이 온 사회를 휩쓸 것이다. 그만큼 우리와 우리 후손들은 병든 사회에서 살게 된다. 과연 제대로 살 수나 있을까?

이렇게, 이번 경자유전 원칙의 공식 파기는 농민의 농지 소유권에 대한 파기를 넘어, 땅과 사람과의 밀착된 관계에 대한 공식적 파기 선언에 다름 아니라고 할 수 있다. 이것은 이제 먹을거리를 자립하기를 포기한 데서 올 경제적, 생태적, 보건적, 안보적 측면의 문제 상황을 넘는 문제까지 제기한다. 사실, 지금까지 우리들에게는 피폐한 도시적 삶의 방식이 주는 비애와 공허함에 대한 완충물로 농촌에서의 삶의 경험이 어느 정도 윤활유 역할을 해온 것이 사실이다. 그러나 앞으로 이런 식으로 농촌의 땅과 밀착된 살림살이 방식이 기계화나 산업화로 말미암아 영원히 사라지게 될 때 우리는 어디로부터도 '마음의 고향'을 찾기 어렵게 된다. 이제 과연 험난한 세상을 헤쳐 나갈 삶의 에너지는 어디서 올 것인가?

개발제한구역(그린벨트) 해제

개발제한구역 내 사유재산 보호, 기업도시 등 국토 균형개발, 지방정부

재정 확충 등의 명분으로 1971년 이후 지속된 그린벨트 지역이 갈수록 사라진다.

최근 도시자연공원 내 개인 소유 땅에서의 건축물 신축 등 개발제한(그린벨트)이 완화될 조짐이고, 이미 그린벨트 해제를 동반하는 평택의 국제평화도시(500만평), 양주의 국제자유도시(740만평), 이의동 행정신도시(337만평) 등 경기권역에서 추진 중인 각종 택지조성 사업만 해도 1억만평에 이른다. 대전시의 경우에도 광역도시계획지역 안 개발제한구역 9,580만평 가운데 726만평이 우선 해제된다.[14] 또 바닷가의 수산자원보호구역도 해제되어 각종 건축물이 들어선다. 예컨대 충남 홍성, 태안, 서산, 전남 고흥, 영광, 함평, 무안 등의 수산자원보호구역 8,600만평 중 6,200만평의 구역지정이 해제된다.[15] 또 울산의 우정지구에서는 84만평이 그린벨트에서 풀리고 중·저밀도의 부자촌이 개발된다.[16] 대전, 충남에서는 그린벨트 완화로 약 390만평의 산업단지 조성이 본격화된다.[17] 수도권 기업을 유치하고 연구소 확대 등에 대비하기 위한 전략이다. 경기도 과천에서는 20가구 이상 중규모 취락지구 10곳이 그린벨트로부터 해제된다.[18] 경기도 광주시의 그린벨트 47곳 80여만평도 곧 규제가 풀린다. 경남에서는 집단취락지구 282만평이 그린벨트로부터 해제됐거나 해제 예정이고 앞으로 광역도시계획에 따라 마산, 진해, 창원 등 640만평이 해제 예정지역으로 될 전망이다. 모두 920만평이 해제될 예정이다. 이제 전국 어디나 그린벨트 해제가 붐이다.

원래 '개발독재' 시절에조차 환경 보존을 위해 그린벨트 지역을 만들어왔건만, 바야흐로 시장 자유주의 시대를 맞아 그 모든 규제가 완화되는 것이다. 개발독재식의 명령과 통제가 아니라 풀뿌리 민주주의 차원에서 자연과 사람을 동시에 살리려는 진정한 그린벨트로 나가야 함에도, 마치 그린벨트만 해제하면 개발독재가 아니라 '개발민주주의'라도 되는 것처럼 앞다투어 나서고 있다.

현재의 개발제한구역 해제는 '개발을 위한 자유'와 더불어 '파괴를 위한 자유'까지 동반하고 있기 때문에 근본 문제를 안고 있다.

'지속가능한 사회'를 위한 '대안경제'의 전망

유엔에서는 '지속가능한 개발'(sustainable development) 논의가 된 지 꽤 오래다. 그러나 나는 이런 아젠다가 기존의 자본축적 체제가 사회적, 환경적 제약에 직면하여 또다시 새로운 형태로 '지속가능한 축적'(sustainable accumulation)을 도모하려는 것이라는 혐의를 지울 수 없다. 그런 면에서 이제부터는 지속가능한 개발이 아니라 '지속가능한 사회'(sustainable society)가 우리의 아젠다가 되어야 한다. 그러면 지속가능한 사회란 무엇인가?

그것은 한편으로는 사람과 사람이 더불어 사는 것이고, 다른 편으로 사람과 자연이 더불어 사는 것이다. 사실 이 둘은 둘이 아니고 하나이다. 모든 생명체가 더불어 살고자 하기 때문이다. 앞서 살핀 바, 경제(經世濟民, economy)를 돈벌이가 아니라 '살림살이'로 재정의(redefine)한다면, 참된 경제개혁정책이란, 민초들의 살림살이를 건강하게 재편하여 모든 생명체가 더불어 살게 하는 것이다.

모든 생명체가 더불어 살려면 어떻게 해야 하는가? 가장 중요한 것은 살림살이(경제)의 근본구조를 돈의 논리가 아니라 **삶의 논리**에, 이윤의 논리가 아니라 **필요의 논리**에 맞추어야 한다. 돈의 논리는 양의 논리이지만, 삶의 논리는 질의 논리다. 이윤의 논리는 남을 생각 않고 무한을 향해 달리지만, 필요의 논리는 주위를 배려하면서 만족을 느낄 줄 안다. 그런 면에서 지금까지의 경제주의, 성장주의, 개발주의, 경쟁력주의 등 '익숙한 것과의 이별'을 해야 하고 그 밑바닥에 깔린 '사회진화론'과 같은 약육강식, 적자생존 따위를 주입식으로 세뇌하는 철학들도 과감하게 '떠나야' 한다.[19]

이런 점에서 참된 경제개혁이란, 지금까지 삶의 양 논리 위에 구축된 구조를 **'삶의 질' 논리**를 녹여내는 구조로 바꾸는 것이다. 동시에 그것은 우리 사회의 모든 분야에서 사다리꼴의 위계질서를 **둥근 밥상꼴의 수평질서**로 바꾸는 것이다. 이것은 보다 구체적으로, 앞서 말한 '파이의 크기(size)' 중심의 현 경제정책을 **'파이의 분배(share)'**와 **'파이의 원천(source)'**에 초점을 맞춘 것으로 바꾸어 가는 것이며, 그럴 때라야만 건강한 파이를 신바람 속에서 보다 커다랗게 만들 수 있기에 언제나 행복하게 고루 나누는 새로운 살림살이를 구현할 수 있다.

그렇게 가기 위한 구체적 대안은 무엇인가? 그 밑그림('삶의 질' 중심 구조혁신)은 대강 다음과 같다.

1) 한 사람이 이 세상에 태어나는 과정부터 산모나 아이나 돈 걱정 없이 가족과 마을의 축복을 받으며 편안한 출산이 되어야 한다(가정 출산, 마을 출산, 마을 의원, 출산 휴가).

2) 아이가 자라는 과정에서 유치원이나 각급 학교를 다니는 데 돈 걱정 없이 자기가 배우고 싶은 것을 두려움이나 걱정 없이 마음껏 배울 수 있어야 한다. 가장 기본적인 가치인 사람과 사람, 사람과 자연이 더불어 사는 삶의 가치를 구체적인 형태로 학습하게 해야 한다(공공교육, 대안교육, 개성교육, 절대평가).

3) 일류고교, 일류대학, 일류직장 개념을 없애고 모두 원탁형 질서로 고르게 해야 아이들이 진정으로 배우고 싶은 것을 선택해서 배울 수 있고, 살아가는 과정 매순간마다 행복을 느끼며 살 수 있다(고교평준화, 대학평준화, 직업평준화, 보상 평준화).

4) 3면의 바다와 70%의 산이 가진 천혜적 장점을 살려내는 동시에, 도시와 농촌의
분리와 모순을 극복하는 전원마을 공동체가 전국 곳곳에 서야 한다. 전원마을
공동체는 1차산업 종사자가 70% 정도, 2차·3차·산업 종사자가 30% 정도
종사하는 것이 바람직하다. 그렇게 되어야 도시의 과밀화나 실업자와 노숙자,
고용불안을 없애고, 동시에 농촌의 공동화, 황폐화, 절망화를 모두 극복할 수
있다(자연적인 먹을거리 생산, 남는 것은 수출, 전원마을 공동체, 남녀노소 모든
이에게 능력과 소질에 따라 할 일을 주되, 마을의 자립도가 70% 이상 되게
함, 네트워크 통신망은 그러한 공동체간 협동에 도움이 되는 방향으로 활용
가능).

5) 최소한 땅과 집이 투기나 재산증식의 수단이 되어서는 안 된다. 땅과 집은 우리가
그 안에 살다가 우리 후손들에게 영원히 물려주어야 할 삶의 터전이다. 한편,
우리 사회나 세계 전체적으로 산더미 같은 투기자본이 돌아다닌다는 것은, 사실
은 부의 편중이 갈수록 격심해진다는 것이고, 다른 편으로는 인간적 필요의
충족에 요구되는 부의 생산이 이 정도면 이미 충분하다는 것을 반증하고 있는
게 아닌가? 투기자본이나 그와 연루된 온갖 부정부패의 고리를 철저히 잡아내면
('경제암행어사' 제도가 필요하다), 그 돈만으로도 모두의 인간적 필요를 충족시킬
수 있을 것이다(재산 개념이 아닌 생활 개념으로서의 땅과 집의 재정립, 경제암행
어사 제도).

6) 삶의 질(건강과 여유, 인격과 평등, 공동체, 생태계) 향상에 도움이 되는 일자리나
경제 분야는 적극 살리고 확대하되 도움이 되지 않는 일자리나 경제 분야는
줄여나가거나 없애야 한다(경쟁력 중심이 아닌 '삶의 질' 중심 구조혁신, 네트워크
통신망은 그러한 혁신에 도움이 되는 방향으로 활용 가능).

7) '민주정부'가 할 역할이 있다면, 그것은 한편으로 이러한 삶의 질 중심 구조혁신을
위한 자원의 재분배를 하는 일(지금처럼 과잉의 건설자본을 억지로 살리기 위한

불요불급한 국책사업 등은 낭비의 극치다), 다른 편으로는 이런 혁신에 저항하는 수구세력들로부터 참다운 구조 혁신을 수호하는 일일 것이다(삶의 질 중심 혁신을 위한 자원재분배와 수구적 저항 방어).

8) 동시에 풀뿌리 민초들도 '잘 산다'는 이름 아래 지금까지 내면화해온 돈의 논리와 권력의 논리를 털어내고 사람과 사람, 사람과 자연이 참으로 더불어 사는 그런 사회 만들기에 주체적으로 나서야 한다. 시장이나 권력은 결코 민초의 미래를 책임지지 못한다. 민초들까지 깊이 내면화한 논리, 즉 수단과 방법을 가리지 않고 기득권층에만 편입되면 편하게 살 수 있다는 수구적 논리는 사실상, 자기 위의 강자에게는 아부하고 아래의 약자에게는 군림하는 사다리 질서(강자와의 동일시)를 온존시켜온 토대다. 모두가 더불어 잘 살기 위해서는 그런 사다리를 거부하고 원탁형 질서 속에서 서로 존중하고 연대하는 살림살이를 꾸려나가야 한다. 그런 입장에서 시장과 권력의 눈치만 보지 말고 그 모두를 비판적으로 재구성해야 한다(풀뿌리 민초가 내면화한 시장과 권력의 기득권 논리 털어내기, 탈내면화, 탈동일시, 줏대세우기, 시장과 자본 및 권력과 질서의 재구성).

이제 우리는 기득권 논리를 위한 '경제 살리기'를 한답시고 농민, 노동자, 서민, 학생, 여성, 장애인, 노인을 희생양으로 만드는 잘못된 정책들을 바로잡아, 모두가 더불어 행복하게 살 수 있는 진정한 구조혁신의 길로 나가야 한다. 과연 그러한 길이 지금까지의 논리처럼 시장 만능주의나 국가 관료주의 속에 열릴 것인지 아닌지는 이미 지난 수십년간의 줄다리기 실험 속(군사적 개발독재 시절, 문민-국민-참여정부 시절, 소련과 동구 등의 사회주의 실험)에서 확인된 바 있다. 이를 성찰한 바탕 위에서 참된 삶의 원리를 구현해야 한다.

이런 점에서 농민, 노동자, 학생, 여성, 환경 운동 등이 서로 소통과 연대를 통해 사회운동의 새로운 전선을 구축해야 한다. 앞에서 살핀 경제주의, 성장주의, 개발주의 따위의 오류를 반복하지 않기 위해서라도 각 운동들은 그 내용과 형식면에서도 발본적 혁신을 해야 한다.

만일 '참여정부'가 국토의 균형발전이라는 과제와 자유무역의 세계경제체제에 대응하면서 환경과 경제를 안배해 나가는 동시에 '삶의 질 중심 구조혁신'을 하려면 가장 먼저 올바른 '마인드'의 정립과 '줏대세우기'를 해야 한다. 그것은 한편으로 '아래로부터의' 변화를 이루려는 사회적 힘들을 억압하거나 배제하는 것이 아니라 오히려 중심으로 곧추세우는 것이며, 동시에 다른 편으로는 세계적 기득권 질서를 온존 강화하는 불평등한 국제질서(이른바 '자유무역체제' 등)를 거부하고 대신에 상호보완과 상호발전을 도모할 새로운 세계 연대체(예―예전의 제3세계 비동맹과 같은)를 구성해야 한다.

'마인드 정립과 줏대 세우기'와 더불어 삶의 질 중심 구조혁신을 위한 '사회적 자원 재분배'도 해야 한다. 그것은 정치, 경제, 사회, 문화, 교육 등 제반 분야에서 정책의 우선순위를 '삶의 질' 관점에서 재조정하여 사람과 돈 등 사회적 자원과 자산을 재분배하는 것이다. 여기서 모든 결정의 초점은 민초들의 살림살이(경제)라야 한다. 그 방향은 당연히 자립능력과 협동능력의 향상이어야 한다. 이 과정에서 환경이나 교육, 노동 분야가 결코 희생되어서는 안될 것이다.

물론 이러한 변화 과정에 저항하는 세력이 있다면 참여정부는 그 저항을 효과적으로 방어하고 진정한 변화를 원하는 민초들과 더불어 더 나은 전략을 고안하고 추진해야 한다. 그러한 '생동하는 연대'만이 새로운 변화를 이룰 주체적 조건을 만들어줄 것이다.

요컨대 풀뿌리 민초들의 창의적 의지와 역량에 바탕하고 자율과 자치를 기본으로 하는 '아래로부터의 민주주의'를 꽃피우기 위해 진보적 개혁세력과 풀뿌리 민초들(농민운동, 노동운동, 여성운동, 학생운동, 교육운동, 환경운동, 생명운동 등)이 손을 굳건히 맞잡고 흉금을 터놓으며 새 길을 개척해야 한다. '노사정위원회'나 '사회협약' 같은 발상들도 이런 근본적 문제의식을 공유한 위에서 이뤄질 때에만 비로소 의미를 가질 수 있다. 그래야 어느 누구도 피해의식과 심적 상처를 받지 않고 건강하게 더불어 살 새로운 세상을 창조하기 위해 적극 '참여'하게 될 것이다.

■ 주

1_ 이하는 졸고, 「무엇을 위한 '경제 살리기'인가」, 『녹색평론』, 2005년 5-6월호에서
대폭 따옴.

2_ 김대중 대통령의 '국민의 정부' 시절에 'IMF 위기'를 돌파하는 과정에서 한편으로
는 국내 노동시장의 유연화 및 노동운동의 약화 전략이, 다른 편으로는 자본투자
활성화 및 외자유치 전략이 추구되었다. 특히 후자의 전략으로 말미암아 포항제
철, 삼성전자, 국민은행, KT 등의 실질적 주식보유에 있어 외자가 압도적 다수를
차지한다. 이제 국민은행은 '외국민은행'으로 불려야 할 판이다. 이것은 국내의 부
가 해외로 유출된다는 점을 넘어 자본의 이윤 추구가 각 국민국가의 도움을 받으
며 범지구적으로 더욱 전면화함을 뜻한다.

3_ 국민들이 더 잘 살도록 만들겠다는 취지 아래 나온 '국민소득 2만불론'은 어쩌면
한편으로 무한 축적을 추구하는 자본의 강박증을, 다른 편으로는 무한 추락을 두
려워하는 국민의 불안감을 동시에 반영하고 있는지도 모른다. 이와 관련, 강국주,
「'발전·개발' 논리에 대한 의문: 백낙청의 <박정희 시대를 어떻게 생각할까>를
읽고」, 『녹색평론』, 2005년 7-8월호, 82쪽 참조.

4_ 이병천, 「양극화의 함정과 민주화의 깨어진 약속: 동반성장의 시민경제 대안을 찾
아서」, 참여사회연구소, 『시민과 세계』 7호, 2005년 상반기, 10-11쪽.

5_ 이하 김미선 토론자료(『환경정의』, 2004).

6_ 오성규, 『한국일보』, 2004. 9. 23.

7_ 조명래 토론자료(『환경정의』, 2004).

8_ 『서울경제신문』, 2005. 2. 6.

9_ 오성규, 앞의 글.

10_ 우석훈, 「골프공화국의 재앙」, 『녹색평론』, 2004년 9-10월호.

11_ 이하 우석훈, 같은 글.

12_ 이하 우석훈, 「경자유전의 원칙, 생명의 원칙」, 『녹색평론』, 2005년 1-2월호 참조

13_ 같은 글.

14_ 『한겨레』, 2005. 2. 2.

15_ <파이낸셜뉴스>, 2005. 2. 2.

16_ 『한국경제신문』, 2005. 2. 1.

17_ 『경향신문』, 2005. 1. 28.

18_ 『경향신문』, 2005. 1. 27.

19_ 영국의 H. 스펜서(1820~1903)와 미국의 W. G. 섬너(1840~1910)로 대변되는 사
회진화론은 19세기 제국주의 침략자들과 인종주의의 이론적 근거가 되었다. 이
것이 중국의 양계초와 일본의 흥아회 등을 거쳐 조선의 개화사상가나 민족주의
자들에게 내면화했고, '개발독재' 시대를 거쳐 오늘날까지 지속된다. 이와 관련,
박노자, 『우승열패의 신화』, 한겨레신문사, 2005 참조.

07_ 문화사회와 노동:
노동과정과 노동운동의 재구성

머리말

근대(modern times) 이후 노동이 우리 모두의 삶을 지배적으로 규정하게 되면서 '노동사회'(Arbeitsgesellschaft)가 발전해 나왔다.[1] 노동운동은 노동사회의 모순에 대한 문제제기를 통해 노동자의 삶을 보다 인간화하는 데 기여하기도 했지만, 다른 편에서는 역설적이게도 노동사회를 지탱하는 주요 '구성요소' 내지 '질서요인'(Ordnungsfaktor) 역할을 하기도 했다. 심하게는 노동사회의 성장과 더불어 노동조합은 조합원들로부터 일종의 보험료를 징수하고 쟁의행위와 단체교섭을 통해 갈수록 커다란 보상(고임금, 휴가, 복지, 대중 소비, 대중문화 등)을 받게 만늘어수는 일송의 '보험회사'(Versicherungsgesellschaft)로 전락했다는 비판도 받는다. 또 노동해방을 통해 계급 없는 사회를 열겠다고 선언한 노동자 정당은 위로부터의 '권력 장악' 과정에서 스스로 '표의 논리'에

휘말렸을 뿐만 아니라 권력 장악 이후에도 현실 사회주의나 사회민주주의 체제에서처럼 한편으로는 관료주의적 경직성, 다른 편으로는 풀뿌리의 자율성 억제라는 모순을 드러내고 말았다. 노동조합이든 노동 정당이든 '노동사회'의 모순을 지양하는 데 있어 근본적 역할을 하지 못한 것으로 보인다. 물론 이것은 노조나 정당이 자체적으로 가진 철학이나 전략의 문제 탓이기도 하지만, 자본과 국가의 다양한 공세 앞에서 새로운 사회를 열기 위한 기층 세력의 광범위한 연대 형성이 실패한 탓이기도 하다.

이런 맥락에서 『문화/과학』을 중심으로 한 일군의 비판적 지식인들이 1997년 이후 이른바 'IMF 사태'를 맞아 '위기는 기회'[2]라는 입장에서 '문화사회' (Kulturgesellschaft)라는 전망을 제시하면서 한국사회가 더 이상 '노동사회'의 덫에 머물지 않고 새 차원으로 이행하기를 촉구하고 나섰다. 이 글은 '노동사회'로부터 '문화사회'로 이행하는 과정에서 등장하는 여러 이슈들 중 특히 노동운동 진영에 던지는 도전과 과제에 대해 고찰하고자 한다. 우선 '문화사회' 주창자들의 이론적 입장과 전망을 간단히 정리하고, 다음으로 '문화사회'를 구현하기 위한 이행 과정에서 노동 진영에 제기되는 절박한 과제들에 대해 필자 나름의 입장을 제시하려 한다.

문화사회론의 시각

강내희, 고길섶, 심광현, 이득재 등이 꾸준히 주창해온 '문화사회론'의 시각[3]은 요컨대, 코뮌주의(Kommunismus)의 현실태와 잠재태를 양자택일적으로 보는 것이 아니라 한 실재의 두 차원으로 보고 이 두 차원 사이의 역동적 관계에 주목한다.[4] 여기서 코뮌주의의 현실태란 장년의 맑스가 『자본』에서 말한, "연합된 생산자들과 집중된 생산수단의 새로운 수준으로의 통일"을 뜻한다. 반면, 코뮌주의의 잠재태란 청년의 맑스가 『독일 이데올로기』 및 『정치경제학 비판 요강』에서 말한, "새로운 해법, 새로운 문제들을 찾아나가는 미분적이고 문제제기적인 운동"을 뜻한다.

문화사회론은 자본주의에서 코뮌적 잠재태가 억압되는 방식을 탐구하기 위해 알튀세르와 그람시를 따라 노동력 재생산 문제와 주체성의 형태 문제에 천착했다. 이어 새로운 주체성을 탐색하기 위해 푸코와 들뢰즈, 가타리의 문제의식을 수용했다. 이런 맥락에서 현실 자본주의는 물론 현실 사회주의에서 드러난 근대사회의 특징이 '노동사회'임을 분명히 했으며, 노동사회가 생산의 사회화·자동화와 더불어 '위험사회'를 부름과 동시에 '문화사회'라는 잠재태를 촉진하기도 하는 모순적 측면에 주목한다. 따라서 문화사회론은 결국, 잠재태가 어떻게 새로운 개체화 과정을 거쳐 현실적인 대안사회로 나아가게 될 수 있는지를 밝히려는 이론적 실천이다.[5]

여기서 짚을 것은, 기존 노동사회가 높은 생산력 발전과 함께 초래한 모순들의 중층 구조다. 노동사회는 노동을 중심으로 돌아가는 사회이면서도 갈수록 노동을 사멸시키고 있다(고용위기). 노동사회는 노동을 만족시켜야 효율도 높이는데 노동만족 없이 효율만 추구한다(노동소외). 또 노동사회는 자연을 주원료로 사용하면서도 갈수록 자연을 파괴하고 있다(생태위기). 노동사회는 노동을 축소시키면서도 인간의 지혜에 대한 의존도는 증가한다(지식사회). 한편, 노동사회는 정보기술의 개발을 통해 노동에 대한 지배력을 증가시켰지만 동시에 노동의 소통력도 증가시킨다(네트워킹). 노동사회는 시장과 국가의 영역을 완충하며 보조해주는 사회 영역(가족, 이웃, 친구, 지역, 공동체 등)을 부단히 침식한다(관계 해체). 노동사회는 노동을 소멸시키면서도 노동하는 사람들을 노동중독으로 몰아간다(노동중독). 노동사회는 자본에게는 유연화나 세계화의 문을 열면서도 노동에게는 통제나 국지화를 강요한다(분할 지배).
이런 인식 위에서 '문화사회론'은 사회적 생산력의 발전에 주목하여 노동사회
의 중층적 모순을 보다 바람직한 '문화사회'의 방향으로 지양[6]하려는 이론적
실천이다.

그렇다면 잠재태로서의 '문화사회'는 무엇이고 그것은 어떻게 현실화 가능
한가? 여기서 말하는 '문화사회'란 더 이상 경제적 이성, 즉 이윤과 노동이라는
틀에 매이지 않고 문화와 활동을 중심으로 삶이 재구성되는 사회다. 한마디로,
"노동에서 발상하지 않고 생활 전체에서 발상"[7]하는 사회가 '문화사회'라 하겠
다. 또 여기서 말하는 '문화'란 '명사'화하거나 박제화하여 상품미학 속에 대상
화, 외재화, 고착화한 것이 아니라, 땅을 갈거나 계발하고 장려, 소통, 응수,
대화, 상호 작용하는 행위처럼 '동사'형으로서의 역동성과 창조성, 상생성을
기초로 한, 사회경제의 재사회화 및 친생태화를 뜻한다.[8] 이런 점에서 '문화'는
인간의 활동만이 아니라 자연의 활동, 나아가 인간과 자연의 상호주체성의
과정까지 모두 아우르는 개념으로 확장될 수 있다. 요컨대 '문화사회'의 전망이
란 기존의 이윤사회 및 노동사회를 창조와 소통의 원리, 모심과 살림의 원리[9]
등 새로운 철학을 바탕으로 활동사회 및 생태사회로 재구성하는 것에 다름
아니다.

이런 문제의식은 실은 1980년대 독일과 프랑스에서 논의되기 시작했다.
1989년에 『경제적 이성 비판』이란 책을 통해 문화사회론을 선구적으로 제기
한 프랑스의 앙드레 고르는 그 이전에 독일 사회민주당의 프로그램 관련
논의에서 등장한 '문화사회론'에 착안하여 '문화사회'를 다음과 같이 정의한다.
더 이상 "노동에 기초한 생산주의적 사회가 아니라 자유시간 사회, 즉 경제적인
것보다 문화와 사회 활동에 더 커다란 중요성이 부여되는 사회"[10]가 문화사회
다. 그런 사회로의 이행이 '문화사회로의 이행'이다. 현재 사회경제 시스템에서

증가된 생산성 향상분을 '사회화'함으로써 보다 많은 자유시간을 만들어 더 이상 여가가 단순한 휴식이나 노동력 재충전 시간이 아니라 창조적 생활시간이 되게 재구성하자는 것이다.

이제 문제는 과연 이러한 문화사회를 어떤 경로로 구축해 나갈 것인가 하는 과정의 문제다. 앙드레 고르는, 한편으로는 노동시간 단축 전략과 다른 편으로는 노동운동의 자기전환 전략을 제시한다. 고르에 따르면, 노동시간 단축은 누구나 일할 수 있게 하며 노동생활 외부에서 자아실현 활동을 할 수 있게 할 뿐 아니라 창조성과 숙련성을 요하는 직업 분야를 보다 많이 대중화하게 한다.[11] 노동시간 단축도 모든 노동자들에게 통일적으로 단축될 필요는 없다. 영업시간과 노동시간을 분리함으로써 노동자 개인의 노동시간은 단축하되 기업의 운영시간은 지속할 수 있다. 노동시간 단축과 더불어 실질소득 감소를 초래하지 않기 위해 일종의 '보장소득'을 확보해야 한다. 한편, 노동운동의 자기전환은 노동의 조직화 방식이 '유연화' 공세로 인해 더 이상 기존처럼 대중적이고 동시적이지 않기 때문에, 또한 노동자들의 내적 욕구가 더 이상 임금이나 고용과 같은 경제적 측면에 국한되지 않고 다양한 사회문화적 측면으로 확장되기 때문에 더욱 절박한 과제로 되었다. "노조는 더 이상 대도시나 대공장에 있는 사람들이 가까이하기 힘든 사무실 속에 틀어박혀서 정해진 시간만 문을 열고 있을 수는 없을 것이다. 노조는 사람들이 밤늦게 찾아갈 수 있는 '개방센터'를 만들어 모임 장소를 제공하고, 서비스와 상품을 소개하는 역할을 하고, 독일의 '민중대학'이나 영국의 '지역사회센터' 또는 덴마크의 '생산학교' 등을 본따서 노동자들과 실업자들—그리고 그 가족들— 그리고 퇴직자들, 연금수혜자들, 사춘기 연령의 젊은 부모들을 위해서 교육과정과 주제토론회, 영화클럽, 수리점 등등을 제공할 필요가 있을 것이다."[12] 요컨대, 노조를 비롯한 노동운동은 더 이상 포드주의 축적체제 내지 노동사회를 내면화하고 유지하는 '질서요소'나 '보험회사' 역할로 머무를 것이 아니라 '문화사회'를 창조하기 위해 일종의 '문화센터'(Kulturzentrum) 및 '협동조합' (Genossenschaft)으로 역할전환을 서둘러야 한다는 것이다. 문화센터 역할에서는 사람들의 취향과 필요에 따라 일종의 평생교육 및 그 외 다양한 활동을 촉진할 것이고, 협동조합 역할에서는 식량, 주거, 육아, 교육, 의료, 생태, 예술 등 삶의 다양한 이슈들을 자율 공동체적으로 해결하고 생성하게 될 것이다.

문화사회와 노동: 노동과정과 노동운동의 재구성

위와 같이 전망된 문화사회를 구현하기 위한 현실적 운동은 과연 어떤 윤곽을 그려야 할까? 문화사회론의 입장에서는 우리 삶이 돈이나 노동에 속박되거나 지배되는 것이 결코 건강하지 못하다고 본다. 따라서 문화나 활동이 중심에 자리잡고 돈이나 노동은 그를 위한 수단의 역할만 하는 것이 바람직하다고 본다. 아니면 최소한 '노동–소득의 축'과 '활동–문화의 축'이 균형과 조화를 이루는 것이 바람직하다고 본다. 여기서, 삶의 여러 측면들 사이에 균형과 조화를 이루는 것을 보는 시각은 크게 두 가지가 있을 수 있다. 하나는 원래 균형과 조화가 어느 정도 있었는데 그것이 자본주의와 더불어 극심한 불균형과 부조화를 초래했다고 보는 관점이다. 그래서 원래의 균형과 조화를 되찾는 실천을 해야 한다는 입장이다. 다른 하나는 지금까지는 불균형과 부조화가 극심했다 하더라도 그것이 어느 정도의 생산력 발전을 이루는 데 기여한 이상 그 성과를 인정한 위에서 이제부터라도 균형과 조화를 잡아나가기 위한 실천을 해야 한다는 입장이다. 어느 입장이든 현실은 불균형과 부조화로 특징지어진다. 따라서 균형과 조화를 이루기 위한 부단한 운동은 필수적이다.

그렇다면 기존 노동운동의 입장에서는 무엇을 어떻게 바꾸어야 하는가? 이것은 결국 객관적 구조 전환의 문제와 더불어 주체적 자기 혁신의 문제로 귀결될 것이다.[13]

생산력 증대로 얻은 잉여를 자유시간 증가로 연결하기

고대나 중세 사람들이 자연적 시간의 흐름과 함께 여가를 넉넉히 즐기는 삶을 살았다면, 초기 자본주의에서부터 프롤레타리아의 삶은 실로 비참했다. 심한 경우 하루 15시간 내외의 장시간 노동과 저임금, 흉한 몰골과 무권리 상태 등이 인간성 상실을 재촉했다. 이런 상황에서 두 유형의 진보적 대응 방식이 등장했다.[14] 하나는 칼 맑스로 대표되는데 노동가치론의 입장에서 자본에 의해 착취당하는 노동의 가치를 되찾고 나아가 자본관계를 철폐해야 '노동자가 승리'한다는 것이다. 다른 하나는 폴 라파르그로 대표되는데, 노동거부론의 입장에서 노동이 더 이상 착취당하지 않으려면 노동 자체를 거부함으로써 '게으름의 권리'를 실현해야 한다는 것이다.

그런데 흥미롭게도 맑스나 라파르그나 모두 "기계의 발전으로 인한 생산력의 증가와 필요 영역의 해결이 노동으로부터의 자유를 담보할 수 있다"고 보았다. 즉 "두 사람 모두 생산력의 발전으로 인해 필요의 영역이 해소됨으로써 노동이 더 이상 소외되지 않고 자유의 영역으로 가는 상황"[15]을 해방의 전망으로 제시한 것이다.

전술한 앙드레 고르의 문제제기도 이와 맥락이 닿는다. 기존 자본주의 체제의 성과인 노동시간 절감과 생산성 향상분을 노동자의 감축과 실업으로 받을 것이 아니라 노동시간 단축과 자유시간 확대로 받아야 한다는 것이다.

알랭 리피에츠는 좀 더 포괄적으로, 한편으로는 포드주의적 패러다임의 위기에 대한 대안으로서, 또 다른 편으로는 자유주의적 생산지상주의에 대한 대안으로, 크게 자율, 연대, 생태 등 세 가치를 제시한다.[16] 그것은 예컨대, 노동에서 사람 간 관계 및 자기 활동에 대해 보다 큰 통제를 실현하는 것, 임노동에 할애된 시간을 단축하고 자유로운 창조 시간을 확대하는 것, 생태적 기술의 체계적 선택, 사회적 제 관계를 위계의 약화와 동시에 차이 속 평등의 방향으로 변화, 자율적이고 사회적으로 유용한 활동에 자금을 지원하는 공동체적 연대, 보다 유기적인 풀뿌리 민주주의, 여러 국민적 공동체간 불평등 관계를 개선하여 자율적 공동체의 이익을 상호 촉진하는 것을 포함한다. 바로 여기서도 임노동시간을 단축하고 자유시간을 확대하는 것이 중요한 내용을 이루는데, 이것 또한 포드주의적 패러다임의 위기 국면에 대한 대응으로 나온 것이다. 즉 기존 생산력의 발전이라는 전제 위에서 그로 인한 잉여를 어느 방향으로 사용할 것인가와 관련한 논의를 하는 것이다. 이러한 문제의식들은 결국 '자유의 영역'으로 전진하기 위해서는 불가피하게 '필연의 영역'을 '통과' 해야만 한다는 맑스의 문제의식과 일맥상통한다.

그런데, '필연의 영역'을 통과해야 '자유의 영역'이 열린다는 논리는 자칫 오류를 범하기 쉽다. 우선, 자연에 대한 통제와 지배를 기초로 하는 '필연의 영역'을 지속하다 보면 생산력의 발전이 저절로 '자유의 영역'을 열어줄 것처럼 받아들이게 함으로써, 자본주의 생산력 발전을 그 성격과 내용(예컨대, 지배 또는 착취 기술의 발전)에 대한 치밀한 검토 없이 정당화할 위험이 있다. 또한, 현실적으로는 '자유의 나라'가 열리기도 전에 이미 '필연의 나라' 안에서 그 생산력의 파괴성이 극도에 달해 '자유의 나라'는커녕 '공멸'의 위험이 우리 앞에 도사리고 있다. 이런 점에서 '노동사회'에 대한 안티테제로서 '문화사회' 를 설정하는 방식은 '필연의 왕국' 통과 이후에 올 '자유의 왕국'으로서가 아니 라, '노동사회'가 초래한 '공멸' 또는 '파국'을 막기 위한, 절박한 생명의 대안으 로 '문화사회'가 부각되는 것으로 자리매김해야 옳다.

　여기서 또 한 가지 유의할 점이 있다. 그것은 예컨대 다음 언명의 끝부분과 연관된다. "여가는 더 이상 단순한 휴식이나 보완물이 아니라, 필수적인 생활 시간이자 살아가는 이유가 될 것이다. 노동은 단순한 수단으로 그 지위가 저하된다."[17]

　바로 이 마지막 부분을 보자. 지금까지 '노동중심성' 테제가 노동운동계나 일부 진보학계에 널리 수용되었다면 앞의 언명은 '노동수단성' 테제라 할 만하다. 여기서, 설사 우리가 자유시간의 증대를 꾀하더라도 노동(시간)을 '단순한 수단'으로 치부하거나 관심의 초점에서 배제해서는 안 됨을 짚고 넘어갈 필요가 있다. 왜냐하면 노동의 시간도 크게 보면 '삶의 시간'이기 때문에 노동의 내용이나 방식 또한 삶의 의미와 삶의 질을 구현하는 방향으로 변화시킴으로써 '노동이 곧 삶이요 삶이 곧 노동'인 그런 현실을 만들어야 옳다. 더구나 현실 자본주의에서 노동시간 동안 실행되는 노동의 노예성, 노동의 파괴성, 노동의 무의미성을 그대로 둔 채, 오로지 자유시간 안에서만 행복을 추구하려는 것은 결국 '반쪼가리 행복'에 불과할 것이다. 따라서 노동운동의 입장에서는 증가한 자유시간이 또다시 소비나 노동의 세계에 포섭되지 않도록 하는 것이 중요한 것과 마찬가지로, 줄어드는 노동시간 또한 여전히 삶의 의미와 보람을 구현할 수 있도록 만드는 일이 중요하다. 요컨대, 노동과정이 효율성, 인간성, 생태성 등 3자 사이의 모순을 극복하고 조화를 이루도록 만들어야 한다. 알랭 리피에츠가 '무엇을 어떻게 생산할 것인가' 하는 문제와 관련, '반테일러주의 혁명'을 제언한 것도 바로 이런 맥락에서다.[18] 이러한 과제는 결코 신자유주의 시기의 자본주의 시장에 의해 수행될 수도 없으며, 또 케인즈식 복지국가에 의해 하향식으로 수행되는 것은 더 이상 가능하지도 바람직하지도 않다. 결국 노동운동을 비롯한 사회운동이 소통과 연대를 통해 비록 더딜지라도 '아래로부터' 만들어가야 한다.

다시금 처음의 논의로 돌아가, 생산력 발전의 결과물을 이윤 증대로 연결시킬 것인지 아니면 자유시간 증대와 문화활동 등 삶의 질 향상으로 연결시킬 것인지 하는 판단은 대단히 '정치적'일 수밖에 없다. 그것은 우리가 '국민주권'을 넘어 '시간주권'을 쟁취하는 것이기 때문이다. 시간주권이란 말 그대로, 시간에 대한 주인된 권리, 즉 보편적 삶의 시간을 사람들이 얼마나 주체적으로 형성할 수 있는가 하는 문제다. 국민주권은 국가주의 위에서 작동하지만 시간주권은 보편주의 위에서 작동한다. 결국, 삶의 논리를 추구하는 '노동+시민'과 돈의 논리를 추구하는 '자본+국가' 사이의 힘 관계에 따라 시간주권을 둘러싼 싸움의 결과는 달라질 것이다. 요컨대, 노동운동의 입장에서 '노동시간 단축'은 단순한 경제적 권익 투쟁(시간당 임금의 크기)을 넘어 생산력과 잉여의 사용방식에 관한 결정을 둘러싼 정치적 권익 투쟁이자, 노동 강박적 삶을 보다 균형 잡힌 삶으로 재구성하기 위한 문화적 권익 투쟁으로도 자리매김할 수 있다. 따라서 노동운동은 단순히 임금 인상 투쟁의 일환으로 노동시간 단축 슬로건을 제시할 것이 아니라, 실질적인 노동시간 단축과 실질적인 시간주권 확보를 통한 인간다운 삶의 구현이라는 방향성을 갖고 기층 대중들 속에서 공감대를 넓혀나가야 한다.

증가한 자유시간이 다시 소비나 노동에 묶이지 않도록 만들기

더디게 진행되긴 하지만 노동시간 단축은 노동운동과 더불어 조금씩 성취되었다. 이와 더불어 자유시간도 점진적으로 늘었다. 그런데 이 늘어난 자유시간을 바람직한 내용으로 채우는 일이 노동운동에게는 새로운 과제로 되었다. 이런 맥락에서 자유시간이 임노동 관계 속으로 재포섭되지 않게 적절한 여건과 내용을 만드는 일도 노동운동의 또 다른 과제다.

"자유시간이 너무 짧기 때문에, 대안적인 삶을 추구할 여유가 없습니다.

이 결과로 대중이 하고 있는 것은 자본주의적 생산양식에 필수적인 과정이라고 할 수 있는 소비제도를 유지하기 위한 자본주의적 소비의 전사가 되는 정도입니다.”[19]

그러면 운동의 목표가 된 자유시간은 어떤 의미를 지니는가? “자유시간은 생존을 위해 상품으로 팔아야 하는 노동시간과는 달리 공짜로 선물할 수 있는 시간이다. 자유시간이 넉넉하면 여유가 생긴다. 남에게 선물하는 시간은 남을 위해 배려하고, 봉사하는 시간이고, 사람들이 서로 연대와 호혜의 활동을 하는 시간이요, 먼 곳의 친척, 친구, 부모를 방문하는 시간이고, 마음놓고 독서를 하는 시간, 연극을 관람하거나 축구를 할 수 있는 시간, 새로운 출발을 위해 공부에 전념할 수 있는 시간이다.”[20]

첫째, “인간이란 기업의 비용을 높이는 방해물에 불과한” 것으로 간주되는, 또한 “인간생활의 기초가 되는 공적 부문을 돈은 투입되는데 이득이 없다며 불필요하다고 말하는”[21] 개탄스러운 신자유주의 현실이 지속된다고 할 때, 노동운동의 상대적 약화와 더불어 실질임금이 저하하면서 노동자들이 실질임금을 유지하거나 높이기 위해 또다시 노동시간 연장을 수용할 가능성도 있다. 아니면 많은 노동자들은 동시에 두 가지 이상 직업을 갖거나 부업을 갖는다. 고용 불안기에는 ‘일자리가 있을 때 많이 벌자’는 식으로 더욱 노동에 매달리기도 한다. 이런 상황에서 노동시간 단축과 자유시간 확장의 구호는 ‘남의 일’이 되기 쉽다. 따라서 주어진 현실에 단순히 적응하기만을 강요하는 논리는 참된 노동자 삶의 논리가 아니라 자본의 논리임을 적극 비판하고 이를 광범위하게 공유하도록 공감대를 넓혀야 한다. 배부른 임금노예가 되기를 거부하고 건강한 삶의 주체로 다시 일어서야 하는 것이다. 정규직과 비정규직, 남성과 여성, 한국인과 국제이주자, 젊은이와 나이든 이, 대기업과 중소기업 노동자 등이 각기 자기조직화와 더불어 분열의 경계선을 넘는 소통과 단결을 배가해야 한다.

둘째, 자본주의 사회의 무한축적 논리가 노동자의 의식에도 각인되어 경향적으로 만족스러움을 모르게 된다. 따라서 무한정 벌고자 하는 논리가 아니라, 소박한 삶, 필요에 충실한 삶, 질적으로 건강한 삶, 활기차고 왕성한 삶을 삶의 비전으로 설정하고, 이런 인식 전환과 솔선수범하는 실천이 필요하다. 노동운동은 자본의 논리로부터 진정 자유로운 삶의 근본 가치(생명, 평화, 창조, 나눔, 보살핌, 공감, 향유, 행복, 연대 등)를 부단히 되찾고 그에 충실하도록 해야 한다. 예컨대, 한국에서도 1987년 노동자대투쟁 이후 지난 20년 사이에 다양한 형태의 '대안운동'이 활기차게 생성되고 있다. 이에 노동운동과 대안운동이 서로 오해와 불신을 하기보다는 소통과 연대를 통해 적극 결합해야 상생할 수 있다.[22] 다시 말해 자유시간의 증대와 더불어 "적극적으로 문화적 향유를 요구하는 노동자들의 수가 증대함에 따라 노동대중의 자아실현과 문화적 창조와 향유의 욕구를 충족시킬 새로운 활동방식을 준비"[23]하는 것이 필요하다. 여기서 말하는 문화는 단순한 예술적 창작물을 가리키는 것이 아니라 대안적 삶의 활동에 다름 아니기 때문이다.

셋째, 주거, 육아 및 교육, 의료 등 공공성이 강한 분야의 문제들이 사적 이윤을 추구하는 논리로 포섭되는 현실에 정면으로 맞서야 한다. '생활세계의 식민화' 또는 '삶의 화폐 의존도'가 증가할수록 임금 종속성이 강해지므로 '자유의 새로운 공간'은 갈수록 축소된다. 따라서 최소한 주거, 육아 및 교육, 의료 등 분야에서 사회적 공공성을 강화하려는 노력을 해야 한다. 일종의 "탈상품화"를 통한 "탈노동" 전략[24]의 일환이다. 예컨대, 현재 재산 증식 수단과 부의 상징으로 변모한 '집' 개념을 철저히 더불어 사는 주거의 개념으로 전환시킬 필요가 있다. 공공임대 주택의 확대가 그 실례다. 또 출세의 수단 또는 노동시장에서의 자기 가치 상승을 꾀하는 수단으로 변모한 육아 및 교육도 근본적으로 변화시켜 자율성과 책임성이 있으면서도 생태적, 공동체적 마인드를 가진 사람으로 성숙하게 돕는 것이 되어야 한다. 특히 교육을 기존의 학교/학력 중심으로 사고하는 것은 지양해야 한다. 스웨덴의 경우 청소년 등 젊은 층의 정치의식을 고양하기 위해 각종 비영리조직들의 사회 교육이나 학습 서클을 장려한다.[25] 의료 분야도 수익성 원리가 아니라 인술과 공익 원리에 의해 운영되도록 해야 한다. 그래야 삶의 비용이 낮아져 굳이 중독적으로 돈을 더 벌려고 일에 매달릴 필요가 없어지게 된다.

넷째, 평생 하루종일 일에 매달렸던 사람들은 어느 날 갑자기 노동시간 단축이 실시되더라도 늘어난 자유시간을 곧장 의미있게 쓰기는 어렵다. 많은 경우 불안감을 느낀다. '자유로부터의 도피' 현상도 보인다. 많은 경우 '스펙터클한' 소비의 세계로 빠진다. 최악의 경우, 소비중독은 노동중독을 부채질하고, 노동중독은 다시금 소비중독을 부채질한다. 이 악순환으로부터 벗어나는 궁극적 길은 '내면의 만족'과 '내적 자율성'을 되찾는 것이다. 이를 위해 노동운동의 입장에서는 노동자 삶의 건강성과 자율성을 되찾는 데 도움이 되는 다양한 프로그램을 개발할 필요가 있다. 소비와 과시의 세계가 아니라 성찰과 혁신, 참여와 창조의 세계야말로 진정한 내적 만족을 안겨다 주기 때문이다.

다섯째, 노동에 대한 '최저임금'이 아니라 모든 이에 대한 시민소득 또는 보장소득과 같은 '최저소득' 제도를 통해 사회 구성원이라면 누구나 최소한의 삶을 영위할 수 있도록 해야 한다.[26] 그래야 임금종속성으로 말미암아 불가피하게 '삶의 불구 상태'가 영속화하는 저주를 합리적으로 예방할 수 있다. 이를 위해서는 노동계급의 단결을 넘어 전사회적 시민사회의 연대가 구축되어야 한다. "조여들어 오는 유클리드적인 자본-국가의 포위망에 갇히지 않기 위해서는 이와 같은 프랙탈한 네트워크를 조직하여 사이-공간을 만들어내야 한다"는 주장[27]도 바로 이와 맥을 같이 한다.

'사회적 경제'의 활성화를 포함, '삶의 위기' 극복을 위한 대안 만들기

일반적인 생산력의 증가에도 불구하고 '고용 없는 성장'이 지속되면서 시장 부문이든 공공부문이든 새로운 일자리 창출에 실패하는 것이 현실이라면, 제레미 리프킨이 『노동의 종말』에서 말하는 '제3부문'이나 '사회적 경제'에 새로운 희망을 걸 수도 있다. 시장 영역도 국가 영역도 아닌, 자율적 공공영역이라 할 수 있다. 이 '제3부문'(사회 서비스, 건강, 간호, 간병, 육아, 돌봄, 보살핌, 교육, 학습, 연구, 예술, 종교, 변호활동, 환경보호, 환경미화, 공원관리, 숲관리, 교통정리 등)에서 새로운 일자리를 만드는 것은 알랭 리피에츠의 말대로 "포드주의적 복지국가의 '이중의 정신분열증'을 피하는 방법"[28]이 될 수 있다. 물론 이 분야가 저임금의 불안정한 일자리를 만드는 새로운 돌파구로 활용되면서, 고비용의 '웰페어'(사회적 복지) 대신 저비용의 '워크페어'(생산적 복지)가 되어 또다시 자본과 국가에 포섭될 위험도 있다. 이런 오남용을 효과적으로 막아내기만 한다면, 이러한 자율적 공공영역의 확대는 선물의 경제, 마음의 경제, 자발적 봉사를 통해 '문화사회'를 구축하는 데 선도적 역할을 할 수 있다.[29] 이러한 제3부문 또는 자율적 공공영역은 이렇게 시장과 국가의 실패를 보완한다는 의미도 있지만 참된 내용의 사회성과 생태성을 동시에 구현한다는 적극적 의미도 함께 지닌다. 따라서 이 부문을 그냥 '사회적 경제'라 하기보다는 '사회생태적 경제'라고 하는 것이 나을 것 같다.

한편, 리프킨에 따르면 미국 경제의 국민총생산 구성에서 기업부문이 80%, 정부부문이 14%를 차지하는 데 비해 자원봉사적 공동체 활동이라고도 할 '제3부문'은 6% 정도를 차지하고 있으며 총고용의 9% 정도를 차지한다. 제3부문은 기업이나 정부 부문에 비해 2배 정도로 빠른 성장을 하고 있다.[30] 물론 이 제3부문의 현실화를 위해서는 "정부의 강력한 지원과 정치의 성격 변화가 필수적"[31]이긴 하다. 하지만 "정부가 신자유주의적인 탈규제와 공공부문의 축소를 정당화하기 위해 제3부문을 단지 수사학적으로 이용하려는 것을 제어하기 위해서 필요한 전제 조건은 자발적 결사, 사회운동의 자발적 활성화"라 하겠다. 즉 "시민들의 자발적 결사에 기초한 사회운동의 새로운 활성화"가 중요하게 부각된다.[32]

　그러면 여기서 노동운동은 더 이상 사회적 의미를 얻지 못하는가? 그렇지 않다. 오히려 사회 전반에서 '삶의 위기'가 심화할수록 위의 '시민들의 자발적 결사'와 함께 노동운동의 사회적 역할은 더 커진다. 요컨대 노동운동은 일종의 '문화적 혁신'을 통해 고용위기와 노동소외, 생태위기로 상징되는 오늘날 '삶의 위기'에 능동적으로 대처해야 한다. 여기서 말하는 '문화적 혁신'이란 노조를 포함한 노동운동 진영이 더 이상 '노동사회'의 질서유지 요인이기를 거부하면서 '문화사회'라는 방향성을 갖고 '자기 혁신'을 하는 것이다. 예컨대, 고용위기에 대해서는 노동시간 단축을 통한 일자리 나누기, 그리고 공동체 회복과 삶의 질 향상을 위한 새 일자리 창출에 선도적 역할을 해야 한다. 이런 맥락에서 노동조합을 포함한 노동운동 진영은, 한편으로 제3부문이 기존 시장의 실패와 국가의 실패를 메우기 위한 '땜질' 역할로 전락하는 것을 경계함과 동시에 다른 편으로, 제3부문 또는 공공영역이 실질적으로 공동체적, 생태적 일자리 창출로 이어져 삶의 보람 증대와 사회생태적 관계의 회복을 낳도록 진력해야 한다. 일례로, 사랑, 존중, 호혜와 같은 가치를 구현하는 '돌봄노동'(보육, 의료, 놀이, 노약자 수발 등)은 인간다운 삶에 필수적임에도 시장이나 국가가 직접 담당할 수 없고 전통적 가족이 감당하기도 어렵다. 따라서 남녀 모두가 참여하는 자율적 공공영역을 통해 해결하되, 공적 인정과 보상을 할 필요가 있다.[33]

　이런 점에서 '문화사회론'은 '문화복지론'과 질적으로 다르다.[34] "제3부문의 활성화에 의한 '문화사회'의 구현 또는 문화적 제3부문을 기축으로 한 사회적 경제로의 전환이란 단순히 기존의 고급문화나 소비문화의 패러다임 자체는 문제삼지 않은 채 그 문화를 양적으로 대중에게 확산하려는 최근의 '문화복지론'과는 근본적으로 그 차원을 달리하는 것이다. '문화사회'라는 전망은 그와는 달리 현재의 생산성제일주의와 무제한의 자본축적에 기초한 자본주의 경제 패러다임의 근본적 전환과 동시에 근대경제 속에서 배태된 근대문화의 틀 자체의 혁신과 전환을 동시에 요구하는 것이다." 요컨대, '문화사회'는 생산과 노동 중심의 삶을 문화와 활동 중심의 삶으로 바꾸어야 실현된다.

다음으로 노동소외를 보자. 이제 노동과정에서 노동의 대상화 또는 기계화를 넘어 과로사가 빈번하게 일어나고, 심지어 '노동중독'이 일상화[35]되기까지에 이른 노동소외 문제는 어떻게 극복해야 하는가? 이제 노동은 삶의 구심축 역할을 넘어 삶의 지배자로 고착화한다. 따라서 이 노동에 대해 일정한 '거리두기'로부터 시작해서[36] 일과 삶의 균형 찾기, 상실된 삶의 자율성과 공동체성 회복, 사회의 문화적 재구성 등을 통해 그 해결의 돌파구를 찾아나가야 한다. '사회의 문화적 재구성'은 심광현에 따르면, 예컨대 "문화시설의 활용을 위한 네트워크의 설립, 다양한 문화적 프로그램의 개발, 개인적 혹은 집단적 여가와 놀이, 축제의 개발과 활용계획, 자연과 사회와 역사에 대한 폭넓은 지식의 획득과 예술적 감수성의 계발과 창작적 역량의 제고를 위한 다양한 교육 서비스의 확장 등"[37]을 통해 현실화가 가능하다.

끝으로 생태위기는 총체적 삶의 재성찰과 더불어 삶의 생태적 재구성 운동으로 극복해야 한다. 이것은 단순히 환경이나 생태계의 복원과 보호에 종사하는 생태적 일자리 만들기를 넘어 사회적 삶의 구조 전반을 생태계의 순환고리 속으로 재편하는 프로젝트를 말한다. 예컨대, 산업구조도 생태적으로 바꿔야 하고 에너지도 재생가능 에너지로 바꿔야 하며, 특히 지구온난화를 막아야 한다. 이런 변화는 결국 우리 삶의 생태적 재구성과 함께 맞물려야 의미가 있을 것이다. 예컨대 지금의 '대량생산-대량소비-대량폐기'식 삶이 아니라 '소박한 삶'이라는 대안에 대해 사회적 공감대가 확산되고 실천이 폭넓게 이뤄져야 한다. 노동운동이 이러한 '삶의 위기'라는 현실을 회피하지 않고 오히려 직면하면서 이를 올바로 극복하려면 여성운동이나 생명운동 등 여타 사회운동과 적극 소통하고 연대하는 것이 바람직하다.

생산력 자체에 대한 성찰을 통해 노동과정과 노동생산물을 전환하기

앞서 살핀 바, 맑스나 라파르그는 물론 고르나 리피에츠 등 대부분의 진보적 지식인들은 자본주의 생산력 향상의 성과를 자유시간의 증대로 연결짓는 기획이 절실히 필요하다고 보았다. 그런데, 굳이 맑스의 『자본』이나 『정치경제학 비판 요강』을 인용하지 않더라도, 노동의 생산력은 자본의 생산력으로 나타난다. 자본의 생산력은 많은 경우 자본의 노동에 대한 지배력에 다름 아니다. 바로 여기서 이런 문제제기들이 가능하다.

첫째, 노동의 영역에서 부자유를 토대로 하여 생산력을 향상시킨 결과 비노동의 영역에서 자유를 확장하자는 기획은 역설적으로 노동의 영역에서의 부자유를 용인하는 셈이 되는 것이 아닌가 하는 점이다. 부자유스런 노동시간을 상대적으로 줄이고 자유로운 여가 시간을 상대적으로 늘리는 것은 분명히 진보이긴 하나, 과연 그런 '비율 변화'만으로 자본 관계를 철폐하고 새로운 사회관계를 열 수 있는가 하는 점이다. 최악의 경우 일부 분야 또는 일부 조직에서의 긍정적 비율 변화는 다른 분야 또는 조직에서의 부정적 비율 변화를 토대로 해서, 즉 누군가의 희생을 토대로 해서 이뤄질 수 있기 때문이다. 따라서 노동운동의 입장에서는 비노동 영역에서뿐만 아니라 노동의 영역에서도 자유의 확장을 위해 진력해야 한다. 예컨대, 노동과정에서 정규직과 비정규직, 남성과 여성, 기술·관리직과 생산직, 내국인과 외국인 등 다양한 분할의 경계선을 넘어 소통과 연대를 적극 강화할 필요가 있다. 또한 노동과정에서의

자율성과 연대성 또는 노동자의 개인적, 집단적 자기결정권을 확대해 나가야
한다.

둘째, 자본의 생산력 발전은, 결과론의 시각이 아니라 과정론의 시각에서
볼 때, 경향적으로 자연 및 노동에 대한 효과적 지배를 기초로 한다. 여기서
말하는 효과적 지배란 단순한 통제에 그치는 것이 아니라 잉여를 효율적으로
생산하려는 과정에서 자연 및 노동에 대한 파괴성이 커짐을 뜻한다. 자연에
대한 파괴성이란 자연 생태계의 건강성과 관계성, 순환성을 훼손하는 것이며,
노동에 대한 파괴성이란 살아있는 사람의 느낌, 감성, 사고, 행위, 주체성과
자율성, 창의성과 통찰력, 활기나 끼 같은 것을 훼손하거나 방해하는 것이다.
그렇다면 노동운동을 포함하여 사람들이 당연시하는 생산성 향상 또는 생산력
발전이란 경향적으로 파괴성의 발전에 다름 아니다. 따라서 이러한 파괴성의
발전 자체를 문제삼지 않고 그를 당연시한 전제 위에서 파괴성의 '밖에서'
자유시간을 증대하는 것이 무슨 의미가 있을까 하는 점이다. 더구나 앞의
경우와 같이 한 분야에서의 자유 확대가 다른 분야에서의 부자유를 대가로
한 것이라면, 자본은 이들 사이에 소통과 연대를 하지 못하게 일종의 '감시'
기술이나 '분할 지배' 전략을 개발, 적용시킬 것이다. 이 또한 역시 파괴적이다.
결국 노동운동의 입장에서는 자본의 생산력 자체가 자연 및 노동, 인간 및
사회에 대한 파괴성으로 연결되지 않도록 사전에 막아내는 노력을 해야 한다.
예컨대 생산 기술이나 작업 조직, 에너지 사용이 반생명적이거나 비인간적인
경우 적극적으로 대안을 제시하며 근본적 변화를 요구할 필요가 있다. 이런
맥락에서 "노동자계급은 성장연합의 한 축으로 작동하는 것이 아니라 사회의
생태문화적 재구성을 이끄는 주체가 되어야 한다."[38]

셋째, 자본의 발전된 생산력이 만들어낸 결과물이 과연 사회적 필요 충족이
나 삶의 질 향상 측면에서 도움이 되는 것인가 하는 문제도 있다. 오늘날

대부분의 생산물들은 돈벌이가 된다는 이유로 과잉으로 생산되는 반면, 사회적 필요는 크지만 돈이 안 된다는 이유로 축소되거나 아예 공급되지 않는 경우도 많다. 또한 맹목적 돈벌이 추구로 인해 사람과 자연 모두에 해로운 상품이 대량으로 생산되는 경향이 있다. 예컨대 초국적 자본인 몬산토가 유전자조작(GMO) 작물의 소출 증가를 위해 작물은 살리고 잡초만 죽이는 '라운드업'이라는 제초제를 생산, 판매하는 것이다. 또, 최근에 사상 최고의 무역적자와 재정적자라는 쌍둥이 적자를 기록하는 미국의 경우 무기 산업의 팽창이 위기에 처한 미국 경제의 돌파구처럼 여겨지기도 한다. 냉전의 종식 이후 불필요해진 무기의 대량생산을 중단하지 않기 위해 국지전을 끊임없이 터뜨린다. 자본의 생산력을 위해 전쟁도 불사하는 것이다. 잘못된 소비 방식이 파괴적 상품의 생산을 촉진하기도 한다. 한편으로 간단하고 편리한 것에의 중독, 다른 편으로 광고와 유행에의 의존 등은 곧잘 일회용품의 무분별한 사용이나 몰지각한 자원낭비로 이어지기 때문이다. 따라서 노동운동의 입장에서도 문화사회를 앞당기기 위해 생산물 자체가 돈벌이에 기여하는 것이 아니라 사회적 필요의 충족과 삶의 질 향상에 기여하는 것인지 성찰, 감시, 토론, 저지, 전환, 대안 제시 등의 활동을 조직적으로 전개할 필요가 있다. 예컨대, 무기, 공해, 환경호르몬, 향락 퇴폐 서비스 등은 생산 중단과 '근본 전환'을 요구해야 한다. '탱크를 녹여 호미를!'이라는 구호는 그 한 예가 된다.

넷째, 현재의 산업구조의 기형성(생명산업인 1차 산업의 경시, 반면, 3차 산업의 과잉)이나 산업과 에너지원의 반생명성을 염두에 둘 때, 노동운동은 친생태적 산업과 대안에너지 체제의 개발을 정책적으로 요구하고 실험적으로 실천해 나가야 한다. 또한 유기농산물이나 생태적 수공업제품의 생산과 소비를 잇는 생활협동조합 활동에 노동운동이 조직적으로 참여할 필요가 있다. 이것은 "비사회적인 근대 시장경제를 단지 '재사회화'하는 것만이 문제가 아니라 사회적이고 경제적인 생산활동 전반을 지구적 생태경제와 긍정적 순환이 가능하도록 재구성하는 것”[39]이 중요하기 때문이다. 근본적으로 1차 산업이 중심에 서고 2, 3차 산업이 삶의 질 향상 차원에서 보완적 역할을 하는 것이 바람직한 산업 재구성 전략이 될 것이다.

물론 이 모든 것은 말처럼 쉽지 않다. 왜냐하면 오랜 세월 축적된 삶의 패턴이나 삶의 방식에는 일정하게 ‘관성의 법칙’이 강고하게 작동하기 때문이다. 동시에 유념할 것은, “그러나 이런 방향은 근대적 산업과 과학기술이 이룩한 편리함을 일정하게 포기하거나 희생할 것을 요구할 수도 있는데, 오랫동안 근대문명에 익숙해진 대다수가 과연 이런 재구성에 동의할 수 있을 것인가가 문제가 된다.”[40] 바로 여기서, 편리한 삶의 방식에 중독된 우리 자신을 ‘지속가능성’ 또는 ‘건강성’의 관점에서 다시금 냉철하게 성찰할 필요를 느끼게 된다. 노동조합을 비롯한 노동 진영이 ‘문화사회’의 관점을 적극 수용하면서 부단한 자기혁신과 더불어 여타 사회운동과 능동적 소통과 연대를 해야 하는 까닭이다.

바로 이 점과 관련, 우리는 “자연과 인간의 상호주체성을 존중”하자는 다카기 진자부로의 제안에 귀를 기울일 필요가 있다.[41] 그는 폴란드의 자주관리노조 ‘솔리데리티’가 환경의 희생 위에서 개혁이 이뤄지는 것에 반대하는 뜻을 밝힌 사례를 높이 평가하며, “생산에서 노동자의 자주관리가 실현된 경우, 노동자가 사회적으로 건전하고 스스로 생산에 주체적 의욕을 가질 수 있는 제품을 만들려고 마음먹었을 때에는 반드시 환경적으로도 건전하려고 하는 지향성이 작용한다”고 했다. 이런 맥락에서 그는 “일단 인간을 자연 전체 속에서 상대화하고, 그것으로 오히려 자유롭게 자연과 응수할 수 있게 된 지평에서의 인간 주체상”이 필요하다고 강조한다. 요컨대, ‘인간중심주의’를 넘어 전체 생태계적 순환 속에 인간의 삶과 노동을 재위치시키고 인간 사이는 물론 인간과 자연 사이에 '상호주체성'을 회복하게 된다면 '문화사회'의 지향에 걸맞게 노동 생산물을 포함한 '노동과정 혁명'을 제대로 진전시킬 수 있을 것이다.

노동자 사이의 분열과 경쟁을 지양하여 자본의 지배력을 약화하기

이제, 보다 본질적인 문제를 보자. 자본주의의 역사는 약 500년이다. 반면 농사를 짓기 시작한 이후 인간의 역사는 약 1만 년이다. 지금까지 인간은 자본주의 이전에도 잘 살아왔다, 자본주의를 넘어가면 인간은 더 행복할 것이다. 결국 자본주의는 인간 생존의 전제가 아니다. 반면 자본주의 자체는 인간 없이 생존할 수 없다. 자본주의는 한편에서 노동자가 필요하고 다른 편에서 소비자가 필요하기 때문이다. 바로 여기서 의문이 생긴다. 인간은 자본 없이도 살 수 있는 데 반해 자본은 인간 없이 살 수 없다고 한다면, 자본이 인간 앞에 겸손하고 온순해야 하는데 왜 현실은 인간이 자본 앞에 벌벌 떠는가?

그 해답은 인간 노동력이 분열되어 서로 경쟁하기 때문이다. 그 분할의 경계선은 실로 다양하다. 민족과 국가, 기업, 성별, 직종, 나이, 학력, 지역 등등. 사람들이 이렇게 분할의 경계선을 사이에 두고 서로 '생존경쟁'이라는 늪에 빠져 허우적거리는 한, 그 중에 누가 일등을 하고 누가 꼴찌를 하건 아무 상관없이 모든 참여자들은 자기도 모르는 사이에 자본에 장악되고 만다. 다시 말해, 경쟁과 지배는 동전의 양면이다.

여기서 유의할 점은, '노동계급'이 그 '계급'이라는 호명에도 불구하고 현실에서는 결코 단일 실체가 아니라는 점이다. 자본의 분할 지배 전략이 낳은 결과이기도 하지만, 노동계급 스스로도 개성의 차이, 지향의 차이, 학습의 차이, 역사와 경험의 차이 등 각종 차이와 분화를 보인다. 따라서 차이를 적극 인정하면서도 이것이 위계나 지배로 이어지는 것이 아니라 존중과 공존을 추구하는 전략이 필요하다. 요컨대 '차이와 공존'의 전략이다. 그 위에서 상호간 '소통과 연대'를 추구해야 보다 바람직하다. 그렇지 않고 희망 섞인 상상 속에서 단일한 계급적 대오를 꾸리고자 하거나, 주도권 쟁탈을 일삼는 집단들이 있다면 결코 어떠한 소통과 연대도 불가능하다.

만약 노동하는 사람들이 참된 소통과 연대를 철저히 이루어 경쟁과 분열을 성공적으로 지양한다면 그만큼 노동의 자본에 대한 교섭력은 증폭된다. 자본에 대한 동의를 철회하면 산노동의 협력에 기초하던 자본의 사회적 지배력은 필시 약화할 수밖에 없다. 강고한 연대로 뭉친 노동에 대해 자본이 일정한 양보를 하지 않으면, 자본의 가치증식은 물론 생존 자체가 불가능하기 때문이다.

요컨대, '노동사회'를 지양하고 '생태적 문화사회'를 실현하기 위해서는 국가와 시장의 비현실적 사멸을 주장할 것이 아니라 풀뿌리 사회운동이 강력한 소통과 연대를 이루어 국가를 아래로부터 민주화함으로써 기능을 전환시키고 동시에 시장을 자본주의적 교환가치의 독점 구조로부터 해방시켜 의미의 전환을 꾀하면서도 자율적 공공영역(사회적 경제 또는 제3부문)을 확장해야 한다. 이를 위해서는 자주관리 협동조합, 여가소비를 포함한 생활세계, 공교육과 공공의료를 포함하는 공공서비스, 지역평의회 등을 유기적으로 연결하는 '생태문화적 코뮌 네트워크'를 구성하는 것도 생각해볼 수 있다.[42] 일종의 '문화사회 네트워크'다. 이 네트워크는 문화사회 구현의 수단임과 동시에 문화사회 그 자체다.

바로 여기서 너무나 당연한 노동운동의 과제가 도출된다. 노동자의 다양한 소통과 연대를 최대한 고양하는 일이다. 물론 엄밀한 의미의 임노동자만이 아니라 (자본과 권력지향적 세력을 '왕따'시킨) 모든 사람의 연대가 필요하다. 이 연대는 단순한 조직률이나 머릿수가 아니라 '인간다운 삶'이라는 공통분모에 대한 공감대 형성과 그 구현을 위한 '통일된 의지'와 '다양한 역량'의 구축으로 표현될 것이다. 여기서 유의할 점은 이 연대가 '문화사회'의 지향에 걸맞게 '다수자 정치'가 아니라 '소수자 정치'를 지향한다는 점이다.[43] 즉 단일한 일정표와 단일한 목표물을 따라 한 덩어리로 움직이는 것이 아니라, '차이 속 공존'을 지향하는 다양한 소수자들이 각자 선 자리에서 절박성을 느끼는 여러 관심사들을 고리로 해서 그물망처럼 연결되는 것이다. 물론 이 과정은 지난하며 광범한 기층의 소통과 공감 없이는 현실화가 불가능하다. 소통과 연대는 잠재태인 '문화사회'를 현실태로 전화하기 위한 수단임과 동시에 그 자체로 목적이기도 하다.

맺는 말

앞에서 우리는 '문화사회론'의 시각에서 '노동사회'를 지양하고 '문화사회'라는 잠재태, 즉 보다 행복한 삶의 구조를 창조하는 과정에서 '노동' 진영이 직면한 다양하고 복합적인 도전과 과제에 대해 논의해 보았다. '문화사회'란 한 마디로, 더 이상 노동이 아니라 삶 전체(문화)에서 발상하여 사회를 구성하는 양식이다. 물론 노동과 문화를 단순 대립항으로 설정하는 것은 오류다. 여기서 노동은 그 양적인 측면에서 자유시간 또는 창조시간에 자리를 내주고 경향적으로 축소될 뿐만 아니라, 질적인 측면에서도 시장이나 국가의 재사회화 및 친생태화를 꾀하는 '문화적 활동'으로 변환된다. 노동은 더 이상 돈벌이 수단이 아니라 삶을 풍요롭게 만드는 활동 그 자체로 된다. 따라서 기존 '노동사회'는 결국 이윤사회, 경쟁사회라는 원리를 넘어 나눔사회, 공생사회라는 새 원리를 따라 '문화사회' 방향으로 재구성되어야 한다.

앞에서 필자는 그 경로와 전략에서 제기되는 여러 이슈들에 대해 나름의 해답을 제시하고자 했고, 그것의 현실화를 위해서는 노동 진영의 광범한 공감과 단결뿐만 아니라 '노동+시민' 진영이 더욱 강고한 소통과 연대를 이루어 나가야 함을 강조했다. 풀뿌리가 가진 '자율'의 원리에 무게 중심을 두고 있는 '문화사회'라는 전망은 '시장'이냐 '국가'냐 하는 양극단 사이에서 외줄타기 게임을 해온 현실자본주의나 현실사회주의의 자기모순을 극복하는 진정한 '제3의 길'이 될 것이다. 이상의 논의에서 도출된, 잠재태인 '문화사회'를 현실태로 만들기 위한 노동진영의 과제를 요약하면 다음과 같다.

① 노동조합은 더 이상 기존 노동사회의 '질서요인'이나 '보험회사'에 머물지 말고 문화사회의 가치를 구현하기 위해 스스로 '문화센터'나 '협동조합'으로 자기 전환을 해야 한다.

② 노동 진영은 생산력 증대를 돈으로 보상받는 것이 아니라 '시간주권'으로 연결함으로써 '보상'의 논리를 넘어 삶의 새로운 '형성'을 도모하는 전략적 전환을 해야 한다.

③ 노동 진영은 증가한 자유시간이 또다시 소비나 노동 등 자본의 울타리 안에 묶이지 않고 문화사회를 생성하는 데 활용되도록 다양한 프로그램을 개발할 필요가 있다.

④ 노동 진영은 시장의 실패와 국가의 실패로 인해 공백이 생긴 '사회생태적 경제'를 자율적 공공영역으로 발전시켜 문화사회가 명실상부한 활동사회로 되도록 해야 한다.

⑤ 노동 진영은 노동과정에의 적극 개입을 통해 효율성, 인간성, 생태성을 조화시키며 생산물 또한 기본 생계 해결과 삶의 질 향상에 기여하게 하는, '노동과정 혁명'을 해야 한다.

⑥ 노동 진영은 '노동의 신성함'이나 '노동 중심성' 테제와 '거리 두기'를 적극 시도함

과 동시에 '생존 경쟁' 이데올로기와 다양한 '분열의 경계선'을 지양하려는 실천을
해야 한다.

그러나 현실의 모순 지양을 위해 제아무리 바람직한 구상과 전망이 상세히
제시된다 하더라도 그 전망을 현실로 구현할 주체 세력이 형성되지 않으면
그것은 일장춘몽에 그칠 소산이 크다. 더구나 아직도 우리 '노동사회'의 현실은
단순히 생산력 발전에 이어 생산관계도 전향적으로 발전하리라고 믿기에는
너무나도 척박하다. 예컨대 '초일류' 기업 삼성은 21세기에 와서조차 '눈에
흙이 들어가도 노조는 안 된다'는 경영철학을 고수하고 있다. 삼성에서 노동운
동을 하다 3년 5월형을 선고받고 현재 옥살이 중인 김성환씨는 척박한 노동사
회의 한 단면을 이렇게 고발한다. "돈이야 다시 벌면 된다. 삼성이 사재를
추가 헌납하는 것도 얼마든지 가능한 일이다. 그러나 진정한 반성이라면,
진정 사회를 생각하고 미래를 생각한다면, 노동자들을 죽이고 분신하게 하고
가슴에 피멍들게 하는 이런 원한과 원한의 대물림에서 상생과 화해로 바꿀
생각부터 해야 하지 않을까."[44] 이런 맥락에서 보면, 원한을 대물림하도록
만드는 '노동사회'를 '문화사회'로 바꾸려는 프로젝트는 결코 진공 속에서 일어
나는 것이 아니므로 '노동사회'의 모순 지양과 함께 그 '운동 주체'의 문제까지
보다 능동적으로 고민해야 한다. 노동사회의 모순 심화와 더불어 "꿈 없이
살고 있는 사람들의 수가 늘어남에 따라 그에 대한 저항도 자라나고"[45] 있긴
하지만 그 저항이 마침내 올바른 대안의 생성으로 이어지기 위해서는 이런
'주체'에 대한 고민이 사회적으로 널리 공유되어야 한다.

이제 노동운동을 비롯한 모든 사회운동은 '노동사회'가 만들고 강요해온,
그리고 '노동진영'이 내면화하고 받들어 모신 '노동의 신성함'이나 '노동중심성'
테제로부터 일정한 '거리 두기'부터 시작해야 한다. 복합적인 삶의 과정을

오로지 노동 중심으로 돌아가게 강제하는 현실을 지양하고자 하는 욕망, 즉 "단일문화의 획일적 신화를 깨뜨리고자 하는 욕망"[46]이 이러한 '거리 두기'를 가능케 하는 추동력이다. 이 '거리 두기'야말로 '문화사회'를 여는 첫걸음이자 이미 '문화사회'의 일부를 이룬다. 다음 걸음으로 '노동사회' 자체를 상대화하고 그 가치를 더 이상 내면화해서는 안 된다. 이른바 '탈동일시'가 필요하다. 이어 삶과 일 사이에 '균형 잡기'를 해야 한다. 균형을 잡는 데 있어 고정된 규칙이나 법칙은 없다. 일정한 긴장과 함께 우리 자신이 늘 깨어 있어야 한다. '지속적 노동시간 단축'은 전략적 슬로건이기도 하지만, 그 과정에서 '문화사회'의 내용을 채우는 토론과 소통, 연대와 단결의 구심도 된다. 줄어든 노동시간조차 그 내용과 과정을 변환시켜야 하고 늘어난 자유시간도 시장과 권력에 재포섭되지 않게 건강한 문화로 채워나가야 한다. 그리하여 그 다음 걸음으로 '문화사회'의 틀과 내용을 완전히 '새로 구성'해야 한다. 결국 이것은 일종의 '사회 재구성 프로젝트'로 귀결될 것이다. 그리고 이러한 프로젝트는 마치 '68 혁명'의 물결처럼 각 사회에서 각기 다양한 모습으로 추진되는 방식으로 '세계화'되어야 한다.

'사회의 문화적 재구성', 이것이 곧 '문화사회'의 비전이다. 그것은 노동의 문화를 포함한 삶의 문화 전반을 재구성하는 일이요, 따라서 삶의 양식, 삶의 구조, 삶의 실천을 전혀 새로운 차원에서 추구하는 것이다. 하지만 '노동계급'이 빠진 문화사회 프로젝트는 불완전함을 넘어 허구적일 가능성이 크다. 동시에, 노동계급의 '자기 혁신'이 없는 상태에서 주도권만 행사하려는 문화사회 프로젝트도 자칫 노동사회를 문화적으로 새롭게 포장만 할 위험이 있다. 따라서 노동계급이 그 정체성 유지를 위해 여태껏 동일시해온 노동과 자신 사이에 일정한 '거리 두기'부터 시작함으로써 부단한 자기혁신을 해야 한다. 동시에 노동계급은 '차이와 공존'의 가치를 동시에 지향하면서 그 내부에서만이 아니라 여타 계급과 광범위한 '소통과 연대'를 해야만, '문화사회'라는 잠재태를 현실태로 변환시키려는 역사적 과제를 완수할 수 있을 것이다. 사회의 문화적 재구성이 곧 '노동(운동)의 문화적 재구성'과 다르지 않은 까닭이다.

그러나 만약 노동운동을 비롯한 사회운동이 이러한 역사적 과제를 올바로 수행하지 못한다면 불행하게도 '노동사회'만이 아니라 '문화사회' 역시, '문화사회론' 주창자들의 전망과는 달리, 자본과 국가의 포획물로 전락할 수 있다. 왜냐하면 자본은 더 이상 노동에서만 잉여가치를 추출하는 것이 아니라 문화, 즉 인간과 자연의 생명 과정 전체로부터 추출하려 하기 때문이다.[47]

주

1_ 홀거 하이데, 『노동사회에서 벗어나기』, 강수돌 옮김, 박종철출판사, 2000 참고.

2_ "위기는 낡은 시대가 죽고 새로운 시대가 다시 태어나지 못했기 때문에 찾아온다"(안토니오 그람시; 진노 나오히코, 『인간 회복의 경제학―공감과 연대에 기초한 21세기 인간중심의 새로운 경제』, 김욱 옮김, 북포스, 2007, 140쪽에서 재인용).

3_ 심광현, 「'사회적 경제'와 '문화사회'로의 이행에 관하여」, 『문화/과학』 15호, 1998년 가을; 심광현·이동연 편저, 『문화사회를 위하여』, 문화과학사, 1999; 강내희, 『신자유주의와 문화: 노동사회에서 문화사회로』, 문화과학사, 2000; 『문화/과학』 편집위원회, 「문화사회론: 좌파의 사회운동 혁신과 그 쟁점들」(고길섶 정리), 『문화/과학』 34호, 2003년 여름; 강내희, 「위험사회, 노동사회, 문화사회」, 『문화/과학』 35호, 2003년 가을; 심광현, 「문화사회적 사회구성체론을 위한 시론」, 『문화/과학』 46호, 2006년 여름; 심광현·이득재, 「코뮌적 생태문화사회구성체 요강」, 제3회 맑스코뮤날레 조직위원회 편, 『21세기 자본주의와 대안적 세계화』, 문화과학사, 2007 등.

4_ 심광현·이득재, 앞의 글.

5_ 같은 글.

6_ 독일어에서 어원적으로 지양(Aufhebung)이란, 세 가지 뜻을 함축한다. 낡은 것의 폐기, 새로운 것의 선취, 더 높은 단계로의 고양이 그것이다.

7_ 다카기 진자부로, 『지금 자연을 어떻게 볼 것인가』, 김원식 역, 녹색평론사, 2006, 222쪽.

8_ 심광현, 「'사회적 경제'와 '문화사회'로의 이행에 관하여」, 85쪽.

9_ 김지하, 『생명과 자치』, 솔출판사, 1996. "님의 원리와 모심은…질서유지 측면의 소극적 윤리 역할을 하는 그런 것이 아니라 새로운 창조적 관계를 만들어내는 적극적 윤리를 보장하게 됩니다…모심은 관여를 받아들이되 이 수평적 관여를 수직적 억압적 종속도 아닌 수직과 수평 사이의 비스듬히 가로지르는 관여라고 볼 수 있습니다"(146쪽).

10_ 앙드레 고르(1989), 「'노동사회'에서 '문화사회'로의 이행: 노동시간 단축―쟁점과 정책」, 이병천/박형준 편저, 『후기자본주의와 사회운동의 전망』, 의암출판사, 1993, 364쪽.

11_ 같은 글, 376쪽.

12_ 같은 글, 385-86쪽.

13_ 강수돌, 『노동의 희망』, 이후, 1999 참조.

14_ 문강형준, 「노동사회 비판과 문화사회의 이론적 지도」, 『문화/과학』 46호, 2006
년 여름, 142쪽.

15_ 같은 글, 146쪽.

16_ 알랭 리피에츠(1990), 「포스트포드주의와 민주주의」, 『후기자본주의와 사회운동
의 전망』, 350-51쪽.

17_ 앙드레 고르, 「'노동사회'에서 '문화사회'로의 이행: 노동시간 단축—쟁점과 정책」,
364쪽; 심광현, 「'사회적 경제'와 '문화사회'로의 이행에 관하여」, 72쪽.

18_ 알랭 리피에츠, 「포스트포드주의와 민주주의」, 352-53쪽.

19_ 강내희, 『신자유주의와 문화』, 251쪽.

20_ 강내희, 『한국의 문화변동과 문화정치』, 문화과학사, 2003, 381-82쪽.

21_ 신자유주의를 비판하는 진노 나오히코, 앞의 책, 112쪽.

22_ 이에 대해선, 강수돌, 「1987년 이후 대안 공동체 운동: 평가와 전망」, 『진보평론』
32호, 2007년 여름.

23_ 심광현, 「'사회적 경제'와 '문화사회'로의 이행에 관하여」, 80쪽.

24_ 스탠리 아로노비츠, 「탈노동 선언」, 『문화사회를 위하여』.

25_ 진노 나오히코, 앞의 책, 210-20쪽 참조.

26_ 앙드레 고르, 「'노동사회'에서 '문화사회'로의 이행: 노동시간 단축—쟁점과 정책」,
392-406쪽.

27_ 심광현, 「문화사회적 사회구성체론을 위한 시론」, 180쪽.

28_ 알랭 리피에츠, 「포스트포드주의와 민주주의」, 356쪽. '이중의 정신분열증'이란,
한편으로 취업자들이 복지 혜택을 받는 실업자를 '게으른 자'라 부르며 불만을
터뜨리는 것, 다른 편으로 실업자들이 복지수당을 받는 동안 아무 일도 없는 경
우 스스로 '쓸모없는 기생충' 같은 느낌을 가지며, 수당을 받는 도중에 혹시 조
금이라도 일을 갖게 되면 '복지사기꾼'이라는 죄의식에 시달리는 상황을 말한다.

29_ 강내희, 『신자유주의와 문화』, 232쪽.

30_ 제레미 리프킨, 『노동의 종말』, 이영호 역, 민음사, 1996, 316-17쪽.

31_ 심광현, 「'사회적 경제'와 '문화사회'로의 이행에 관하여」, 75쪽.

32_ 같은 글, 같은 곳.

33_ 낸시 폴브레, 『보이지 않는 가슴』, 윤자영 역, 또하나의 문화, 2007.

34_ 심광현, 「'사회적 경제'와 '문화사회'로의 이행에 관하여」, 82쪽.

35_ 강수돌, 『일중독 벗어나기』, 메이데이, 2007; 홀거 하이데, 『노동사회에서 벗어나
기』 참조.

36_ 강내희, 「노동거부와 문화사회의 건설」, 『신자유주의와 문화』, 229쪽. "노동시간 단축을 전개하기 위해서라도 노동거부의 사상이 필요하다는 점, 노동윤리를 이데올로기로 파악할 필요가 있다는 점이다."

37_ 심광현, 「'사회적 경제'와 '문화사회'로의 이행에 관하여」, 80쪽.

38_ 홍성태, 「생태문화사회와 사회운동」, 『문화/과학』 46호, 196쪽.

39_ 심광현, 「'사회적 경제'와 '문화사회'로의 이행에 관하여」, 83쪽.

40_ 같은 글, 같은 곳.

41_ 이하 다카기 진자부로, 『지금 자연을 어떻게 볼 것인가』, 228-29쪽.

42_ 심광현, 「문화사회적 사회구성체론을 위한 시론」, 171-72쪽.

43_ '다수자/소수자 정치'는 사이먼 토미, 『반자본주의』, 정해영 역, 유토피아, 2007, 269-74쪽 참조.

44_ 김성환, 「골리앗 삼성재벌에 맞선 다윗의 투쟁」, 『삶이 보이는 창』, 2007, 19쪽.

45_ 데이비드 트렌드, 『문화민주주의』, 고동현·양지영 역, 한울, 2001, 286쪽.

46_ 같은 책, 같은 곳.

47_ 이러한 인식은 "시장과 기업의 권력은 사람들의 삶 그 자체를 직접적인 정치의 장으로 전환시킨다. …세계화하는 새로운 주권 형태는 이렇게 삶 속에서 삶 자체를 정치의 본령으로 삼는 삶권력으로 나타난다"는 언명과 비슷하다(조정환, 「세계화의 기원과 동력을 찾아서」, 『비평』 14, 2007년 봄, 250-51쪽).

08_ 노동사회를 넘기 위한 노동의 실천

노동사회와 노동운동

'노동사회'는 노동이 대중적 삶의 전형적 패턴으로 안착한 사회이며 노동을 통해 자본과 권력이 세상을 장악하는 사회다. 여기서 말하는 노동이란 주로 고용노동을 가리킨다. 고용노동이란 노동력을 가진 자가 자본을 가진 자에 종속되어 감독과 지배를 받으며 노동을 행하는 특수한 사회관계를 말한다. 따라서 이 관계 속에는 '계급성'이 있다. 노동자를 고용하는 계급과 자본에 종속되는 계급이 따로 있기 때문이다.

'노동운동'이란 노동자가 그 경제적, 사회적, 정치적 '권익'을 수호하고 증진하기 위해 소통과 연대를 통해 자본과 권력에 집단적으로 맞서는 운동이다. 노동운동에는 크게 두 유형이 있다.

'유형1'은 주어진 시스템, 즉 자본주의 아래서 그 시스템은 변화시키지 않은 채 최대한의 권익을 실현하려는 운동이다. 노동조합 중심의 임금투쟁과 복지투쟁이 가장 대표적이다. 독일에서는 이런 유형에 대해 노조가 '보험회사'

로 되었다고 하고,[1] 한국에서는 '자판기'가 되어버렸다고 비판한다.[2] 대부분의 현실 노동운동은 '유형1'의 범주에 든다. 상당히 많은 경우 일정한 성취를 이뤘다. 그러나 '유형1'의 운동은 역설적이게도 자본주의 시스템이라는 거대 기계의 톱니바퀴 노릇을 하면서 그 기계의 운명과 더불어 공동운명체로 되어 버리고 말았다. "우리를 불가피한 강제적 과정의 희생자로 만들거나 아니면 '자발적인 노동중독자'로 되게 하는 주범이 바로 노동사회와의 동일시"[3]라는 지적은, 바로 노동운동조차 노동사회의 일부로 되고 말았음을 비판한다. "그것 은 노조도 자기 자신의 '치유' 노력을 해나가야 함을 뜻한다."[4] 물론 독일과 스웨덴을 비롯한 서구, 북구의 여러 나라들은 노동조합과 사민주의 정당 사이 의 동맹을 통해 '유형1' 중에서도 가장 높은 수준의 노동자 권익을 실현하고 있다. 그나마 최근 신자유주의 공세나 노동자 의식의 개별화로 인해 기존의 성취물이 대거 탈취당하고 있는 형국이다. 비유컨대, 짝사랑하던 이를 만나 살얼음을 걷듯 '불안한 동거'에 들어갔다가 하루아침에 버림받는 꼴이다.

'유형2'는 권력 관계의 변동을 통해 시스템 자체를 변화시킴으로써 '사후적 으로'(ex post) 노동자를 비롯한 모든 풀뿌리 대중이 인간답게 살 수 있는 삶의 조건을 형성하려는 운동이다. 많은 경우 노동자 정당 등 각종 정치 조직과 연대해서 기존 권력 지형에 변화를 일으키려 한다. 선거를 통하든 내전을 통하든 대부분 사회적 세력관계에 초점을 맞추어 노동자의 정치세력화를 꾀하 는 운동이다. 실례로, 1917년 러시아 혁명 등 소·동구 블록 형성에 이어 1948년 북한의 김일성 정권, 1949년 중국의 마오 정권, 1959년 쿠바 혁명, 1970년 칠레의 아옌데 인민연합정권, 1979년 니카라과 산디니스타 혁명, 1994 년 남아공의 만델라 정권, 1998년 베네수엘라 차베스 정권, 2002년 브라질의 룰라 정권, 2005년 이란의 마흐무드 아흐마디네자드 정권, 2006년 볼리비아의 에보 모랄레스 정권 등이 '유형2'에 든다. 1980년대 말과 90년대 초에 걸쳐 이른바 '개혁'과 '개방'의 물결 아래 기존 소·동구 블록은 해체되고 대부분 자본주의화의 길을 걷고 있지만, 후쿠야마 식 '역사의 종말'을 선언할 순 없다. 어차피 역사는 흐른다. 현실에선 갈수록 시스템 자체의 변화 없이는 노동자 등 풀뿌리 민중의 권익 실현은 힘들다는 인식이 커진다. '유형2'는 비유컨대, 기존 가부장제적 가정을 과감히 허물고 양성/노소 평등의 새 가정을 꾸리는 것이다. 물론 이 운동이 새 시스템을 구축하고 유지하기 위해서는 '혁명적 무장력'이 필요하다는 견해도 있다.[5]

이제 나는 '유형3'의 가능성을 조심스레 탐색하고자 한다. '유형3'이란 자본주의 시스템 아래의 노동조합이 더 이상 '유형1', 즉 기존 시스템의 톱니바퀴 노릇하기를 거부하면서 부단한 '아래로부터의 자기 혁신' 과정 속에서 '사전적으로'(ex ante) '유형2'에 가까운 시스템상의 근본적 변화, 즉 '사회생태적 혁신'을 이루려 매진하는 것이다. 여기서 말하는 사회생태적 혁신이란 사람과 사람, 사람과 자연, 자아와 내면 등 3차원에서 더 이상 지배와 억압의 관계가 아니라 조화와 공존의 관계를 형성하는 것이다.[6] 3차원에서 조화와 공존의 관계를 형성하기 위해서는 기존 노조나 노동자들이 자기책임성(self-responsibility)에 기초한 자기조직화(self-organization)와 더불어 겸손한 주체성(modest subjectivity)에 기초해 생동하는 연대(living solidarity)[7]를 이뤄내야 한다.

여기서 '유형3'을 일부러 숙고하는 이유는 이렇다. 첫째, 현 상황에서 '유형2'의 혁명적 변화를 추동할 주체 형성이 미약하다는 판단이다. 특히 '혁명적 무장력'을 고려하면 문제는 더 어려워진다. 둘째, '유형2'의 변화를 결과적으로 달성했다 할지라도 시스템의 사회생태적 혁신 '과정'이 결여된 조건에서의 노동자 권익 추구는 결국 '유형1'로 회귀하고 말 것이라는 판단이다.

이런 관점은 최근 '사회운동포럼'에서 제기된 '사회변혁적 노동운동'의 문제의식, 즉 "노동운동의 희망적 전망은 운동의 자기성찰을 포함한 지역운동,

페미니즘, 생태 등 다양한 사회적 의제들과 어울려 재구성될 때 가능하며 그 실천의 현장은 지역운동을 통해 발현되어야 할 것"[8]이라는 입장과 대체로 일치한다. 이것은 이론적으로 커(Kerr) 등(1930)[9] 다원주의적 산업사회론에서 말하는, 구미 선진 각국에 널리 정착된 '실리적 조합주의'를 넘어가고자 하는, 시드만(Seidman)[10]이나 무디(Moody),[11] 워터만(Waterman)[12] 등이 말하는 '사회운동적 조합주의'와 친화력을 가진다.[13] 시드만(1994)은 남아공 및 브라질 등 후발산업국의 사례를 들어 운동이 공장 문 밖으로 확장된 것과 다양한 사회적 쟁점을 포괄한 것에 주목한다. 무디 또한 아르헨티나, 베네수엘라, 한국 등 신흥공업국에서 노동운동이 여타 사회운동과 계급적 전망과 실천을 공유하는 것에 주목한다. 워터만은 '신사회적 노조주의' 개념을 주창하면서 노조운동이 선진국 내에서도 '신사회운동'의 제 이슈, 즉 여성, 이주, 생태, 평화 등 의제를 적극 결합한 투쟁이 필요하고 조직 간 네트워크와 수평적 네트워크에 기초한 조직형태가 필요하다고 강조한다. 다른 한편, 미국에서도 기존의 실리적 조합주의를 혁신하기 위한 새로운 '조직화' 모델[14)15]이나 '지역 공동체 조합주의'(community unionism)가 부각되기도 했다.[16)17] 특히 후자는 노조와 지역공동체간의 연대관계에 주목하여, 최근의 노조 재활성화는 사회 정의의 관점에서 이민자 및 소수자 노동자와 연관된 도시 및 지역사회 문제에 얼마나 적극 개입하는가가 핵심이라 본다.

그러나 '유형3'과 '사회운동적 노동운동' 사이에 차이가 없는 건 아니다. '유형3'의 운동은 계급성과 생태성을 동시에 해결하고자 함에 비해, '사회운동적 조합주의'는 굳이 계급성에 묶일 필요는 없다고 본다. 예컨대 권혜원은 "사회운동적 노동운동은 반드시 계급적 입장에서 자본주의 체제에 반대하여 체제의 근본적인 변혁을 추구할 필요는 없다. 노동운동은 폭넓은 사회적 전망을 포함하면서 자본주의 체제 자체를 부정하지 않으면서 사회적, 경제적,

정치적 요구를 추구할 수 있다. 예를 들어, 시민권의 옹호 및 그 범위의 확장을 추구하고 사민주의 운동이 일익을 담당하는 노동운동은 계급투쟁을 주창하지 않아도 사회운동적 특성을 가질 수 있다”고 한다. 하지만 나는 이런 운동은 자칫 ‘유형1’로 전락할 위험이 크다고 본다. 결국, ‘새로운 진보’의 관점[18]에서는, 현 노동운동이 계급성과 생태성을 동시에 담보하는 새 시스템을 얼마나 구축해 내는가 하는 문제가 핵심이다.[19]

아래에서는 이런 문제의식에 기초하여 ‘노동운동’ 스스로 ‘노동사회’를 넘고자 하는 한국 노동운동의 실천을 구체적으로 살펴보고, 이에 대한 평가와 함께 향후 과제를 찾고자 한다.

노동사회의 모순을 넘기 위한 실천 사례

자본주의 노동사회라는 주어진 현실 속에서도 노동사회의 모순을 넘기 위한 노동운동의 실천들은 다양하게 전개된다. 예컨대, 자본의 분할 지배 전략의 소산인 비정규직 노동자들은 힘겨운 여건 속에서도 자기조직화를 시도하고 정규직과 생동하는 연대를 이루기도 한다. 또 노동조합과 농민/지역사회가 연대하기도 하고, 노동운동과 환경운동, 여성운동이 연대하기도 한다. 노조와 이주노동자가 연대하기도 하고 기업별 노조가 업종별 내지 산별 노조로 자기 변신을 하면서 사회 공공성 투쟁에 적극 연대하기도 한다.

정규직과 비정규직의 연대

2007년 9월 초, 기아차 노조가 ‘정규직-비정규직 노조 통합’을 최초로 결의했다. 기아자동차 화성공장에는 1만 5천여 명이 일하는데, 그 중 2천 300명은

26개 협력-도급업체에서 파견된 직원들로 이들도 그동안 비정규직 노조를 만들어 활동해 왔다. 특히 화성공장 비정규직 노조원 400여명이 기아 측에 단체교섭권 등을 요구하며 2007년 8월 말, 도장라인을 점거, 파업을 벌였을 때, 정규직 노조가 파업 투쟁과 직접 연대하진 못했지만 사태 악화를 막아냈다. 이어 노조는 정규직과 비정규직의 분열을 넘어 실질적 연대를 구축하기 위해 두 노조를 통합했다. "원청 사용자(기아차)가 실질적인 사용자임에도 불구하고 그동안 교섭테이블이 형성되지 않았는데 지부와 통합하면서 원청 사업자(기아차)와의 직접 고용문제나 처우문제를 논의할 수 있게 되었다."(금속노조 홍보실장) 노조는 임금 협상을 비롯해 비정규직으로 차별받아온 도급업체 노동자들에 대한 차별철폐와 처우 개선에 적극 나서고자 한다.

이러한 실질적 연대가 의미를 지니는 것은 비정규직의 존재가 단순한 인건비 절감 차원이 아니라 분할 지배의 차원을 띠기 때문이다. 예컨대 현대자동차 노조의 한 간부는 이렇게 말한다. "회사에서 집요하게 들어오는 것이 '정규직의 고용안정을 위해서는 비정규직이 있어야 한다. 그래서 중간에 스펀지 역할을 해야 한다'는 거죠. 조합원들의 반응은 먹히는 부분이 있다. 회사 측이 그렇게 여론을 조장하고 있다."[20]

또 현대차 전주 공장에서 2004년 9월부터 2005년 2월까지 비정규직의 자기조직화가 '하청연대투쟁위' 이름으로 전개될 때, 정규직 노조원들은 비정규직차별철폐행사에 참여하려고 잔업을 않고 퇴근하는 비정규직에게 "하청 것들이 이제 눈에 뵈는 게 없구나. 조직 만들었다고 정규직한테 달라 들어!" "정규직 노조는 뭐하냐. 너희들이 비정규직 노동자들의 노조냐, 정규직 노동자의 노조냐?"라고 할 정도였다.[21] 그러나 오랜 준비 끝에 2005년 2월 비정규노조 설립 총회를 개최했다. "이제 또 하나의 노동자, 비정규직 노동자의 인간 선언이 시작되었습니다. '노동자는 하나다'라는 원칙을 가슴에 새기고 원·하청이 단결해서 비정규직이 철폐될 때까지 조합원 동지들과 함께 싸우겠습니다."[22] 총회가 끝나고 참여자들이 식사하던 도중 정규직 노조의 한 간부는 눈물을 흘렸다. "그 눈물은 기뻐서 흘리는 눈물이었다. 그는 누구보다 비정규직 문제에 앞장서서 싸우고 고민하던 동지였고, 자신이 비정규직 노동자의 마음으로 살아보겠다고 결심한 동지였다. 이 동지와 같은 이들의 땀과 눈물, 인내와 노력, 고민과 결심이 없었다면 아마 비정규직 지회는 설립되기 어려웠을 것이다. …동지의 눈물이 아름다워 보였다. 그리고 동지의 눈물은 나 자신 스스로를 뒤돌아보게 하는 계기가 되기도 했다."[23]

이런 맥락에서 민주노총 차원에서 비정규직 문제에 대한 한 대안으로 '사회연대기금' 창설을 주창한 것은 일견 정규직과 비정규직의 연대를 구체적으로 실현하기 위한 아이디어이긴 하지만, 자본의 분할 지배 전략은 그대로 둔 채 단지 정규직의 '양보'를 통한 비정규직의 '위로'에 그칠 위험도 있다. 특히 정규직과 비정규직이 주체로 참여하여 양자 간 분할 지배를 넘어가기 위한 아래로부터의 실천이 부재한 상태에서 중앙 조직 차원의 '자원 재배분'을 통한 '보상의 평준화'는 별 다른 정치사회적 변화를 일궈내지 못할 가능성이 크다.

한편, '기층 간 연대'가 매우 역동적으로 이뤄진 아름다운 경험도 있다. 예컨대 2005년 현대차에서 '공동결정, 공동투쟁, 공동책임'이란 3원칙으로 출발한 '원하청연대회의'는 기아에도 적용되어 투쟁의 견인차 역할도 하고 대체인력 투입과 구사대 폭력을 저지하기도 했지만, 정규직 노조는 때때로 이 원칙들을 근거로 비정규직지회의 독자 투쟁을 통제하고 막기도 했다.[24] 왜냐하면 "생사를 걸고 하는 비정규직 투쟁이 정규직 노조에게는 자본과 원만한 타협 관계를 유지하면서 임금협상을 마무리하는 데 걸림돌로 비쳤기" 때문이다. 그러다 2005년 9월, 정규 노조가 임투 잠정합의안을 가결(75%)하자마자 자본은 비정규 투쟁의 핵심인 하청사 '신성' 노동자들을 공격하기 시작했다.

원청 자본은 수백 명의 구사대를 동원, 차량돌진과 물대포로 침탈했다. 노동자 31명이 업무방해, 폭력혐의 등으로 원청 등에 고소를 당했지만 선진 활동가들을 비롯한 비정규직 지회가 신성 투쟁을 중단하지 않고 계속했다. 예컨대 원청이 '신성' 물량을 외부로 돌려 조립라인으로 직접 투입하자 비정규 지회는 대체 인력에 의한 부품 투입을 저지하고 조립거점을 사수했다. 이어 가스통과 헬멧으로 무장한 용역깡패가 현장에 투입됐다. 정규직노조는 "조합원들의 보수적 정서를 근거로" 연대를 은근히 회피했지만 용역깡패 투입은 그 보수적 정서가 역동적으로 변할 수 있음을 보여주었다. 용역깡패가 비정규직 현장에 들어와 주먹을 휘두르고 소화기를 쏘고 볼트와 의자를 집어던지자 정규직 노조 간부나 선봉대들이 가로막는 과정에서 부상을 입기도 했다. 이러한 현장 침탈에 대해 정규직 조합원들도 착잡함과 허탈감에 젖었고 다른 한편으로는 집행부와 자본에 대한 분노가 일었다. 이 과정에서 정규직과 비정규직 사이에 존재하던 '유리벽'이 깨지면서 '우리는 공동운명체'라는 집단의식이 형성됐다.

"조합원 동지들! 깨진 것은 제 얼굴이 아니라 바로 이곳 현장입니다"라는 정규직 선봉대의 외침과 함께 곧바로 조립1라인이 멈췄다. 이어 정규직 비정규직 공동집회를 개최하고 곧바로 조립2, 3라인을 세움으로써 공동대오가 순식간에 2천여 명으로 불었다. 정규직 노조는 당황하여 이 사태의 불을 끄고자 본관에 가서 원청 자본과 긴급 협상에 들어갔다. 분노한 투쟁 대오는 파이프와 몽둥이로 무장하고 본관을 치고 들어가려 했다. 이에 정규직 노조는 중간에서 싸움을 진정시키려 했다. 노조로부터 마이크를 빼앗자 사태의 주도권이 삽시간에 투쟁 대오로 넘어갔다. 수십 명의 용역깡패도 도망가기 시작했고 추격전도 벌어졌다. 이 사례는 비정규직의 자기조직화 과정이 갖는 역동성이 때로는 '안착된' 정규직 노조에겐 '부담'으로 작용할 수 있음을 보여준다. 그러나 이 부담감이 더 이상 부담이 아니라 연대의 계기로 전화될 때 운동은 새 차원을 열 수 있다.

2007년 6월 말, 비정규직법 시행을 앞두고 이랜드 회사 측은 차별 시정과
정규직화 의무조항을 피하려 뉴코아 아울렛과 홈에버에서 일하는 비정규직
계산원 여성 노동자 750명을 해고하고 업무를 외주화했다. 이에 투쟁 경험이
전혀 없던 비정규 여성 노동자들은 즉각 농성에 돌입했다. 생존권 박탈 앞에
즉각 자기조직화를 이룬 것이다. 자기조직화는 '누군가 싸움을 대신해 주겠지'
하는 무책임성이나 '우리만 당한다'라는 피해의식을 넘어, 자기책임성의 회복
을 토대로 능동적 주체로 나서는, '스스로 살림'의 과정이라는 점에서 사회
변화에서 매우 중요한 출발점이다. 노조원들은 점거 농성을 벌였으며 경찰
투입으로 강제 해산당한 뒤에도 일종의 준법투쟁인 '매출 제로 운동'과 재점거,
농성에 돌입했다. 언제 끝날지 모르는 싸움을 계속하는 300여 이랜드 여성
비정규직 대다수는 "아줌마가 무슨 파업이냐? 당장 그만둬라"거나 "내가 다
먹여 살릴 테니 그 따위 일자리 그만둬"라고 호통 치는 남편들을 뚫고 꿋꿋이
싸우며 또 '싸우면서 배우고' 있다. 이 싸움 과정에 민주노총 대의원대회는
이랜드 투쟁을 승리로 이끌기 위해 생계비 16억 모금과 추석 집중투쟁, 불매운
동 확산 등을 결의했다. 특히 불매운동을 확산시키기 위해 100만 명 불매운동
서약서 서명을 전개했다. 또 이 서명운동을 농민단체, 대학, 부녀회, 청소년단
체 등으로 확대하고 퀵서비스 등 배송거부운동도 함께 벌였다. 민주노총 이석
행 위원장은 "여기서 결정해놓고 실천하지 못하면 저 여성들이 가슴에 또
한번 대못을 박는 것"이라며 "이제 달라진 민주노총, 결의하면 책임지는 민주
노총, 서로 부족한 동지들을 얼싸안고 아우르는 민주노총이 되어야 한다"고
말했다. 특히 전북 지역에서는 "이랜드 투쟁의 경우 '새 날을 여는 정치 연대'(새
여정)가 90% 이상 조직하였다. 화물연대 등 지역 노동자 동지들이 있지만
이것을 계획하고 구성한 것은 새여정이고 지역 불안정철폐연대도 구성하였

다."[25] 이처럼 생동하는 운동이 기존의 조직 경계선을 횡단하여 연대하는 것이 새 지평을 열 수 있음을 보여준다.

한편, 빌딩관리와 호텔산업 혹은 중소기업 부문에서는 지역 수준에서 불안정고용 노동자를 조직화하기도 한다. 지역일반노조는 시 혹은 도 수준에서 조직되어 사회경제적으로 불리한 위치에 있는 노동자들을 직장, 직업, 산업에 관계없이 조직화한다. 이러한 접근방식은 주류 노조운동에 대한 비판에서 나왔다. 지역일반노조의 입장에서 보면, 산별노조를 결성하는 주류 노조운동은 불안정고용 노동자가 직면하고 있는 문제에 대한 개입과 노조 내에서의 사회적 계층화를 철폐하려는 노력을 등한시한다. 또한 기존 노조에 의한 산별노조의 결성은 가장 착취받고 있는 노동자 집단의 조직화로 연결되지 않고 단지 대기업 정규직 노조들의 합병으로 끝나고 있다는 것이다. 이러한 문제의식은 기존 노조와는 독립된 형태로 기존 노조에 의해 충분히 대표되지 못하는 약자의 입장에 있는 노동자들을 조직화하는 방향으로 나아가고 있다. 게다가, 여성노동자의 대부분이 불안정고용 노동자이기 때문에, 여성노동자 중심의 독립노조를 결성하려는 움직임도 보였다. 여성노조는 이제까지 주류노조운동에서 배제되어온 불안전고용 여성노동자 문제에 초점을 맞추어, 골프장 캐디, 호텔산업 노동자, 빌딩관리·청소 노동자, 학교의 사서나 영양사 등 저임금 서비스부문 여성노동자나 중소기업 부문 여성노동자를 조직화하려고 하고 있다. 이 노조도 기업을 초월하여 지역과 전국 수준에서 조직되고 있다. 예를 들어, 전국여성노조는 1999년에 700명의 조합원으로 시작하여, 2004년에 조합원이 5,000명으로 증가하였다.[26]

하이닉스매그나칩 사내하청 노동자들은 2004년 10월에 자주적으로 비정규노조를 결성했다. 당시 신재교 사내하청지회장은 "주야 맞교대에 특근을 하고도 겨우 연봉 2,000만 원의 임금을 받으며 조합원의 70%가 마이너스 통장

빚에 시달려야 하는 가혹한 현실에서 선택할 것은 노조밖에 없었다"고 했다. 그러나 12월, 사측으로부터 '폐업'과 '계약해지'라는 역공을 받고 노동자들은 적극 투쟁을 조직했다. 천막농성, 점거농성, 노숙투쟁, 항의 면담, 촛불집회, 유서작성, 기자회견, 집회 및 시위 등 다양한 투쟁을 전개했다. 특히 2006년 1월에는 혹한 속에서도 본사 앞 농성장에서 상경 투쟁중인 100여 명의 조합원 전원이 원청의 사용자 책임 인정, 불법적 집단해고 철회, 원직 복직을 요구하면서 죽음을 각오한 내용의 유서를 작성하기도 했다. 이들은 각자 4통의 유서를 작성해 머리카락과 손톱을 넣어 봉했으며, 하이닉스매그나칩 회사, 인권위원회, 청와대, 가족들에게 보냈다.(참세상, 2006. 1. 16.) "… 저에게는 중학생 딸과 초등학생 아들이 있습니다. 어느 날 학교에서 급식비가 너무 많이 밀렸다고 연락이 왔습니다. 놀라서 학교에 달려가, 사정을 이야기하며 호소했습니다. 저에게 직접 통지서를 주시고 아이들에게는 절대로 알리지 말아달라고 급식비를 못 낸다고 우리 아이들이 혹시 힘들어하지 않을까, 비뚤어지지 않을까 걱정이 됐습니다. 이해심 많았던 제 아내, 오랫동안 무일푼에 10원도 못 가져다 주고 빚만 늘어가는 삶에 찌들려, 고통이 심해서 못살겠다고 어느 날 술을 먹고 8층 집에서 뛰어내리려고 했을 때, 저는 아내를 붙잡고 울었습니다. 우리는 그런 가족들의 목숨을 뒤로 하고 서울에 올라왔습니다. 전부 유서를 쓰고, 죽자는 마음으로 죽기를 각오하면 반드시 승리할 수 있을 거라고 믿고 오늘도 내일도 투쟁하고 있습니다. 저희에게 무서운 것은 자본이나 공권력이 아닙니다. 동지들의 관심에서 멀어지는 것이 가장 두렵습니다. 동지들, 저희들이 앞장서겠습니다. 많은 지지와 관심을 부탁드립니다. 저희에게 힘을 실어주십시오."[27)

이어 2006년 3월에는 박순호 하이닉스-매그나칩 사내하청지회 수석 부지회장이 '고용보장'과 '노사 직접교섭'을 요구하며 청주 서문대교에 올라가 고공

농성에 돌입했다. 5월 노동절 집회에서는 2억 원을 들여 설치했다는 육중한 철문을 굵은 동아줄을 이용해 열어젖히기 위한 투쟁이 벌어졌다. 5월 17일에는 노동자 2명이 청주 공장 근처의 고압 송전탑 위 고공농성을 시작했다. 농성과 더불어, 하이닉스와 매그나칩은 직접교섭 실시, 국회환경노동위 소속 국회의원과 면담추진 및 대책기구 구성 등 집권당의 약속 이행, 열린우리당 충북 국회의원 9명 현 사태에 대한 구체적 해결방안 제시, 충북 이원종 도지사가 직접 나서서 사태를 해결할 것 등을 요구했다. 또한 50여 노동자들은 5월 23일, 하이닉스매그나칩 서울사무소 사장실 점거 농성에 돌입했다. 박순호 하청지회 수석부지회장은, "(1월 말) 노숙을 풀고 지역으로 내려가면 대화로 문제를 풀겠다 했지만 4개월이 지나도록 아무런 답변이 없다. 시간이 지날수록 속았다는 것을 알게 되었다"며 지난 1월에 이어 상경투쟁을 다시 하는 이유를 밝혔다. 2006년 9월에는 노동자 십수명이 충북도청 옥상을 점거하고 "도지사는 사측과 면담 주선" "노조 인정, 불법파견 자인, 해고자 복직" 등 요구를 하며 농성을 하기도 했다. 그러나 온갖 형태로 무려 2년 5개월 장기 투쟁이 계속되던 중인 2007년 4월 말, 상급 단체인 금속노조가 위로금 32억 원과 손배 가압류, 고소고발 등 취하를 내용으로 하는 잠정 합의에 서명함으로써 수많은 장기투쟁사업장 노동자들에게 깊은 상처를 안기며 '허탈하게' 투쟁의 막을 내리게 하고 말았다.

2005년 벽두부터 비정규 노동자의 '불법파견'에 저항하여 정규직화 투쟁을 벌인 현대자동차와 하이닉스-매그나칩 이후, 기아자동차, 쌍용자동차, 지엠대우 창원공장, 경마진흥회, 기륭전자 등에서도 '불법파견' 관련 논란과 투쟁이 봇물처럼 터져 나왔다.(참세상, 2006. 1. 2.) 또 2005년 3월 총파업에 돌입한 울산지역 건설플랜트 노동조합은 위력적인 가두투쟁과 그에 못지않은 공권력의 폭력 진압으로 주목을 끌기도 했지만, 정작 소박하다 못해 인간적인 요구안과, 그 배경이 된 플랜트 노동자들의 열악한 노동 환경으로 인해 많은 안타까움을 자아냈다. 이들은 요구안으로 유급휴일, 노동조합 인정 등과 함께 점심식사 제공, 식당과 화장실 설치 등을 내걸었다. 4월 내내 울산 집회에서 수십 명 부상, 울산시청 항의방문 시 400여 명 연행 등 과도한 공권력 개입으로 탄압받아온 울산플랜트노조는 4월 30일을 기해 70미터의 정유탑을 점거하고 농성을 벌이게 된다. 이들은 5월 18일 강제 진압된 후 연행됐고, 대규모 상경투쟁단을 조직하여 나선 상경투쟁길도 집단 연행으로 귀결됐다. 울산플랜트노조는 온갖 모진 탄압을 받으면서도 보수 언론에 의해 '폭도'로 매도되는 등 어려움을 겪다, 울산에서 전국노동자대회가 진행된 날인 5월 27일에 '다자간 협상'이 이뤄져 투쟁을 마무리했다.

화물연대는 2003년에 두 차례의 파업을 벌이고 2006년에 한 차례의 파업을 벌였다. 파업과 더불어 정부가 매개한 가운데 노사간 중앙교섭이 진행되었다. 교섭 효과는 크지 않았으나 교섭의 틀을 구축했다. 지자체와 고충협의도 정례화되었다.[28] 2005년 9월 10일 김동윤 화물연대 부산지부 조합원이 투쟁조끼와 머리띠 차림으로 신선대 부두에서 분신, 운명한 사건으로 화물연대 총파업도 가시화되는 듯했다. 김동윤 열사의 분신 자결 이후 화물연대는 총파업 찬반투표를 실시했으나 다시 정부 제시안에 대한 찬반을 묻는 방식으로 총파업을 철회하고, 김종인 의장에 대한 신임을 묻는 등 한동안 내홍에 시달렸다.

덤프연대는 2005년에 5월과 10월, 11월에 세 차례 총파업을 벌였다. 덤프연대 파업은 화물연대 파업과 마찬가지로 세력화, 제도화, 합법화의 경로를 밟았다. 대정부 합의에 성공하여 노사간 중앙교섭이 이뤄졌다.[29] 과적 관련법 개정, 유가보조, 다단계 하도급 근절 등의 요구를 내걸고 벌인 덤프트럭 기사들의 파업은, 2004년 9월 덤프연대의 결성과 함께 특수고용노동자들의 처지를 사회적으로 드러내는 계기가 됐다. 2005년 국회 본회의에서 덤프연대 노동자들의 요구를 일부 반영한 도로교통법 개정안이 통과됨에 따라 일련의 성과를 거두기도 했다.

이들 건설업과 관련된 특수고용노동자 투쟁보다는 규모가 작았지만, 한원CC, 레이크사이드CC, 여주CC, 익산CC 등 골프장 경기보조원 노동자들의 투쟁은 2006년에도 이어지거나 새로 시작됐으며, 학습지 노동자와 서울의류업노조에 이르기까지 특수고용노동자들의 투쟁도 여전히 계속되었다. 이런 일련의 비정규직 노동자 투쟁은 긴 준비기간을 거쳐 마침내 2005년 10월, 전국비정규직노조연대회의(전비연)로 공식 출범했다.

노동조합과 농민/지역 사회의 연대

가장 대표적 사례로 광주 기아자동차 노조와 구례군 농민의 연대가 있다. 2005년 11월에 기아차 노조와 구례 농민회는 최초로 '생활 노·농 연대 운동'을 출범시켰다. 노조는 전임 집행부의 입사 관련 '비리에 대한 반성'을 하고 "노조 활동 영역의 확대로 노조의 사회적 책무에 충실하게 거듭나기 위해" 농민과 연대하는 사업을 개시했다. 두 조직은 2005년 11월 자매결연을 맺고 기아차 광주 공장에서 한 달에 소비하는 20킬로 규격 쌀 1,600포 중 1천 포를 구례 농민회에서 직접 구입하기로 했다. 또 2006년 설 특판 사업으로 구례산 산수유, 꿀, 우리 밀 등을 직거래하기로 했다. 2006년 4월에는 '노·농 경작단'이 출범해서 150여 마지기 논을 위한 씨나락을 담갔다. 그 뒤엔 노조원 50여 명이 전남 구례군 마사면 상사마을에서 구례군 농민 및 화엄사 스님들과 함께 '공동 경작단'을 이루어 모내기를 했다.[30] 공동경작지는 120마지기 총 2만4,000평으로 모두 친환경 농업을 한다. 이 논에서 생산된 농산물은 기아자동차에 납품되어 노조원들이 먹게 된다. 이미 구례군 농민회는 기아자동차 광주지부와 2005년에 자매결연을 맺어 구례 쌀을 납품했고, 구례에서 생산된

단감과 산수유 등을 직거래하는 등 다양한 활동을 해왔다.

노조가 나서서 농민을 살리고 농촌을 살리는 데 동참하려는 사례는 영남에서도 '대구경북 농업자치연대'의 구축으로 구체화되었다.[31] 이미 2004년 말, 금속노조와 민노총 대구 본부에서는 "사내 급식에 우리 농산물을 쓰도록 하겠다"는 선언을 하고, 실제로 일부 단위노조에서 단체교섭을 통해 이를 실현하기도 했다. 2006년 2월엔 『녹색평론』 편집실에서 전교조, 민노당, 농민회, 시민단체 등을 대표하는 인사들이 한자리에 모여 농업 회생을 위한 사회 연대구축을 위한 좌담회를 열고 진지하게 토론을 벌였다.[32] 이어 민주노총 대구본부 산하 5개 사업장에서는 사내 급식 재료를 농민과 직거래를 통해 구입하기위해 2006년 8월에 실태조사를 실시했다. 그에 따르면, "몇몇 사업장은 당장이라도 농산물의 공급 준비만 되면 실시 가능할 정도"로 노농 연대의 가능성은 높다. 2006년 9월에는 전국 농민회 경북도연맹과 민주노총 대구본부 사람들이 경북 의성의 한 농가에서 서로 만나 '공동 워크숍'을 열었다.[33] 지역 농민과 노동자들이 한자리에 모여 농업과 직거래에 대해 허심탄회한 의견 교환을한 것이다. 마침내 10월엔 대구 농민장터에서 전농 경북도 연맹, 민주노총대구본부, 전교조 대구지부가 상호간에 '직거래 협약'을 체결했다. 결국 이런만남과 소통, 결의, 약속은 "기득권 없는" 삶의 방식이라는 새 운동 전망을구축하기 위한 "인간관계의 새로운 구축"이기도 하다.[34] 이것이 가능해야 새로운 사업과 운동을 통해 "시장과 국가를 동시에 넘어" 자율, 자치, 자립의 새공동체를 여는 일이 실질적으로 가능해지기 때문이다. 요컨대 사회운동이란사람의 문제요, 관계의 문제다.

'친환경 농업'을 통한 노동자와 농민의 연대는 '서로 살림'의 소중한 실천이다. 그런데 광주 기아차 노조 지부장은 "사회로부터 주목을 받고 있기 때문에부담스러운 부분도 많죠 또 중소기업 사업장에는 우리가 하나의 잣대가 되니까 행동하는 게 조심스럽죠"라고 말한다. 노조가 농민과 연대 사업을 하는 것은 매우 낯선 일일 수 있다. 본연의 임무를 방기하고 '엉뚱한' 일을 하는 것이라는 오해를 받을 수 있다. 하지만 결국은 '더불어 건강한' 사회를 만드는 일이 올바른 사회운동의 과제라면 이런 '본연의 경계'를 넘는 연대의 실천이 결코 '엉뚱한' 일은 아니다. 열린 소통과 경험의 축적이 많이 필요함을 시사한다. 노조가 공장 밖으로 나가 농민운동, 여성운동, 교육운동, 생명운동과 적극 소통하고 연대함으로써 기존 시스템을 '내부로부터' 그리고 '아래로부터' 변화시켜내는 일은 비록 시간이 오래 걸릴지라도 진정한 혁신을 위한 올바른 경로이기 때문이다.

이런 맥락에서 한 노동조합이 농업과 농촌의 장래에 대해 진지하게 고민하고 토론하기 위한 시도를 한 것은 매우 뜻 깊다. 예컨대, 경기도 소재 모 자동차 회사 노조에서 (일관되게 풀뿌리 민중의 자율, 자립, 자치를 주창하는) 천규석 선생의 저서 『쌀과 민주주의』를 노조원들 사이에서 읽고 토론하기 위해 100여 권 단체 주문하여 해당 출판사에게 신선한 충격과 작은 보람을 느끼게 한 일이 있다.[35] 노조 조합원이 자발적으로 건의하고, 노조가 이를 적극 수용하며, 노조원들 사이에 사회의 핵심 이슈에 대해 고민하고 토론, 학습하는 모습은 '사회변혁적 노동운동'을 위한 미시적 토대이기 때문에 이런 사례와 경험의 축적은 매우 소중하다.

또한 1998년 군산 기아특수강 해고자 복직 투쟁 과정에서 해고자들이 군산 미군기지 퇴출 투쟁에 같이 하며 지역 투쟁에 동참한 사례도 있다. 이것이 미군기지 투쟁뿐만 아니라 전반적 해고자 복직 투쟁까지 촉발해내기도 했다. 이로 인해 그 당시 전북지역은 그야말로 투쟁의 전쟁터와 같았다. 이들의 연대는 헌신 그 자체였다. 군산미군기지라는 사회적 의제를 노동자들이 직접 연대했다는 것은 커다란 의미를 지닌다.[36]

부산에서부터 시작한 '일반노조운동' 등은 지역 차원에서의 구체적 실천을 통해 다른 지역에 모범 사례를 전파할 수 있고, 또한 승리할 수 있다는 확신을 심어줄 수 있다. 지역운동을 통해 민주노총이라는 거대 담론 안에 숨어 있는 개량성을 극복할 대안을 찾아낼 수 있다. 산별운동이 '지역공동체'를 새롭게 구성해 내겠다는 의지가 있다면 지역노조운동을 보편적 사례로 받아들이는 '열린' 시각을 가져야 한다. 지역노조는 또한 '경계 없는 조직화'를 인정해야 한다.[37] 이것은 또한 정파주의를 극복할 수 있는 대안이기도 하다. 이런 지역노조에서 어떤 정파든 자유롭게 운동하게 하여 풀뿌리 민주주의를 강화할 수 있기 때문이다. 일례로, 새만금 반대운동의 경우, 기존의 노동운동 활동가들도 막연히 '막아야 한다'는 생각을 했고, 하물며 환경단체도 해내지 못한 일인데, "새만금 사업 반대하는 부안 사람들"이라는 소수의 주민들이 시작한 운동이 결국 전국화하는 데 성공했다. 이것이 전북 내에서는 커다란 파장을 만들어냈다. 그리고 부안 핵폐기장 반대 투쟁에서 기존의 조직 경계선을 초월한 이 새로운 형태의 운동은 여러모로 새로운 사회에 대한 패러다임을 보여주기까지 했다.[38]

한편, 노동운동이 지역사회의 이슈에 적극 결합하기도 하지만, 지역사회가 노동운동에 적극 결합하는 경우도 있다. 예컨대, 2005년과 2006년 울산에서 건설플랜트 노조의 파업 당시, 다양한 이해당사자들 간의 사회적 대화를 통한 '민주적 거버넌스(협치)'가 일정한 합의를 성공적으로 도출한 사례도 있다. 건설플랜트 사업은 그 특성상 일용직 노동자 중심의 고용관계를 형성하고 있는데, 2005년 5월 그 노조가 76일간 힘겹게 장기 파업을 벌이던 중, 노사 당사자는 물론, 원청업체, 울산시 당국, 시민단체 등이 모두 참여하여 공동협의회를 구성, 사회적 합의에 이름으로써 갈등을 생산적으로 해결한 드문 사례를 보여주었다.[39]

물론, 아래의 <표 1>에서처럼, 아직도 노동운동 측에서는 지역사회의 이슈에 대한 개입에 관해 노동자의 생존권 투쟁만큼 강한 인식은 갖고 있지 않다.[40] 그러나 생존권과 여타 이슈의 내적 관련성이 갈수록 커질 것으로 예상되기에, 이러한 사회적 이슈에 대한 노동운동의 적극 개입은 점증할 것이고, 또 의식적으로 더욱 강화할 필요가 있다.

<표 1>　지역 노동운동의 사회적 개입 이슈(2개 선택 단순 합계)

내　용	빈　도	비　율(%)
고용, 최저임금 등 노동자 생존권	88	47.8
지역 산업구조 및 경제발전	40	21.7
주택, 보건 등 사회복지	34	18.5
교육, 문화, 예술	11	6.0
생태, 교통 등 생활환경	7	3.8
기타	4	2.2
계	184	100

* 자료: 조형제, 「울산 지역사회와 노동운동의 연대」, 『87 정신 계승의 길을 묻다: 87년 노동자대투쟁 20주년 기념 학술대토론회 자료집』, 2007. 9, 93쪽.

노동운동과 환경운동의 연대

많은 경우 노동운동과 환경운동은 갈등을 일으킨다. 예컨대, 화학 살충제 공장 노동자의 이해관계와 생명 농업 운동가의 이해관계는 상충된다. 독일에서도 건설노조와 광산에너지노조는 핵발전소의 추가 건설을 지지할 뿐만 아니라, 에너지 소비를 늘려야 한다며 '에너지 전환'을 정면으로 거부한 적이 있다. 한국에서도 2003년 7월 중순, 핵폐기물처리장 최종 유치신청에 즈음해서 한국수력원자력을 비롯한 관련 업체 노조가 공동으로 핵폐기물처리장을 홍보하는 신문 광고를 냄으로써,[41] 노조가 자사의 이해관계에 단단히 묶여 독자적 사고와 행위를 할 수 없음을 드러낸 적이 있다.

그러나 당장 드러나는 '피상적 이해관계'가 아니라 인간의 심층에 놓인 '내면적 욕구(필요)'에 토대할 때, 사회운동은 이해 갈등이 아니라 공동 욕구로 고양될 수 있다.[42] 예컨대 1951년부터 2005년까지 54년간 폭격 연습으로 주민 12명의 목숨을 앗아간 매향리 미군부대 쿠니 사격장 문제에 대한 대응에서 노동운동이 반전-평화라는 내면적 욕구에 충실히 반응하여 환경운동과 적극 결합함으로써 부분적 성과를 거둘 수 있었다. 또, '에너지 전환'의 관점에서 한국보다 노동운동의 급진성이 현저히 약하다고 평가받는 북미지역 노동운동 일각에서조차 '올바른 이행'(Just Transition)이라는 이름으로 지구온난화에 대한 대응, 환경친화적 에너지 체제 추구 등을 포함하는 지속가능한 경제(Sustainable Economy)로의 전환을 꾀하려 노동운동과 환경운동의 연대(Blue-Green Alliance)를 추진하고 있다.[43] 한국에서도 2003년 8월, 민주노총 등이 참여하는 전국민중연대는 "(전북 부안의) 핵폐기물처리장 강행을 중단하고 핵발전 중심의 에너지 정책의 근본적 전환이 필요하다"는 성명을 환경, 여성단체와 함께 공동으로 발표했다. 이때만 해도 부안 사태와 직접 연관이 있는 한국수력원자력 노조는 거액을 들여 자발적 신문 광고까지 내가며 정부와 한국원자력 경영진의 입장을 옹호했다.[44] 하지만, 2005년 4월에는 가스공사노조, 수력원자력노조, 에너지관리공단노조 대표들과, 환경단체, 정당, 학계 관계자들이 참여한 가운데, 에너지부문의 사회 공공성 강화라는 큰 주제 아래 소통과 연대를 위한 토론회가 열렸다. 구체적으로, 에너지 기본법, 국가 에너지 위원회 설립, 동아시아 에너지 정세, 대안에너지 패러다임 구축, 공공성의 의미 확장 등에 대해 환경운동과 노동운동의 소통과 협력이 이뤄질 수 있는 발판이 마련되었다.[45] 특히 핵폐기장 문제나 핵 발전과 관련하여 사회 공공성의 관점을 견지하지 못했던 한국수력원자력 노조 위원장은 "노동자로서의 사회적 책무를 다하지 못했다는 반성을 명확히 가지고 있다"며 "원자력 종사자로서 20여 년간 노동해오며 정부의 무리한 요구를 거부하지 못했다는 한계, 무리한 정책들이 드러나는 과도기라는 생각이 든다"고 솔직한 심정을 토로했다. 이어 "잘못된 부분을 같이 책임지고 필요한 부분에 대해 토론하며 큰 합의를 진행해 나가자"며 열린 태도를 보였다.[46] 이것은 노조가 사회적 의제에 대한 '자기책임성'을 회복하는 중요한 징후다. 이렇게 노동조합이 "자기 이해관계를 넘어 환경운동을 비롯한 시민사회와 손을 잡은 모습"[47]은 노동운동이 공공성 명제를 자신의 내재적 욕구임을 적극 인지하는 과정이라 본다.

이를 증명하듯 2005년 6월엔 한국발전산업노조, 한국가스공사노조 등 민주노총 소속의 에너지 부문 주요 노동조합과 환경운동연합, 에너지대안센터 등 환경단체가 국회 헌정기념관에서 '에너지노동사회네트워크'를 공식 창립했다. 노동운동과 환경운동 간 연대가 에너지라는 주제에 한정돼 있지만, 정부의 에너지기본법안이 에너지의 공공성을 약화시키고 에너지 체계를 산자부 중심으로 고착화할 것에 우려를 공유하며 이를 공동 저지하기로 함으로써 향후 발전된 '적록연대'의 가능성을 보여주었다.[48] 특히 2007년 9월 초, 사회운동포럼에서 가스공사 노조 위원장인 신익수 '에너지노동사회네트워크' 대표는 "원전을 없애라고 하는 환경단체와 원전에서 일하는 노동자들이 만나는 것 자체가 불가능한 일"이지만, "이것을 가능하게 했던 것이 바로 운동"이라며 고무적인 발언을 했다.[49] 비슷한 맥락에서, 우석훈은 국민총생산 중 20%를 넘은 건설업의 무분별한 아파트 등 건설 현장에서 대량 유입되는 미세먼지로 인한 천식, 아토피의 급증 현상과 관련, 건설 분야 노동운동이 '공공성' 차원에서 문제제기에 나설 것을 촉구한다. "건설일용직 1천명 정도의 고용을 만들기 위해 수십만 명의 아이들이 아파야 하는 것이라면 노동운동은 어떠한 선택을 해야 할까?"[50]

노동조합과 여성운동

여성의 권익을 옹호하는 운동과 가장 배치되는 실천을 보여준 것이 1998년 IMF 사태 이후 구조조정 국면에서 여성 노동자의 '희생양 삼기' 사례다. 가장 대표적인 세 가지 사례가 있다. 첫째, 농협에서의 여성 조합원 우선적 자진 해고[51] 사태였다. 둘째, 현대자동차에서 대량 정리해고 저지 투쟁을 수습하는 과정에서 식당에서 일하는 여성 노동자를 희생양으로 삼아 정규직 노동자들이 고용 보장을 획득한 사례다. 셋째, 롯데호텔 투쟁 시 성폭력 문제가 대두되었는데 비정규 문제와 성폭력 문제 중 성폭력 문제를 교섭사안에서 삭제한 사례다. 요컨대, 여성은 배제해도 된다는 인식이 공통 문제다.[52]

결국 여성노동자들의 자기조직화가 시급한 과제로 대두되었다. 1999년 8월, '전국여성노조'가 출범했다. 전체 여성 노동자의 64%가 5인 미만 영세 사업장에 고용되어 있고, 전체 비정규직의 2/3 이상이 여성인 현실에서, 여성 노조는 여성노동자의 독자적 권익 실현을 위해 투쟁 중이다.

기존 노동운동이 여성들의 권익 실현에 적극 연대하는 사례도 있다. 예컨대, 최근 이랜드-뉴코아 투쟁에서 민주노동당은 그 정치적 위상과 지역위원회 실천에 근거하여 의미있는 역할을 수행하고 있다. 서울의 경우, 25개 지역위원 회가 지역거점 투쟁의 주요 동력으로 역할했다. 마포 지역위원회는 홈에버 상암점 농성투쟁에 매일 수십 명씩 결합하여 투쟁을 지원했다.[53] 앞서 보았듯, 민주노총도 이 투쟁에 적극 결합, 생계비 지원 운동, 집중 투쟁, 불매운동 등을 조직하기도 했다. 전북의 경우 '새정연' 같은 새 조직이 이 운동에 적극 결합했다.

한편, 2004년 '성매매특별법'의 시행으로 모든 성매매 행위가 법적 처벌의 대상이 되자, 2005년에 '전국성노동자연대'가 발족했고, 그 뒤 평택에서 '민주 성노동자연대'가 설립되어 독자적 활동을 시작했다. 이 문제에 대해 다양한 시각과 논쟁이 존재하는 만큼 다양한 시민사회 단체들이 연대를 형성하고 있다. 예컨대, 사회진보연대, 노동자의힘 여성활동가모임, 여성문화이론연구소 성노동연구팀, 세계화반대여성연대, 그리고 한국양성평등연대(평등연대)와 성노동 자율공동체를 위한 연대, 전국철거민연합 등이 있다.(<한국인권뉴스>, 2007. 1. 12.)

앞으로 노동운동이 여성운동과 적극 소통, 연대하기 위해서는 페미니즘적 실천을 통해 이념을 구체화할 필요가 있다. 예컨대 노조 내부는 물론, 직장, 학교, 가정 등 모든 삶의 영역에서 양성평등적 실천과 더불어 상호 존중에 기초한 할당제나 성폭력예방을 위한 규정 제정 등 실천이 필요하다.[54]

이주노동자와 연대

한국 노동자나 노조는 이주노동자와 연대하여 함께 문제를 해결하는 데 아직 익숙하지 못한 편이다. 이주노동자를 일자리에 대한 경쟁자로 바라보거나 열등인 또는 하위자로 바라보는 시각 때문이다. 그럼에도 불구하고 2007년 2월의 여수 외국인보호소 화재 참사 사건 당시 여러 노동조합이나 노동단체들은 이주노동자와 연대하여 문제 해결에 적극 개입하는 모습을 보여주었다. 특히 이들은 '여수 외국인보호소 화재참사 공동 대책위원회'를 꾸려, 화재 참사 피해자 46명을 즉각 보호해제하고 체류자격 변경(G-1 비자)[55]을 법무부에 요구했다. 참사의 원인이 이주노동자를 비인격적으로 대우한 보호소 당국에 있음에도 관련 당국은 진상을 은폐, 왜곡하기에 바빴다. 게다가 9명의 사망자를 제외한 46명의 사고 피해자들 중 16명이 병원 치료를 받는 중인데도 예컨대 Ferrando Weerahana 씨와 YU Jianqing 씨를 청주 외국인보호소로 재구금해 버리고 말았다. 또 대부분의 피해자들이 당시 처참한 사고 기억 때문에 정신적 고통을 호소했다. 밤마다 악몽에 시달리며 유독가스에 질식해 죽어간 동료들의 비명 소리로 잠을 못 이루는 피해자들에게 진정으로 필요한 것은 '감옥보다 못한' 보호소에 재수감되는 것이 아니라 충분한 치료를 받고 안정을 찾을 수 있게 보호 해제하는 것이다. 그런데도 법무부는 이주노동자들의 고통에 아랑곳하지 않았다. 이에 민주노총, 여수산단민주노동자연합, LG칼텍스해고자복직투쟁위원회, 여수환경운동연합, 여수전교조, 불안정노동철폐연대, 노동자의 힘, 이주노조 등이 결합된 '공대위'는 성명서를 발표하여, 진상 규명 및 책임자 처벌과 더불어 피해자 보호 해제 및 비자 변경을 요구하였다.

산별 노조로의 자기조직화 및 사회공공성 투쟁

국내 최대 단일 노조인 현대차 노조는 2006년 6월 말, 산하 20개 사업장에서 산별노조 전환투표를 실시한 결과 전체 조합원 4만3,758명 중 3만9,937명이 참여해 전체 투표자의 71.54%인 2만8,590명이 찬성표를 던져 산별전환을 가결했다. 또 거의 같은 시기에 찬반투표를 벌인 기아차 노조도 전체 조합원 2만7,486명 중 2만5,892명이 투표에 참여, 76.3%(1만9,765명)의 동의를 얻어 산별노조 전환이 이뤄졌다. GM대우 노조는 개표 결과 전체 조합원 9,149명 중 8,439명이 참여한 가운데 77%인 6,459명의 찬성으로 산별노조로 전환했다. 그 외에도 대우자동판매, 두원정공, STX조선, 로템, 현대차 비정규직노조, 볼보기계코리아, 캐리어 경기 등이 각각 조합원 투표를 통해 산별노조로 옮겨 갔다.

전교조의 경우 1989년 창립 초기부터 전국 교사의 노동권 인정만이 아니라, 참된 인간성 구현을 위한 공교육 바로 세우기 차원의 '공공성' 운동을 전개했다. 최근에는 사교육 반대운동, 교육행정정보전산망(NEIS) 구축 반대 운동, 학교 민주화 운동, 학벌사회 타파 운동, 신자유주의 세계화 국면에서의 교육개방저지운동, 차등성과금 반납을 통한 교육 양극화 해소 운동, 교육경쟁력 담론의 대안인 교육복지 운동 등을 전개하고 있다.

보건의료 부문과 공공서비스 노조는 다른 어떤 노조보다 선구적으로 직장의 문제를 넘어선 사회적 요구를 하기 시작하였다.[56] 이 노조는 사회공공서비스 제공의 확대를 단체교섭에서 다루어야 할 중심적 요구들 중의 하나로 정식화했다. 공공부문의 경우 건강의료산업의 시장화, 개방화에 반대하고 공공의료서비스의 확대와 건강보험제도 개혁을 주장하였다. 민간 보건의료부문에서 노조는 경제적 빈곤층 환자를 위한 저렴한 병실(6인실)의 공급 확대를 요구하였다. 예컨대, 보건의료노조와 보건의료산업사용자협의회의는 2007년 7월, '아름다운 합의'를 이뤄내고 10월에 산별 협약에 정식 조인했다.(『한겨레』, 2007. 10. 19.) 이 협약으로 말미암아 67개 병원의 비정규직 노동자 2,384명이 정규직으로 전환되고 42개 병원의 1,500여 명에 있어 임금 차별이 해소되었다. 또 간접 고용된 외주 직원(11개 병원 1,285명)도 진료 혜택이나 수당 측면에서 혜택을 누리게 되었다. 특히 이러한 성과가 정규직 노동조합 스스로 무려 323억 원의 임금 인상분을 양보함으로써 이뤄진 것은 노동자 내부 연대의 실천적 가능성을 높였다. 실제 한양대의료원은 2년 이상 근무한 59명의 계약직 사원을 정규직화했고, 서울대 병원은 230여 명을 정규직으로 전환하기로 했다.

교통과 가스·전기·수도 등 공기업 노조도 사회공공서비스 공급 문제에 개입하였고, 노조의 요구와 시민운동이나 환경운동의 주장과 결합하여 공익의 대변자로서의 역할을 담당하였다. 전력의 공공성에 대한 강조나 공공철도의 건설에 대한 요구 등이 그 구체적 실례다. 이 노조들은 자신들의 관심을 고용안정에서 사회공공서비스 공급의 확대 문제로 돌려서, 저소득층 또는 취약 계층을 위한 서비스 공급 확대의 추진을 주장하였다. 특히 1997년 IMF 사태 이후 국면인 2002년 벽두부터 초국적 자본에 의한 이 분야의 민영화(사유화)를

저지하고 공공성을 강화하기 위한 철도-발전-가스 노조들의 연대 투쟁은
자기 조직만의 이해관계를 넘어선 사회적 실천이었기에 의미가 컸다. '모두
살림'을 위한 실천이기 때문이다. 철도노조는 2006년에도 '철도 상업화 저지'
를 위한 파업을 전개했다. 주류 언론에 의해 "(이른바) '국민의 발'을 볼모로
'자신들의 이익'만을 추구하는 이기적 집단"으로 매도당하고 시민들로부터
고립당해 실패로 끝나긴 했지만, 공공재의 상업화를 막으려는 노동운동의
투쟁은 사회적 정당성이 크다.

또 2003년 2월 18일, 지하철 노조원 4명 및 비정규 여성 노동자 3명을
포함, 192명의 사망자와 148명의 부상자를 양산한 대구지하철 방화 참사
직후, 한국철도, 도시철도, 서울/인천/부산/대구 지하철 노조들은 '궤도노동조
합연대'를 조직하는 과정에서 뼈아픈 반성이 담긴 대정부 공개서한을 발표했
다.(2003. 3. 19.) "이제 자신들의 목구멍으로 넘어가는 밥그릇 투쟁에서 벗어
나 시민들의 안전에 사활을 걸어야 한다"[57]는 것이었다. 그 뒤 궤도연대는
전문 기관에 의뢰, 지하철 안전 문제와 관련된 실태조사에 착수하고 지하철
및 철도 승객 안전을 위한 공청회를 조직하여(2003. 4. 15.) '위험사회'에 대한
공론화를 본격 시작했다.

물 사유화 문제의 경우, 지자체가 관할하고 있던 상수도 사업을 예컨대
(초국적 자본과 합작한) 한국수자원공사로 위탁 경영하려는 과정에서 이슈화
되었다. 실제로, 경남 마산 칠서, 경북 안동시, 전북 전주시, 전남 나주시,
충남 당진군 등에서 이런 시도가 있었다.[58] 이들 당국에서 한국수자원공사로
민간위탁을 하려던 계획에 맞서 특히 전국공무원노조가 적극 나서서 시민사회
단체와 연대를 통해 '물 사유화' 저지에 성공했다. 예컨대, 경남 마산시는
유수율 향상을 위한 사업시행 방안으로 위탁관리(안)를 제안, 한국수자원공사
와 비벤디(현 베올리아) 합작으로 2001년 8월 기본협약을 체결했다. 비벤디는

이윤추구를 목적으로 하는 초국적 물기업이며 이번 사업을 통해 한국 물 시장 진출의 교두보를 마련하려 했다. 수자원공사는 기술인력 확보를 명분으로, 자치단체의 수도 사업을 잠식하여 국내에서 물에 대한 독보적 위치 확보와 향후 민간위탁을 독식하기 위해 마산 칠서 사례를 이용하려 했다. 이런 진실을 알려내기 위해 전국공무원노동조합 마산시 지부는 '마산시 상수도 위탁관리저지대책위원회'를 구성하고 마산시상수도위탁관리저지 성명서를 발표했고, 전국공무원노조 울산광역시상수도본부 상수도지부에서도 지지 성명을 발표했다. 나아가 마창환경운동연합, 경남신문, 경남도민일보에서 위탁관리 방안의 부당성을 지적하고 열린 정책결정을 요구하는 등 노조 및 시민들의 관심과 참여로 2002년 9월 민간위탁 실시협약을 철회시켰다. 경북 안동, 전북 전주, 전남 나주, 충남 당진 등에서도 마찬가지로 노조와 시민단체들이 공공성 수호 차원에서 생동하는 연대를 구축함으로써 물 사유화를 효과적으로 저지했다.

평가와 토의―결론에 대신하여

물론 현실에서는 불행히도 자기조직화보다는 패배주의 및 냉소주의가, 소통보다는 아집이, 연대보다는 탈연대가, 공공성보다는 이기심이 더욱 활개를 친다. 하지만 압도적이라 해서 그것이 정당하고 진실한 건 아니다. 비록 작고 소박하지만 그 속에 새 사회를 열 수 있는 실마리가 있다면 놓치지 말고 이를 확장해야 한다. 앞서 살핀 사례들은 바로 그런 것들이고 따라서 앞의 '유형3'에 속한다. 이런 실천 사례 속에서 우리는 중요한 시사를 얻는다. 그 중 핵심적인 것만 보면 이렇다.

첫째, 노동조합 중심의 노동운동이 비록 체제 자체를 지양할 정도의 사회적 파워를 획득하지는 못해도 체제의 모순을 극복하려는 시도가 다양하다는 점은 고무적이다. 특히 '생존권' 문제를 넘어 전개되는 각종 '공공성' 투쟁과 관련, 보수 언론이나 시민사회에 '정면 대응'해서 문제 상황을 진술하고 상세하게 '공론화'하는 노력은 '분할 지배'와 '사회적 고립'을 극복하기 위해 결정적으로 중요하다.

둘째, 체제가 야기하는 각종 모순의 현장에서 그 문제 상황에 직면하는 것을 두려워하지 않고 정면 돌파하려는 노력은 대체로 '자기책임성'을 기반으로 한 '자기조직화' 운동으로 나타난다. 일종의 '자기 살림'이다. 예컨대 비정규직의 자기조직화가 강화되면서 정규직과 연대하고 결국 정규직-비정규직 간 통일과 연대를 이뤄낸 사례에서도 '고용 이데올로기의 덫'에서 과감히 빠져나와 '자기조직화'를 할 수 있는가 하는 문제가 핵심이다. '자기조직화' 원리란 결국 '자기주체화' 과정이다. 자기 연민이나 피해의식, 자아도취, 책임 전가는 이와 거리가 멀다. 그 속에서는 "기존의 철학과 이론, 조직원리 등의 전면적이고 철저한 검토가 일상적으로 진행"됨과 동시에 "(누군가에 의한 강요가 아니라) 일상 공장, 지역, 가족생활 속에서 토론되고 검토되고 내재적으로 형성되도록 운동화"해서 "자신의 언어로 문제를 정리해서 풀어가는 접근"[59]이 중시된다.

셋째, 기존의 분열의 경계선을 횡단하여 '겸손한 주체성'을 기반으로 '소통과 연대'를 이루어낼 수 있을 때, 노동운동을 비롯한 사회운동은 폭발적 힘을 발휘한다. 일종의 '서로 살림'이다. 예컨대, 노동자와 농민의 연대 사업이 그러하고, 노조운동과 여성운동의 연대가 그러하다. 이러한 연대의 미시적 기초는 타자의 고통을 나의 고통으로 느낄 수 있는 '공감(empathy) 능력'이다. 페미니즘적 유통 네트워크 이론에 따르면, 우리는 모두 결국, 이 "네트워크 속의 공동 행위자"이고 변혁의 언어들과 가치들은 일종의 "바이러스"다.[60] "이 바이러스는 혁명이 새로운 감수성, 타자들의 고통에 대한 섬세한 감응성에서 시작되게 하고, 새로운 감수성들이 '전염'되도록 한다. 바이러스는 억압적 단결통합이나 융합 대신 확산시킨다. …바이러스는 미세하게 파고들기 때문에 기동전이나 진지전에 익숙한 이들에게는 포착되지 않는 수법의 전투를 수행한다. 또한, 한번 파고들면 그 파고든 것을 부지불식간에, 때로 급속도로 변형시키고 그 과정에서 자신도 변형되기 때문에, 치고 흔들고 빠지는 게릴라전과도 다르다. …그 움직임은 진지전, 기동전, 게릴라전이 아니라 바이러스와 같은 침투전인 것"이다.

넷째, 기존체제의 '계급성'을 지양하는 의미있는 경로가 삶의 전면적 영역에서 '공공성'을 강화하는 것임이 여러 사례들에서 확인된다. 일종의 '모두 살림'이다. 이 공공성은 대체로 사회적 공공성(교통, 물, 의료, 교육) 및 생태적 공공성(농업, 에너지, 평화, 생태계)으로 드러난다. 이미 시작된 공공성 운동도 앞으로 더욱 강화해야 하지만, 주거양식이나 건설양식, 소유양식이나 소비양식에 있어서의 공공성 운동도 본격화할 필요가 있다.

다섯째, 기존 노조의 상층부 관료주의나 형식 민주주의를 넘어서는 '역동적 현장운동'만이 새 전망을 열 수 있는 싹이다. 예컨대, 비정규직의 자기조직화 과정에서 기존 노조의 관성이나 자기 조직 중심주의를 초월할 수 있었던 건 바로 현장의 역동성이었다. 이 역동성은 기본적으로 사람의 생명력이 가진 '저항성'에 기초하지만, 두려움을 초월한 '소통과 연대의 경험'에 토대하기도 한다. 이것은 결국, 겉으로 드러나는 '이해관계'(예: 고용보장, 승진가능성)를 넘어 심층적 '욕구(필요)'(예: 인간다운 삶, 동료애, 행복)에 다가설 수 있을 때 가능한 행위다. 광주의 '노농연대' 사례, 전북의 '새정연' 사례나 '부안사람들' 사례, 경북의 '노농연대' 사례나 울산의 '거버넌스' 사례는 그 대표적 사례다. 이것은 마치 프랑스의 SUD(연대-단결-민주 노동운동)가 기존 CGT(노동총동맹)나 CFDT(민주노련)가 가진 관료주의와 개량주의에 저항하여 독자적 운동으로 출범, 변혁성과 역동성을 보여주는 것[61]에 비견된다. 이런 식의 '떨어져 나오기' 전술은 운동의 자율성을 담보하는 데 대단히 중요한 행동 지침이 된다.[62]

요컨대, 한국 노동운동은 뿌리 깊은 보수적, 배타적 분위기로 인해 갈수록 설 자리를 잃기도 하지만, 또한 자본의 분할 지배 전략과 무한 경쟁 전략으로 인해 사람들의 의식이 갈수록 개별화, 우경화하지만, 다른 편에서는 '생존권' 관점을 넘어 '삶의 질' 관점에서 '스스로 살림', '서로 살림', '모두 살림'을 위한 새로운 차원의 운동 또한 더디지만 활성화 중이다. 이러한 '내부로부터의' 그리고 '아래로부터의' 변화가 얼마나 큰 사회적 공명을 울릴 수 있는가에 따라 '노동사회' 지양의 전망이 달라질 것이 분명하다.

◣ 주

1_ 강수돌, 『노사관계와 삶의 질』, 한울, 2002.

2_ 김진억, 「사회변혁적 노동운동, 어떻게 가능한가」, 『한국사회운동포럼 자료집』, 2007. 9. 1.

3_ H. 하이데, 「노동중독에서 탈출하기」, 『당대비평』 2003년 여름, 25쪽.

4_ 같은 글, 26쪽.

5_ <서프라이즈>, 2007. 1. 27, 글쓴이 '열혈청춘'의 글 참조

http://www-nozzang.seoprise.com/board/view.php?uid=58211&table=global&mode=
&field=&s_que=&level_gubun=&field_gubun=&start=&month_intval=

6_ 새로운 사회는 '관계성'에 기초한 새로운 윤리학을 요구한다. 특히 자기중심적 사
유가 아닌 '모성적 사유'는 '비폭력적 고투'에 대한 사유로서 올바른 '관계성'의 핵
심이다. 이는 결국 조화와 공존의 관계를 지속하려는 지난한 몸부림이다. 『모성적
사유』의 저자 사라 러딕을 인용한 권김현영, 「여성의 눈으로 세상을 보자!」, 『현
장에서 미래를』, 2006. 12, 29-30쪽 참고.

7_ H. 하이데, 『노동사회에서 벗어나기』, 강수돌 외 옮김, 박종철출판사, 2000.

8_ 김진억(민주노총 서울본부 정책국장의 발표), 「사회변혁적 노동운동, 어떻게 가능
한가」, 한국사회운동포럼, 2007. 9. 1.

9_ Clark Kerr, John T. Dunlop, Frederick H. Harbison, and Charles A. Myers,
Industrialism and Industrial Man (Cambridge: Harvard University Press, 1960).

10_ Gay Seidman, *Manufacturing Militance: Workers' Movements in Brazil and South Africa,
1970-1985* (Berkeley and Los Angeles: University of California Press, 1994).

11_ Kim Moody, *Workers in a Lean World: Unions in the International Economy* (N.Y.:
Verso, 1997); 국역: 킴무디, 『신자유주의와 세계의 노동자』, 사회진보연대 옮김,
문화과학사, 1999.

12_ Peter Waterman, *Globalisation, Social Movements and the New Internationalisms* (London/
New York: Mansell, 1998).

13_ 이하 내용은, 권혜원의 글 「한국의 사회운동적 노동운동의 과거와 현재」(『대원사
회문제연구소잡지』, 2005. 11. 일어)을 번역, 정리한 이강익(2006. 7)에 토대함.
http://cafe.naver.com/3win/2820 참조.

14_ Kim Voss & Rachel Sherman, "Breaking the iron law of oligarchy: union revivali-
zation in the american labor movement," *American Journal of Sociology*, 106(2) (2000).

15_ Lowell Turner & Richard W. Hurd, "Building social-movement unionism: The transformation of the American labor movement," in Lowell Turner, Harry Katz and Richard Hurd, eds., *Rekindling the Movement: Labor's Quest for Relevance in the 21st Century* (Ithaca: Cornell University Press, 2001).

16_ Janice Fine, "Community Unionism: The Key to the New Labor Movement," *Perspective on Work* (IRRA), v. 1, no. 2 (1997).

17_ Andrew Herod, Jamie Peck, and Jane Wills, "Geography and industrial relations," in Peter Ackers and Adrian Wilkinson, eds., *Understanding Work and Employment: Industrial Relations in Transition* (Oxford: Oxford University Press, 2003).

18_ 자본주의와 사회주의, 타협과 투쟁, 독재와 민주, 친미와 반미 등을 이분법적 잣대로 보수와 진보를 구분하는 것은 낡은 진보의 개념이다. 새로운 진보는 인간성 및 생태성을 향한 변화에 얼마나 '열린 사고'로 접근하는가가 핵심 기준이다 (이남곡, 「우리 시대의 진보에 대하여」, 생명평화결사, 『등불』, 2007, 9-10쪽; 천규석, 『돌아갈 때가 되면 돌아가는 것이 진보다』, 실천문학사, 1999).

19_ "노동운동의 생태적 전환과 민주주의의 학교 역할 회복은 현실에서 무엇보다도 중요한 일"이라는 지적은 이와 일맥상통한다. 박승옥, 「위기에 빠진 노동, 위기 불감증에 빠진 공동체」, 『녹색평론』, 2005년 5-6월호.

20_ 김경근, 「고용이데올로기가 노조운동에 미친 영향(1)」, 『현장에서 미래를』, 2006년 1월호, 126-27쪽.

21_ 백승재, 「빨간 조끼와 남색 조끼가 섞여 있을 때 아름답다」, 『노동사회』, 2005년 5월호.

22_ 같은 글, 104쪽.

23_ 같은 글, 105쪽.

24_ 백철현, 「비정규직 투쟁을 중심으로 펼쳐진 기아투쟁에서 무엇을 볼 것인가?」, 『현장에서 미래를』, 2005년 12월호.

25_ 한국사회운동포럼, 2007. 9. 1. 전체 토론회 발언 내용.

26_ www.kwunion.or.kr 참조.

27_ 하이닉스매그나칩 직접교섭 쟁취 금속노동자 결의대회, <참세상>, 2006. 1. 25.

28_ 김영두/김승호, 「운송부문 특수고용직의 조직화 사례」, 『노동사회』, 2006. 7-8, 29쪽.

29_ 같은 글, 같은 쪽.

30_ 천규석, 「아름다운 노동연대—자급자치의 관점으로」, 『녹색평론』, 2006년 11-12월호.

31_ 김병혁, 「지역농업을 지키기 위한 직거래 농민장터」, 『녹색평론』, 2006년 9-10월호.

32_ 「좌담: 농업을 살리기 위한 사회적 연대가 필요하다」, 『녹색평론』, 2006년 3-4월호.

33_ 천규석, 「아름다운 노동연대-자급자치의 관점으로」.

34_ 같은 글.

35_ 변홍철, 「책을 내면서」, 『녹색평론』, 2006년 3-4월호, 7-8쪽.

36_ 김종섭, 「사회운동적 노동운동, 현실의 운동으로 전개하자」, 『사회운동포럼 자료집』 토론문, 2007. 9. 1. 김종섭은 그런 투쟁의 의미를 평가하면서도 '진정성'의 문제에 이의를 제기한다. 예컨대, 싸움이 어느 정도 전개되다가 고용 안정을 획득하는 순간 참여 노동자들이 운동 과정에서 슬그머니 빠지는 현상이 바로 그 핵심 문제다.

37_ 우리 노동운동은 특히 조합운동에서 보면 연맹의 경계가 너무 심각한 수준에서 논의되는 경향이 있다. 이런 방식의 조직화는 운동에 아무런 도움이 되지 않는다. 결국 우리 연맹이 아니면 투쟁도 하지 않는다는 인식을 고착화하는 결과를 낳고 있기 때문이다(김종섭, 같은 글).

38_ 같은 글.

39_ 조형제, 「울산 지역사회와 노동운동의 연대」, 『87 정신 계승의 길을 묻다: 87년 노동자대투쟁 20주년 기념 학술대토론회 자료집』, 2007. 9, 89쪽.

40_ 같은 글, 93쪽.

41_ 강양구, 「지속가능한 에너지 체계와 노동운동의 미래」, 『노동사회』, 2005. 5, 80-81쪽.

42_ H. Heide, *Selbstorganisation* (Berlin: Buchmacherei, Vorwort, 2007), S. 9-10.

43_ 강양구, 「노동조합도 환경문제에 관심 가져야」, 『노동사회』, 2003. 9.

44_ 강양구, 「지속가능한 에너지 체계와 노동운동의 미래」, 80-81쪽.

45_ <참세상>, 2005. 4. 7.

46_ <참세상>, 2005. 4. 7.

47_ 강양구, 「지속가능한 에너지 체계와 노동운동의 미래」, 82쪽.

48_ 지금까지 환경운동 측은 노동운동 측이 부의 재분배에만 치중해 환경문제를 일으키는 개발주의의 문제점을 무시한다고 비판했다. 노동운동 진영도 환경 쪽이 환경 문제에 내재된 계급적 불평등 문제를 외면해 중산층 중심의 체제 유지에 기여한다고 보았다. 에너지 문제만 해도 전통적으로 노동 쪽은 고용과 안정성, 환경 쪽은 안전과 지속 가능성에 중점을 두었다(『한겨레』, 2005. 6. 22).

49_ 사회운동포럼 홈피 자료. www.smf.or.kr

50_ 우석훈, 「노동운동이여, 아픈 아이들 작은 외침에 귀기울이시라」, 『노동사회』, 2005. 5, 109쪽.

51_ 부부가 직원일 때 여성이 자진해서 사표를 제출하게 함.

52_ 사회운동포럼 토론회 발언 내용, 2007. 9. 1.

53_ 김진억, 「사회변혁적 노동운동, 어떻게 가능한가」.

54_ 박준형, 「사회운동으로서 노동자운동의 복원」, 『사회운동포럼 자료집』, 2007. 9. 1.

55_ 치료, 소송 등의 사유로 3달 이상 머물러야 할 경우 사유가 해결될 때까지 내주는 비자.

56_ 권혜원, 앞의 글.

57_ 박영희, 「지하철, 막장을 달리다」, 『당대비평』 22호, 2003년 여름, 301쪽.

58_ 이말수, 「물 산업 육성에 어떤 문제점이 있는가」, 민주노총 서울본부, 『공공성교육자료집』, 2007. 9. 5.

59_ 신병현, 「엘리트 중심의 노동운동을 넘어」, 『현장에서 미래를』, 2006. 7, 57쪽.

60_ 너부리, 「역사를 떠미는 진보의 폭풍, 그리고 바이러스적 침투전」, 『현장에서 미래를』, 2006. 4, 259-60쪽.

61_ 이황현아, 「'급진'이라는 '새로운 노조주의'에서 배울 점」, 『민주노동과 대안』, 2006. 9.

62_ 이것은 거대한 통일 운동 지향성에 맞선 수많은 소수자 운동 지향성을 엿보인다. 사이먼 토미, 『반자본주의』, 정해영 옮김, 유토피아, 2007, 139-40쪽, 269-74쪽 및 너부리, 「우리에게 필요한, 살아남아 발전가능한 변혁의 역능들은 무엇인가」, 『현장에서 미래를』, 2006. 2, 53쪽 참조.

Ⅲ_녹색혁명의 실천

09_ 독일의 생태주의: 이론과 실제

서론

독일은 '나치즘'과 세계 제2차 대전으로 악명 높은 나라이기도 하지만 '프랑크푸르트학파'로 유명한 나라이기도 하다. 또한 독일은 미국 다음으로 한국의 유학생들이 많이 몰리는 곳이기도 하다. 과연 우리가 오늘날 독일사회에 많은 관심을 갖는 까닭은 무엇인가? 여러 측면이 있겠지만 독일의 공동결정(Mitbestimmung) 문화 및 생태주의(Ökologie) 문화는 특히 우리가 본보기 삼을 필요가 있는 분야라 본다. 이러한 선진 문화를 이루는 데는 독일 사회가 가진 특유의 '성찰성'(Reflektivität)이 큰 역할을 했다고 본다. 일례로 독일은 유대인 6백만 명을 학살한 과거에 대해 진지한 반성을 했을 뿐 아니라 지금도 각급 학교에서는 그러한 부끄러운 과거사에 대해 진실한 학습이 이뤄지면서 과거의 전철을 반복하지 않으려 노력한다. '라인강의 기적'으로 유명한 독일 경제는 1970년대 이후 전방위적 성찰성 위에 '생태 혁명'(ökologische Revolution)을 전개해 나가고 있다.

본고에서는 특히 독일의 생태주의를 한국사회가 배울 필요가 있다는 시각에서 그 이론과 실제에 대해 보다 구체적으로 검토하고자 한다. 이를 통해 한국사회가 '삶의 질' 차원에서 한 단계 업그레이드될 수 있도록 이론적 시사점은 물론 실천적 시사점을 얻고자 한다. 본고의 주요 내용은 우선 독일에서 발전된 생태주의 사상 및 이론을 정리하고, 다음으로 생태주의를 지향하는 정부 정책 및 생태주의에 입각한 도시 경영, 그리고 생태주의 공동체 경영 및 일상생활 사례를 살피고자 한다. 끝으로는 이러한 생태주의적 이론과 실천이 한국사회에 주는 시사점을 정리한다.

독일의 생태주의 사상과 이론

'생태학'(Ökologie)이란 용어는 원래 독일의 생물학자인 에른스트 핵켈(Ernst Haeckel)에 의해 1866년에 처음 제시되었고, 그 뒤 영국의 생태학자 A. G. 탠슬리(Tansley)가 1935년에 우리가 흔히 쓰는 '생태계'라는 용어를 처음 제창했다.[1] 핵켈은 『유기체의 일반유형학』이란 책에서 생태학을 "유기체와 그 주위를 둘러싸고 있는 외부 환경과의 연관관계를 다루는 총체적 학문이며 보다 넓은 의미에서는 외부환경 속에 물질적 생존조건뿐만 아니라 그 정신적 요소까지 포함한 학문"이라 정의했다.

원래 생태학 또는 생태계(Ökologie)라는 독일어는 어원적으로 그리스어인 Oikos(가정, 살림)와 Logos(학)의 합성어로, "삶의 장에 있어서의 생명에 관한 연구"를 지칭한다. 보다 보편적으로는 "생태계 전체의 살림살이를 고찰하는 학문"이란 의미를 지닌다. 이를 보다 일상적 의미로 풀면, "생물(군)과 그 주변 환경의 상호관계를 다루는 학문"이라 정의할 수 있다.

한편, 보통 우리가 많이 쓰는 '환경'(Um-welt) 개념은 "우리 주변을 둘러싼 (Um) 조건들(Welt)"이라는 의미가 강하므로, 환경 개념 속에는 이미 주객 분리가 전제되어 있다. 우리 또는 내가 중심이 되고 그 중심을 에워싼 부분이 환경이 되는 것이다. 이 주객 분리 위에 우리 또는 내가 주체가 되어 그 주변에 불과한 환경을 개발 또는 발전시킴으로써 더 많은 돈벌이를 하자는 식으로 귀결된다. 반면, '생태계'(Öko-logie) 개념은 "우리와 주변을 모두 아울러 하나의 집, 하나의 생명체"라 보는 것이다. 따라서 생태계 개념에서는 정복과 지배보다는 상보와 공존이 중요하게 부각된다. 특히 생태학에서는 생물과 자연의 관계를 통해 그 구조를 총체적으로 파악한다는 입장에서 이전까지 자연의 '관리자' 또는 '지배자'로 인식되어온 인류를 '자연의 일부'로 새롭게 인식하는 시각을 강조한다.

1866년, 독일의 에른스트 핵켈이 '생태학'이란 개념을 쓴 이후, 1877년엔 칼 뫼비우스(Karl Möbius)는 '굴의 군집'에 대해 '비오코에노시스'(biocoenosis)라는 용어를 썼으며, 1887년엔 미국의 S. A. 포브스(Forbes)는 다양한 생명체가 더불어 사는 호수를 '마이크로코즘'(microcosm)이라 보는 논문을 썼다. 이어 소련의 생태학자 V. V. 도쿠체프(Dokuchaev, 1846-1903)와 그 제자 G. F. 모로초프(Morozov)는 삼림생태학을 연구하여 칼 뫼비우스를 따라 '비오코에노시스'(biocoenosis) 개념을 강조했으며 이 용어는 이후 소련의 생태학자들에 의해 '게오비오코에노시스'(geobiocoenosis)로 확장되었다.[2] 이처럼 19세기 후반부터 생태학자들은 담수, 해수, 육지 등 환경적 조건을 불문하고 자연을 그 '총체성'(wholeness)의 관점에서 인식하기 시작했으며 이것이 현대 생태학의 근간을 이루게 되었다.

보다 최근의 독일 생태주의 이론가로는 루돌프 바로(Rudolf Bahro), 프란츠 알트(Franz Alt), 에른스트 울리히 폰 바이체커(Ernst Ulich von Weizsäcker), 볼프강 작스(Wolfgang Sachs) 등을 들 수 있다. 이들의 이론과 사상을 차례로 살펴보자.

동독 출신인 루돌프 바로(1935-1997)는 동유럽 사회주의 체제를 비판하고 근본적 대안을 제시한 1977년의 *Die Alternative: Zur Kritik des real existierenden Sozialismus*에서 현존 사회주의가 결국은 "국가자본주의적 독점 체제"라거나 "산업화의 독재"를 넘지 못했음을 근본적으로 비판했다.[3] '자기절멸의 논리' (Logik der Selbstausrottung)에 입각한 '산업화의 독재'로부터 자유로워지기 위해 그는 ('정신적 형제'였던 로버트 융크와는 달리) "과학기술의 세계로부터 완전히 떠나야" 한다고 보았다.[4] 나중에 독일 녹색당의 이론가로 활약[5]하기도 한 그는 다음과 같이 강조한다: "공동체 전략을 기본적인 개념으로 가져오기 위해 우리는 산업체계에서 해방된 영역들을 건설해야 한다."[6] 결국 새로운 공동체적 대안은 현재의 정치, 경제, 사회 구조로부터 독립적인 사회형태일 수밖에 없다. 그리고 궁극적으로 "이것은 핵무기와 슈퍼마켓으로부터 해방되는 것을 의미한다. 우리가 이야기하는 것은 새로운 사회구성체이며 전혀 다른 문명이다."[7] 그는 현대사회를 '자기절멸의 메가머신'으로 규정하고, 진정한 실천이란 스스로 죽이는 자살기계, 죽임의 문화를 근본적으로 변혁하는 것이라 규정한다.[8] 그는 오늘날 대량생산, 대량소비, 대량폐기의 산업사회, 과학기술주의 문명 자체를 문제 삼지 않는 한, 자본주의든 사회주의든 그 어떤 실천도 궁극적으로 생태위기 사회의 구조적 모순을 메워주는 개량적 기능을 한다고 비판한다.

우리는 러시아 혁명이 생산력의 발전이라는 자본주의적 지평과 단절하지 못했으며, 승리한 것은 바로 유일하면서도 동일한 테크놀로지임을 깨닫게 되었다.[9]

　이러한 죽임의 사이클에서 자유로운 '해방구'를 만드는 운동, 소비의 식민지에서 해방된 '탈식민주의' 운동이 나와야 한다. 궁극적으로 그런 해방구를 만드는 운동이 곧 '공동체 운동'이다.[10] 그가 제창하는 공동체운동은 생태위기로 인해 새롭게 주목받지만, 환경문제로만 국한된 것이 아니라 사회와 인간 삶의 총체적 변혁을 추구하는 포괄적 해법을 담은 실천이다. 또한 이와 더불어 기존의 노동조합, 사민당이나 녹색당이 가진 한계를 넘어가기 위해 '시민의회'가 필요하다고 강조한다.[11]

　프란츠 알트(Franz Alt)는 『생태적 경제기적』이란 책에서, 자연에 유해한 물질을 배출하는 화석연료를 사용하는 현대의 에너지 경제구조가 근원적으로 자연을 파괴하는 구조이기 때문에 그 끝은 파멸을 향하고 있다고 지적한다. 그러나 회의적이고 부정적인 환경주의를 비판하며, 희망적인 대안을 제시하는 운동이 진정한 변화를 가져올 수 있다고 주장한다.

　생태적인 경제기적에 의해서 수백만 개의 일자리가 창출될 것이다. 물론 이 생태적인 경제구조 변화로 인한 패배자도 나타난다. 예를 들어 원자력발전소에서는 일자리가 사라진다. 그러나 이러한 경제의 생태화는 패배자보다 승리자를 훨씬 더 많이 만들어 낼 것이다.[12]

　따라서 인간이 자연과 공존할 수 있는 생태적 재생에너지를 사용하는 경제구조로의 전환이 시급하다고 본다. 알트[13]에 따르면, 200년 전에 마차는 한 시간에 17.2 킬로를 주행했는데, 오늘날 대도시에선 자동차가 한 시간에 16.2킬로밖에 가지 못하면서도 평균적 임금생활자는 그 순수입의 25%를 자동차 때문에 써야 한다. 그가 제시하는 해답은 대중교통 확충과 카 쉐어링(car sharing)이다.[14] 『우리 모두를 위한 도로』(Rasch und Röhring)을 쓴 하이너

몬하임 교수에 따르면 생태적인 교통전환 하나만으로도 100만 개의 일자리를 만들 수 있다.[15] 그래서 그는 독일의 잘못된 정책을 비판하면서 독일 사회에 이런 물음을 던진다. "우리는 참다운 삶, 진정 인간다운 삶을 살고 있는 것인가?" 또한 "우리는 장래 10년 후, 20년 후, 30년 후, 100년 후의 우리 자손들에게 미래를 위하여 우리들이 한 일을 자랑스럽게 말할 수 있는가?" 한마디로, 참다운 삶, 지속가능한 삶에 대해 알트는 진지한 성찰을 촉구한다. 그는 '사회적 양심'을 이야기하며, '삶의 비전'을 논구한다. 나아가 그런 성찰을 바탕으로 경제를 말하고, 정책을 말하고, 현실을 비판하며, 장래의 대안을 이야기하고 있다. 이런 기조 아래 알트는 '청구서를 보내지 않는' 태양에너지를 사용할 것, 보행과 자전거, 전차 중심으로 교통정책을 세울 것, 임금삭감 없는 노동시간 단축과 더불어 적게 일하고 적게 받으며 완전고용을 실현할 것, 생태농업 방식을 실현할 것 등을 주장한다. 한편, 『생태주의자 예수』에서 그는, 우리 세대가 "번식본능(Brutinstinkt)을 잃어버린 인류 최초의 세대"라 말한다. 오존층 파괴, 지구온난화, 핵이라는 우리 후손들의 삶을 파괴할 수도 있는 일을 저지름으로써 자식들에 대한 책임을 저버린 세대라는 것이다. 그가 발견한 예수는 세상의 종말이나 속죄를 설파한 이가 아니라, 깊은 생태적 마음을 가지고 자연뿐 아니라 모든 부류의 사람과 함께 현재의 삶을 긍정하며 즐겁게 살던 이다. 예수의 메시지는 행복의 메시지다. 프란츠 알트는 끝으로, 현재 인류가 직면한 모든 생태문제를 내면의 변화와 대안적 실천을 통해 해결해야 하고 그래야만 성공을 거둘 수 있다고 강조한다.

또 『환경의 세기』란 책을 쓴, '부퍼탈 기후환경에너지연구소'의 에른스트 울리히 폰 바이체커(Ernst-Ulich von Weizsäcker)에 의하면, 사회주의 붕괴 후 구미 자본의 자유로운 이동과 더불어 특히 아시아가 급속한 경제성장을 이루었지만 그 이면엔 가공할 정도의 환경 파괴가 진전되고 있음을 인정해야 한다. 따라서 1990년 후반 이후의 아시아 경제위기는 이제 환경 파괴에 기초한 경제개발이 한계에 다다랐다는 징후로 해석되어야 한다. 이와 같이 생태계 위기는 발전 혹은 성장을 핵심으로 하는 인간의 편협한 경제활동과 관련된 것으로, 특히 서구 자본주의 발전모델은 '생태 살해'에 대한 책임을 갖고 있으며 세계화 시대의 세계 경제 체제는 온 지구를 더욱 파멸로 몰아간다고 본다. 그는 세계화된 '낭비 병'에 대해 '효율 치료'로 맞서기 위해 재생가능 에너지에 주목해야 한다고 주장한다. 일례로, 전등을 밝히기까지 97%의 에너지가 낭비되는 핵발전소나, 연료가 바퀴로 가기 전에 85%가 사라지는 저효율 자동차로는 21세기를 바로 살 수 없다는 것이다. 현재 우리가 목도하는 "생태적 파괴와 경제적 불의" 또는 "빈곤의 세계화"는 결론적으로 "생태적 지속가능성과 사회 경제적 정의를 특징으로 하는, 하나의 지구 공동체를 위한 투쟁"을 절박하게 요구한다. 따라서 21세기는 '환경의 세기'가 되어야 한다. 그가 제시하는 해법은 의외로 간단하다. "물질 소비는 절반으로, 복지는 두 배로" 이런 맥락에서 그는 '생태적 세제 개혁'[16]을 제창하는데, 1990년대 이후에는 환경 단체, 정치인, 노동조합은 물론 일부 기업체들까지도 '생태적 세제 개혁'을 지지하게 되었다.

독일 그린피스 의장을 역임했고, 『녹색평론』(1994년 5-6월호)에 「되찾은 정적—자전거를 위하여」를 소개했으며 2004년엔 녹색평론사가 주관한 <녹색 사상 강좌> 초청으로 강연을 한 볼프강 작스(Wolfgang Sachs)는 "지구 생태계의 적재능력을 이해하게 되면 무한한 경제성장에 대한 믿음이 허위라는 것을 알게 된다"고 강조한다. 그는 1992년에 요하네스버그 정상회담 직전에 『요하네스버그 비망록』을 발간, 공론화했는데, 그 핵심은, 앞으로 얼마 있지 않아 지구 인구가 두 배 이상 되었을 때, 우리가 인간생존의 자연적 토대를 훼손하지 않고 모두에게 이웃으로서 어떻게 '친절'을 베풀며 살 것인가 하는 것이었다. 이런 문제의식의 기저에는 '무한한 경제성장'의 신화가 결국은 지구 생태계의 한계로 말미암아 막다른 골목에 이를 수밖에 없다는 인식이 깔려 있다.[17] 따라서 지금부터라도 생태성과 경제성의 조화와 균형을 되찾는 일이 시급하다. 그가 자전거를 통해 삶의 새로운 차원을 얻게 된 것도 이런 이론적 입장을 더욱 확신하게 한다. 그에 따르면 자전거가 아닌 자동차는 사람들이 가진 '사회적 폐쇄 공포증'에 기반해 돈을 벌고자 하는 자본의 욕망이 고스란히 체화된 것이다. 따라서 새로운 사회집단이 '자동차와 신기술로 상징되는 진보는 이제 그만!'이라고 외치면 대단히 중요한 전환이 온다고 본다. "진보와 더불어 퇴보가 나란히 행진해왔고, 테크놀로지는 사람들을 노예화함으로써 해방시켜왔던 것처럼 보였다." 따라서 사회적 의제의 전환이 시급하다. "논쟁의 주 의제는 이제 진보의 과실을 어떻게 분배할 것인가 하는 것이 아니라 자연과 인간 삶의 식민화를 어떻게 저지할 수 있을 것인가 하는 것이다. '객관성'의 지배에 맞서는 투쟁에서 자연, 건강, 자율성 등이 핵심적 단어가 되었다." 그는 또한 2004년 한국에서 행한 특강에서 지속가능한 사회와 경제의 공존이 가능하다고 말한다.

> 지속가능한 사회로의 전환이 반드시 경제의 붕괴를 가져온다고 생각하지 않는다. …풍요의 어떤 단계가 지나고 나면 경제성장이 반드시 물질적 성장을 동반하는 것은 아니다. 경제성장 즉 돈의 성장과 물질적 성장 즉 자원집약적 성장을 구별해야 한다. 자원의존성의 증가 없이 경제성장을 이룰 수 있는 길이 있다. 심지어 물질의 투입 또는 자원집약성을 줄이면서도 경제성장을 할 수 있는 길도 있다. 요컨대 경제 붕괴의 필연성은 없다.[18]

독일 생태주의의 실제

독일에서 생태주의는 단순한 이론이나 사상으로 머물러 있는 것이 아니라 정책이나 제도를 통해, 또한 사람들의 구체적 일상 속에 녹아 들어가 있다. 아래에서 독일 정부의 생태적 정책, 생태적 도시 형성, 생태적 건축, 생태적 생활 등을 차례로 살펴본다. 크게 보아, 독일은 생태적 정책이라는 위로부터의 실천과 생태적 생활이라는 아래로부터의 실천이 잘 맞물려 도시 형성이나 건축 등에서조차 효과적인 생태적 실천이 이뤄지는 모범 사례를 보여준다.

생태적 정책

독일 연방의회는 1990년 말, 재생가능 에너지원으로 생산한 전기를 반드시 공공 배전망에 연결시키도록 한, 이른바 '전력매입법'(Stromeinspeisungsgesetz)을 제정했다. 1991년부터 시행된 이 법에 따르면 생태적 전기 생산이 환경보전과 일자리 창출에 기여하는 만큼 높은 가격이 보장된다. 이 법은 1990년 12월 '독일 전기회사 연합'(Vereinigung Deutscher Elektrizitätswerke, VDEW)의 거센 반발과 로비에도 불구하고 의회에서 모든 정당의 찬성으로 통과되어 1991년 1월 1일부터 발효되었다. 이 법은 재생 가능 에너지로부터 생산된 전기에만 적용되며, 풍력이나 태양광 발전 설비로 생산한 전기는 지역 전기 회사가 소비자 가격의 90%에 해당하는 값으로, 설비 용량 500KW까지의 작은 수력, 바이오매스, 매립지 가스 발전 시설로부터 생산된 전기는 80%에 매입할 것을 규정하고 있다. 이 법이 제정되기 전까지는 개인 소유의 풍력 발전기나 소수력 발전 시설에서 생산된 전기를 전기 회사에서 매입하지 않거나, 매입한다 해도 아주 낮은 가격을 지불했기 때문에 재생 가능 에너지를 이용하는 발전 시설에 대한 경제적 유인은 거의 없었다.

그러나 '전력매입법'이 제정되자 풍력과 태양광 전기의 가격이 1 KWh당 약 17 페니히(약 100원)로 책정되었고, 이는 비록 태양광 발전[19] 비용을 만족시키기에는 턱없이 모자란 것이지만 풍력 발전의 비용은 그런대로 만족시키는 수준이었기 때문에 풍력 발전 시설의 급속한 증가를 유발했다. 이에 따라 독일의 풍력 발전 설비 용량은 1990년부터 1995년까지 해마다 두 배씩, 1995년부터는 해마다 약 40%씩 증가하여 현재 독일은 풍력 발전 분야에서 세계 최고의 위치를 점하게 되었다. 이를 계기로 태양, 바람 등 재생가능 에너지를 이용해 전기를 생산하려는 열풍이 전국에 불었다. 이런 흐름에서 '1000 지붕 프로그램'은 태양광 발전을 장려하기 위한 것으로, 1990년부터 1992년에 걸쳐 수행되었는데, 비록 성공했다는 평가는 없지만 독일의 태양광 발전 시설의 증가에 상당히 기여했다. 프로그램이 진행되는 동안 2,250 개의 새로운 태양광 발전 시설이 들어섰고, 전체 용량은 5.5 MW로 늘어났다. 이 프로그램의 주된 내용은 주택 소유자가 태양광 발전 설비를 할 경우 투자비용의 70%를 지원해 주는 것이었다. 그러나 후속 지원책이 마련되지 않은 채 프로그램이 끝나자 그 동안 호황을 누렸던 태양광 발전 설비 회사들은 많은 어려움을 겪었고, 태양 전지를 생산하는 큰 회사 두 곳이 주문량이 떨어지자 1995년에 미국으로 공장을 옮기는 일도 벌어졌다.

그럼에도 독일 서부의 아헨(Aachen) 시는 그 변화의 모범을 보여준다. 세계적으로 유명한 이른바 '아헨 모델'이 1995년부터 실시된 결과다. '아헨 모델'이란, 시민이 재생가능 에너지원으로 생산한 전기는 모두 공공 송배전망으로 유상 수용하고 설비의 수명이 다할 때까지 유지·운영비 등 모든 경비를 지불하는 파격적 제도다. 아헨 모델은 독일의 태양광 발전 시장을 해마다 20% 이상 씩 성장시키고 세계 제1의 풍력 발전국이 되도록 만드는 데 견인차 역할을 했다. 태양전기는 킬로와트시 당 당시 가격으로 1.89마르크(약 1,300

원)로 향후 20년 간 사준다. 전력시장 가격보다 30배나 높은 값이다. 풍력 전기는 15년간 킬로와트시 당 약 0.2마르크(약 140원)를 쳐준다. 그 추가비용은 모든 시민이 전기요금에 고루 나누어 부담한다. 마치 유기농 농산물을 비싸게 사듯이 '깨끗한' 전기에 돈을 조금씩 더 내는 것이다.

그리하여 아헨 시에는 '아헨 모델' 도입 이전에 불과 30kw이던 태양전기 용량이 도입 후인 2004년엔 그 20배인 600kw로 뛰어올랐다. 구 서독의 수도인 본(Bonn) 등 28개 도시가 이 모델을 채택했고, 현 수도인 베를린 등 44개 도시는 이 모델의 도입을 추진 중이다.

그러나 재생가능 에너지에 대한 '특별 대접'이 저절로 이뤄진 건 아니다. 기존 전력회사는 이를 저지하기 위해 맹렬한 로비를 펼쳤다. 이 모델을 창안한, <태양에너지협회>의 볼프 폰 파벡 사무국장은 "모델을 처음 만든 1989년부터 실제 시행까지 약 6년 동안 끈질긴 싸움과 설득 작업을 계속했다"고 회고한다.[20] 반면에, 전통적으로 아헨 시에 전력공급을 책임져온 <아헨도시공사>의 슈톨테 이사는 "의회가 정치적으로 결정해, 할 수 없이 모델을 시행할 뿐"이라며 노골적으로 불만을 표시한다.[21] 요컨대, 생태적 정책을 일관되게 펴려고 하는 정부의 강력한 의지가 생태적 실천의 보편화에 매우 중요함을 알 수 있다.

2007년에 독일 기민당이 정권을 새로 잡기 이전인, 1998년 이후의 사민-녹색당 연립정권 하에서 2030년까지 '핵발전소 완전 폐쇄'에 대한 합의가 이뤄졌다.[22] 사민-녹색 연립 정부는 연정 합의서에서 "미래를 보장하고, 환경과 조화를 이루고, 비용 면에서 공정한 에너지 체계"를 추구하며, 이때 "재생가능 에너지와 에너지 절약에 중점을 두겠다"고 선언했다. 1998년 9월에 기업체, 시민 단체, 노동조합 및 경제학자들이 공동으로 생태세 도입을 요구한 성명서("Ökosteuer? Für uns das Beste, was unserem Arbeitsmarkt und der

Umwelt passieren kann")에는 200 개에 가까운 기업체가 서명했다. 이 기업체들은 대부분 작은 기업이지만 그 중에는 AEG 같은 가전제품 회사도 포함되어 있다. 이는 독일 연방 정부가 확실히 생태적 방향으로 에너지 정책을 전향적으로 돌리게 됨을 보여준다. 전체 발전량의 34.8%를 차지하는 핵발전소 19기를 없앤다는 야심찬 계획은 향후 독일은 물론 유럽, 나아가 세계 전체의 대안 에너지의 전망에 시금석 역할을 할 것이다. 특히 1979년 3월 미국의 스리마일 섬 원전, 1986년 소련의 체르노빌에서 사고가 발생함에 따라 사민당 내부에서 점차 회의적 시각이 싹트기 시작했다. 원전 반대 운동이 최고조에 달했던 1977년에도 독일 국민의 59%는 여전히 원자력 이용을 찬성했지만, 체르노빌 사고 직후인 1986년 5월에는 독일 국민의 83%가 원자력 이용 확대를 반대하는 쪽으로 돌아섰다. 1998년 정권 교체가 이루어지기 전까지 원자력 발전에 대한 독일 기민련 정부의 공식 입장은 불변이었지만, 1989년 재처리 시설 건설 포기와 1991년 3월 고속 증식로 포기 후 독일의 원자력 산업계와 정치권 내에서 원자력 발전에 대한 희망은 거의 사라졌다.

핵발전소 폐쇄의 실제적 가능성과 관련, 남서부의 '환경 수도' 프라이부르크 시에 있는 <생태연구소> 내 에너지담당자 크리스토프 팀페는 "1년 안에 핵발전소를 모두 폐쇄해도 아무 문제없다"고 말한다. 실제로 독일 환경단체들과 녹색당은 오래전부터 핵 발전의 위험성을 문제 삼아 '즉각 폐쇄'를 구체적 대안과 함께 요구해 왔다. 우선 과잉시설로 인해 유휴 상태에 있는 화력발전소가 단기 대책이 된다는 것이다. 이어 유럽연합의 전력시장 자유화로, 핵발전소에 대한 각종 지원이 없어지면 가스와 열병합 발전 등의 상대적 경쟁력이 커졌다. 장기적으로는 에너지 세를 도입해 화석연료 의존도를 낮추고 에너지 효율화와 절약, 재생가능 에너지원 개발로 에너지 체계의 전면적 '연성화'를 이룰 수 있다는 것이다.

독일 정부가 재생가능 에너지 정책을 추구하는 목적은 한편으로 지구온난화를 일으키는 탄산가스 배출량을 줄이자는 것이고, 다른 편으로 새로운 일자리를 창출하자는 것이다. 전술한 '전력구입법' 이후 재생가능 에너지 발전의 확산은 약 1만 개의 일자리를 만들었다. 여기엔 풍력 발전이 가장 큰 기여를 했다. 기존 에너지보다 재생에너지가 '노동집약적'이기 때문이다. 컨설팅, 건설, 보수, 엔지니어링 등에서 새 일자리가 창출된다. 또, 발전소를 하나 짓는 것보다 같은 용량의 전기를 절약하는 것이 더 많은 고용을 낳는다. 독일은 2010년까지 최종 에너지 소비에서 재생가능 에너지의 비중을 늘려 전기의 10%, 열의 6%를 충당할 계획을 세웠다. 그 과정에서 일자리는 최소한 5만 8천 개가 생겨날 것으로 기대된다. 생태적 환경 정책이 고용 정책과 '선순환'으로 서로 맞물릴 수 있다는 것이다.

생태적 도시

오늘날 독일의 행정수도는 베를린이지만 '환경수도'는 프라이부르크다. 프라이부르크는 1970년대 이후 환경수도로 탈바꿈했다. 프라이부르크가 독일의 '환경수도'로 알려진 것은 1992년에 독일환경원조재단(DU)이 주최하는 지방자치단체 경연대회에서 151개 지자체 중 1위를 차지해 그 해의 '환경보호상 연방수도'로 선정됐기 때문이다. 구체적으로, 환경관리 조직, 지역보전 및 종 보호, 농업, 자연 형 하천 보존, 지구 차원의 자연보호, 음용수 및 정수, 교통, 폐기물 처리, 에너지 절감, 환경영향평가, 환경단체와의 협력, 시민 홍보 활동 등 총 12개 부문 중 7개 부문에서 프라이부르크 시가 최고점을 받았다. 시는 이미 1986년에 독일 대도시로서는 최초로 '환경보전국'을 설치했고, 1990년엔 환경보전국 외에 폐기물처리사업소, 녹지과를 포함해 '환경부'를 신설했다. 또, 환경부의 장으로 시의회로부터 임명되는 환경 부시장제를 도입한 사실도 '환경수도'로 선정되는 데 크게 기여했다. 이러한 생태적 도시 형성을 보다 구체적으로 살펴보자.

우선, 프라이부르크는 '원전 반대'의 경험을 '에너지자립도시'로 바꾸었다. 1970년대 초 당시 1차 오일쇼크를 겪은 서독 연방정부와 바덴뷔르템베르크 주는 프라이부르크 인근 '비알' 지역에 독일에서는 20번째로 원자력발전소를 건설할 계획이었다. 원전 예정지는 숲과 포도밭 지역이었다. 이에 일부 사람들은 "핵발전소는 필요 없다"고 외치며 반발했고, 학생과 지식인들이 들고 일어났다.[23] 당시 원전 찬성파는 '전문적 지식'을 앞세워 주민들의 원전 반대가 '감정'에 치우친 것이라며 전형적 '개발 논리'를 폈다.[24] 반대운동 진영도 '프라이부르크 환경 액션' 등 전문단체를 만들어 이론적으로 대항했다. 그 결과 프라이부르크시와 시의회도 마침내 '원전 포기'를 선언하게 되었고, 행정재판에서도 주민들이 승소했다.

프라이부르크 시는 '핵발전소 건설 반대' 구호로부터 한 걸음 나아가 '에너지 줄이기 운동'을 철저히 전개했다. 시는 1972년 자가용 승용차의 사용을 억제하고 자전거 전용도로 확충, 시내 전철 유지·확대 등을 골자로 한 '1차 종합교통정책'을 내놓았고, 1973년엔 옛 시가지 내에 승용차 진입을 제한하는 교통규제책을, 1979년에는 환경친화적인 '제2차 종합교통정책'을 마련했다. 그 뒤 1986년에 옛 소련의 체르노빌 핵발전소 사고가 나자, 프라이부르크 시의회는 만장일치로 '탈원전'을 선언했고, 이와 동시에 에너지 절약 정책, 대안에너지 정책, 교통정책, 쓰레기대책 등 환경문제 전반에 대해 종합대책을 수립했다.

또 프라이부르크 시는 에너지 절약운동을 지속 추진해, 새로 짓는 집들은 대부분 벽을 두껍게 만들고 남쪽으로 큰 창을 내거나 온실을 만드는 '자연형 태양열주택'이 많다. 비교적 간단한 방법으로 난방연료의 50% 이상 절감한다. 개조가 어려운 기존 주택들은 지붕에 집열판이나 태양전지를 얹어 물을 데우거나 전기로 적극 활용한다. 이웃한 수십 채의 집들이 지붕 위에 나란히 검은 집열판이나 태양전지를 설치한 모습은 프라이부르크 시에서 흔한 풍경이다. 특히 시의회가 1992년에 "저에너지 건물만 허가한다"는 결의안을 채택한 뒤 태양에너지 활용이 더욱 활발해졌다. 투자비의 30%는 시가 지원한다. 기업이나 상업시설에 대해서도 시가 무료상담을 통해 에너지절약을 유도하고 구조를 바꿀 경우 거액의 돈을 지원한다. 이렇게 태양에너지나 풍력을 이용한 발전 설비는 "20년 뒤에는 본전을 뽑고도 남는다"라고 하는 경제적 계산도 중요하지만, 더욱 중요한 것은 "지속가능한 삶의 방식"을 나부터 실천한다는 사회적 실천이다.

프라이부르크시의 태양에너지에 관한 노하우는 독일은 물론 유럽 어느 도시보다 앞서 있다. 프라이부르크 시내의 태양광 발전장치는 모두 60개소, 최고 출력이 340kw로 시민 1인당 태양광 발전장치 시설 수는 독일에서 가장 많다. 1995년에는 드라이잠 축구경기장 남쪽 스탠드 지붕에 '시민 참여형'으로 대형 태양전지 패널을 설치했고, 1998년에는 프라이부르크시에 솔라주식회사(SAG)가 설립됐다. <사진 1>에서 보듯 프라이부르크 시의 태양에너지 시설들(예, 태양광 발전, 태양광 교육센터, 태양광 기업, 태양광 건축, 태양광 병원, 태양에너지 연구소 등)이 도시 전체에 고루 분포되어 있다.[25]

에너지공급법 개정으로 시민들이 자기가 원하는 전력회사를 마음대로 선택할 수 있게 된 것도 '태양도시' 만들기에 힘을 실어줬다. 프라이부르크 시내에는 '헬리오트롭'(태양의 집)이라고 하는 태양주택이 있으며(사진 2 참조), 교외 뮌찡엔 지역에는 태양광을 이용한 분양주택단지인 '솔라가든'이 들어서 있다.

처음에 도심의 일부거리에서 차량통행이 금지되자 거세게 반발하던 상인들이 나중엔 오히려 매상이 오른다는 사실을 알고 곧 제한구역 확대를 요구했다.

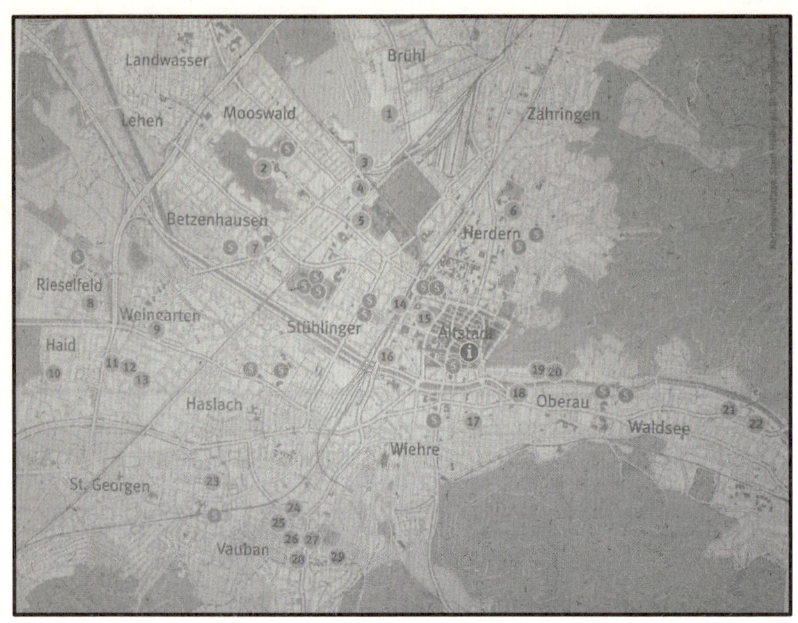

<사진 1> 프라이부르크 시 태양에너지 시설 지도(김해창, 『환경 수도 프라이부르크에서 배운다』, 28쪽)

1985년에 시 당국은 대중교통 요금을 30% 내렸다. 일 년 뒤 자가용 이용이 23%나 줄었다. 요금은 내렸지만 대중 승객이 크게 늘어 교통업체들의 수입 감소는 없었다. 도시 공기도 맑아졌고 교통 혼잡도 줄었으며 사고도 줄었다.

1991년엔 인근 지역 내 교통수단을 승차권 한 장으로 묶는 '레기오카르테'(Regio-karte, 지역승차권) 제도가 도입됐다. 한 달에 약 5만 원 가량이면 반경 50㎞ 내 지역을 촘촘히 연결한 연장 2,600㎞의 전차와 기차, 버스를 아무런 제한 없이 이용할 수 있게 한 것이다. 물론 '레기오카르테'의 도입과 함께 차량의 속도제한, 주차요금 인상 등을 병행했다. 결과적으로 자가용 승용차는 자전거, 버스, 전차, 기차와 같은 다른 교통수단에 대한 비교우위를 잃었다. 자가용을 이용할 경우 비용이 5배는 더 들게 된 것이다. 1976년에

<사진 2> 프라이부르크 시 헬리오트롭 전경(『환경 수도 프라이부르크에서 배운다』, 65쪽)

각기 18%와 22%였던 자전거와 대중교통의 수송분담률이 15년 뒤인 1991년
엔 각기 27%와 26%로 늘었다. 반면, 같은 기간에 자가용 이용률은 13%나
줄었다. 특히 자전거는 최근에 분담률이 30% 이상으로까지 올라가면서 시민
들의 가장 중요한 교통수단으로 자리잡았다.

　프라이부르크 중앙역에는 전용주차장인 '모빌레'(Mobile)가 있어 자전거
주차 및 대여가 가능하다. 또한 이곳엔 '카 쉐어링'(Car Sharing, 자동차 공유)
회원용 자동차 주차장과 자전거 클럽, 자전거 여행안내소, 판매·수리점 등도
있다. 인구 20만의 프라이부르크에는 자전거가 약 25만 대나 된다. 특히,
프라이부르크의 생태주거단지인 '보봉'지구는 주차장을 주택단지 최외곽에
배치해 자동차와 주민의 생활공간을 적정한 선에서 분리하는가 하면 버스노선
이 단지를 관통하게 함으로써 대중교통수단을 주거지 안으로 끌어들였다.

프라이부르크 시는 20여 년 전부터 값비싼 쓰레기처리 시설 투자보다 포장 줄이기와 재활용 등에 주력했다. 그 결과 1991년에 43만여 톤에 이르던 쓰레기량이 1997년엔 28만여 톤으로 3분의 1이나 줄었다. 반면 자원재활용률은 1990년의 19%에서 1997년엔 44%로 2배 이상 늘었고, 2008년 현재 60%를 넘는다. 이렇게 프라이부르크 시는 '쓰레기 제로'에 도전 중이다. 시는 이미 1992년에 '쓰레기는 전부 리시이클한다'는 목표를 세웠고, 모든 병은 규격화된 재활용병만 사용하고, 페트병은 사용하지 않으며, 상품은 가능한 포장하지 않고, 공공행사에서는 일회용 용기의 사용을 절대 금하는 등 구체적인 쓰레기 삭감 대책을 추진하고 있다.

프라이부르크 시의회는 1996년에 이런 노력들을 통해 2010년까지 이산화탄소와 같은 '온실가스' 방출량을 1992년 대비 25%까지 줄인다는 계획을 발표했다. 전체 목표 가운데 51%는 태양열 이용 등 에너지절약으로, 28%는 고효율 열병합 발전 확대로 줄이고, 재생가능 에너지 개발로 14%를, 또 자가용 이용 억제로 7%를 줄이려는 계획이다.

숲과 하천을 보호하기 위한 정책도 적극 펼쳐 생태도시의 면모도 갖췄다. 동부로 60km, 북부로 20km나 뻗쳐 있는 '슈바르츠발트'(Schwarzwald)의 경우 1800년대 초 남벌로 인해 황폐화됐던 것을 시가 200년에 걸쳐 인공조림을 함으로써 제 모습을 찾았다. 1980년대 중반부터는 녹지대에 사는 새나 곤충 등 생태계를 보전하기 위해 녹지관리에 살충제 등 농약 사용을 금지하고 있다. 도시의 간선도로나 고속도로 연변의 잔디 녹지대는 물론 도심의 잔디나 초지도 가능한 한 잔디 깎기나 풀베기 횟수까지 줄이고 있다. 또, 도심 하천인 드라이잠의 강폭 확장 및 생태 복원을 위해 대표적 환경단체인 분트(BUND, 독일환경자연보호연맹)가 생태복원프로젝트를 실시하고 있다. 드라이잠 외에도 도심에는 13세기에 만들어진 너비 50m, 총연장 15km에 이르는 '배힐레’(Bächle)라는 수로시설이 있어 아이들이나 관광객이 즐기기도 하고 도시 공기를 시원하게 하기도 한다. 또 시내의 아파트단지 주변에는 호수가 많은데, 이는 1960년대 이후 아파트 및 고속도로 건설 때 필요한 토사를 파낸 뒤 생긴 웅덩이를 호수공원화한 것이다.

특히, 프라이부르크는 환경을 바탕으로 한 지속가능한 경제체제를 적극 추진해 왔다. 프라이부르크 시내에 있는 <브라이스가우 유업>은 1997년부터 ‘비오란트’(Bioland)라는 유기농 단체의 회원농가로부터 원료를 구입해 가공우유 등 각종 유제품을 만들어 ‘비오란트’란 브랜드를 붙여 판매한다. 그 결과 매출액이 급성장했다. 또 에코맥주 양조회사인 <람스브로이>는 1973년부터 무농약 유기재배에 의한 원료를 사용하고 생산과정을 친환경 시스템으로 바꿔 제품을 생산한다. 현재 이 회사는 독일 최초의 에코맥주 회사로 유명한데, 우선 원료에 있어서 무농약 유기재배한 보리, 밀, 호프를 사용하고, 물은 자사 소유의 지하수를, 맥주 효모도 자사 배양의 천연효모를 이용하며, 황산 및 포름알데히드 등 방부제를 전혀 사용하지 않는다. 제조공정에서도 중유 대신 천연가스를 사용하며 생산과정에서 나오는 폐열을 제조공정에 재투입해 활용하고, 포장도 일회용 알루미늄캔이나 일회용 용기를 전혀 사용하지 않는다. 호프나 맥아 등의 폐기물도 가축 사료나 퇴비로 재활용하며, 배달도 원거리를 배제하고 근교에 한정해 에너지 소비와 배기가스를 감소시킨다.

심지어 프라이부르크는 금융업도 ‘생태적’이다. 1992년 환경친화적인 프로젝트나 기업에만 융자 및 투자를 하는 독일 최초의 은행인 <에코방크>가 문을 열었고, 1997년에는 <환경은행>이 새로 설립돼 호평을 얻고 있다. 이렇게 다양한 환경 단체들은 서로 네트워크를 맺어 유기적 관계를 형성하고 있다.(사진 3)

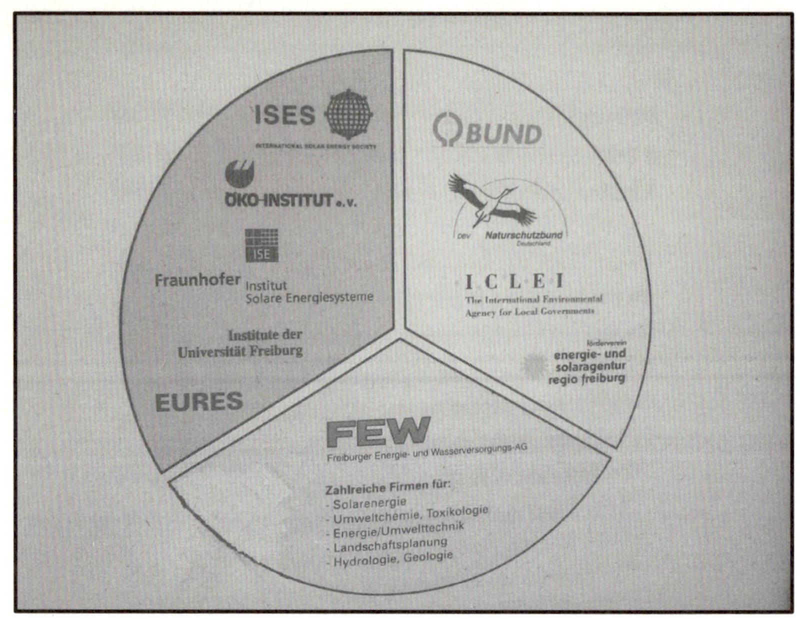

<사진 3> 프라이부르크 시 환경 단체들의 네트워크(『환경 수도 프라이부르크에서 배운다』, 126쪽)

생태적 건축

흔히 환경을 고려한 미래지향적 대안건축으로서의 환경친화적 건축의 대표적 사례로 독일의 생태건축(Ökologisches Bauen)과 일본의 환경공생주택(環境共生住宅)을 든다. 이들은 70년대 후반부터 전 세계적으로 대두되기 시작한 환경보전을 기본개념으로 하는 다양한 건축운동 즉 '생물건축'(Bio-Architecture)이나 '녹색건축'(Green Architecture), '기후순응형 건축'(Bioclimatic Architecture), '대안건축'(Alternatives Bauen) 등과 맥락을 같이 한다.

환경친화적 건축 가운데 세계적으로 가장 먼저 구체화된 개념이 독일의 생태건축이다. 1970년대 독일에서는 급속한 산업화에 의한 공해와 환경파괴가 심각한 사회문제로 대두되었다. 사회 각 분야에서는 이에 적극 대응하기 위한 다각적 대안이 모색되었는데 건축분야에서는 기존건축이 유발하는 환경

문제에 대한 대안으로 '생태건축' 개념이 탄생했다. 이 '생태건축'이란 명칭은 1979년 P. & M. 크루쉐(Krusche) 등이 연방환경부에 제출할 연구보고서의 제목을 정하면서 공식화되었다고 한다.

여기서 '생태건축'의 정의는 "자연환경과 조화되며 자원과 에너지를 생태학적 관점에서 최대한 효율적으로 이용하여 건강한 주생활 또는 업무 활동이 가능한 건축"이다. 보다 구체적으로, 기존건축은 주변의 자연자원을 적절히 활용하지 못하고 에너지와 물질을 일방적으로 소비하고 있으며 그 결과 다양한 폐기물과 오염을 유발하고 있다. 따라서 기존 건축에서는 에너지와 자원의 지속적 공급을 위한 설비와 폐기물 처리시설이 필수적이며 유지관리비가 증가하고 환경부하, 즉 '외부불경제'를 증가시킬 가능성이 상존한다. 반면, 생태건축은 건축이 자연생태계의 일부가 되는 컨셉에 기초하기 때문에 환경에 대한 부하가 거의 없이 자연자원을 효과적으로 활용한다. 이를 위해 단위 건물이나 주거단지 등에서의 에너지와 자원의 순환체계는 토양, 물, 태양, 공기 등이 지닌 자연의 순환체계와 서로 통합되도록 설계된다. 한마디로 '소통과 순환'이 핵심이다. 이러한 순환체계는 매우 다양하게 연계되며 서로 독립적으로 이루어지는 것이 아니라 상호 의존적 관계를 지닌다. 이러한 생태건축이 추구하는 건축적 목표는 다음 3가지로 정리할 수 있다.

첫째, 자원과 에너지의 생태적 이용이다. 건축물의 생산과 유지 관리에 필요한 에너지와 자원의 수요를 최소화하고 순환 활용하는 데 초점이 맞추어진다. 따라서 자연자원과 재생 가능한 자원을 우선적으로 활용하며 태양에너지의 이용이나 자연조건을 최대한 활용한 실내 기후조절장치, 식생을 이용한 건물외피의 보호 등의 계획요소가 필수적으로 도입된다.

둘째, 자연환경과의 조화다. 기존 건축이 자연환경의 심미적 차원을 추구하는 것과는 달리 생태건축에서는 환경부하의 저감이나 생물 서식환경과 건축환경과의 조화를 도모하기 위한 물리적, 생물학적 차원에서의 조화에 초점을 맞춘다. 따라서 공기 오염, 폐열, 폐기물, 폐수의 양과 농도 그리고 토양에 대한 포장을 최소화하고 대지 주변에 다양한 종류의 동식물 서식환경을 조성하기 위한 계획기법이 적극 도입된다.

셋째, 건강한 주생활의 추구다. 건축물을 주변경관과 조화를 이루도록 배치하여 건강한 주생활과 업무 활동이 가능하게 한다. 이를 위해 자연조건과 에너지 효율을 고려한 입지의 선정이나 배치, 건물의 형태, 재료의 선택, 건물 내외부의 기능적 연계성과 수목과의 연계성을 고려한 계획이 이루어진다.

가장 대표적 사례가 킬하세(Kiel-Hassee) 생태주거단지다. 이는 독일 북부 슐레스비히-홀슈타인 주 내 최초의 생태주거단지라는 의미 밖에도, 주민들의 자발적 참여에 의해 '아래로부터' 건설된 점, 또 전문가가 아닌 보통 사람들에 의한 생태적 기술의 적용이 돋보이는, 환경친화적 건축의 모범 사례다. 원래 1986년의 '자연과 더불어 하는 건축'(Building with nature)이란 전시회에서 구체적 건축계획이 세워졌다. 크게 5가지 목표를 갖고 출범했는데, 그것은 생태적, 공동체적, 도시적, 사회적 그리고 경제적이라는 목표다. 킬하세 생태주거단지는 공상적 처방들과 테크닉을 배제하고, 자연경관과 문화에 대한 보존적, 생태학적 통합을 최대화한다는 목적 아래 구현되었다. 구체적으로, 단지는 모두 26채의 건물로 구성된 아담한 마을이고, 연못 2개가 생활하수의 정화와 빗물저장 기능을 한다. 단지 전체가 편안하고 자연을 훼손시키지 않는다는 이념으로 조직되었고, 마을 주민들은 자연의 흐름을 따르는 것을 중시한다. 집의 건축으로 손상된 녹지는 지붕의 옥상녹화를 통해 보충되었고, 빗물의 흡수를 방해하는 시멘트, 콘크리트 포장은 일절 않았다. 건축물의 소재는 공기와 수분이 잘 통하는 소재를 사용하며 다시 자연으로 돌아가 분해 가능하도록 설계했다.

이러한 컨셉에 기초한 생태건축은 단순히 '환경파괴'를 최소화하거나 '환경보호'를 최대화한다는 차원을 넘어, 건축 그 자체도 '생태순환계의 일부'로 되고자 하는 노력을 보인다. 따라서 독일의 생태적 주거 양식이나 건축 양식은 생활의 편리함과 실용성을 중시하는 기존 건축 모델과는 달리, 자연 생태계의 '소통과 순환의 흐름 속으로' 깃들어가는 양상이 특징이다.

생태적 마을

독일에는 일반적인 생활공간 말고도 '특수한 공동체' 형태의 집단 내지 마을이 150여 군데 있다. 그 중 가장 대표적 사례로 ZEGG(Zentrum für Experimentelle Gesellschafts-Gestaltung), 레벤스굿(Lebensgut Pommritz), 지벤 린덴(Sieben Linden), 니더카우풍엔(Niederkaufungen), 우파 파브릭(Ufa Fabrik), 레벤스가르텐(Lebensgarten) 등이 있다.[26] 여기서는 상징적으로 ZEGG만 간단히 살피고자 한다.

ZEGG는 'Zentrum für Experimentelle Gesellschafts-Gestaltung'의 약자로, 독일 수도 베를린의 남서쪽 벨찌히(Belzig)에 위치한 생태적 대안문화공동체다.[27] ZEGG는 통일 직후인 1991년, 독일 예술가들에 의해 창립되었다. 공동체가 세워지기 전 이 지역은 2차 대전 후 동서 분단 기간 동안 미국 CIA 정보원들의 특수교육기지였다. 독일 통일 과정에서 교육기지가 폐쇄될 즈음 지역 인사들을 설득해 공동체 부지를 저렴한 가격에 확보했다. 전체 면적은 10만여 평 정도며, 소나무 숲이 7만여 평, 유기농업 농장이 5천여 평, 그리고 의자 테이블 등을 만들어 파는 목공소, 도자기를 굽는 가마와 작업실, 아틀리에, 컨퍼런스 등의 프로그램을 위한 대학 건물, 여러 채의 숙소 건물, 컵과 기념품, 책, 도자기 등을 파는 작은 상점과 공동체 구성원들이 사용하는 사우나 시설,

수영장, 여름 프로그램을 위한 야영장 등이 있다. 여기는 어른 70여 명과
어린이, 청소년 40여 명이 함께 산다. 구성원 중에는 화가, 도예가, 목수 등의
예술인들이 많다. 창립 주역 중 10명만이 공동체에 정주하고 그 외에는 공동체
밖에 다른 직업을 갖고 있으면서 몇 달씩 가끔 들어와 사는 이들도 있다.
장기 구성원이 되기 위해서는 몇 단계 심사를 거치는데, 전체 1년 6개월 정도의
심사기간 동안 함께 살면서 공동체 일을 해야 한다. 장기 구성원이 되면 위원회
에 발언권이 주어지는 것은 물론 의사결정 과정에 참여할 수 있다. 공동체는
운영을 맡은 회사를 별도로 갖고 있는데 거주자들은 주택임대료와 식사비
등을 회사에 내고 공동체에서 일하는 사람들은 월급을 받는다. 밖에 직장을
가지고 살림만 공동체에서 하는 사람들도 있고, 밖에 살면서 정기적으로 프로
그램 스텝으로 참여하는 이들도 있는 등 공동체와 사람들이 관계를 맺는
형식이 매우 다양하다. ZEGG는 목재공장에서 테이블과 의자를 만들어 팔기
도 하고 도자기, 그림 등을 팔기도 하지만 방문자들을 위한 포럼, 컨퍼런스
등 프로그램 수입이 대부분이다. 그래서 공동체에서는 방문자들을 위한 프로
그램 개발과 홍보에 많은 노력을 기울이며, 프로그램은 특히 좋은 인간관계를
만들기 위한 훈련 프로그램과 자신감을 갖도록 하는 자기개발 프로그램 과정
에 중점을 두고 있다.

생태적 일상

독일의 도시나 마을을 관통하는 역에서는 아침마다 출근시간에 기차가
도착하자마자 수많은 사람들이 바쁘게 역사를 빠져 나온다. 이들은 순식간
에 자전거 물결을 이루어 달린다. 시 외곽에서 거주하지만 기차를 타고
도시 또는 일터로 온 다음 역 부근에 세워둔 자전거로 갈아타고 목적지로
향하는 것이다. 정장 차림의 직장인도 있고 가방을 멘 학생도 있다. 대부분의

독일 도시나 마을들은 대체로 산이나 언덕이 적은 지형적 탓도 있지만 생태적 생활이 몸에 밴 사람들의 집단 문화로 인해 '자전거 천국'이라는 인상을 준다. 대체로 차량통행이 금지되거나 제한된 도심은 항상 다양한 모습의 자전거와 사람들로 넘친다. 가끔 전차와 버스가 다니긴 하지만 위협적이지 않다. 앞 뒤 자리에 아이들을 한둘 태운 주부나 어린 학생이나 아무 걱정 없이 여유롭게 거리를 왕래한다. 어느 지역이건 깨끗한 공기, 자연과 잘 조화된 시내는 사람들로 하여금 걷고 싶은 충동을 불러일으키면서 '보행권'의 소중함을 상기시킨다. 이 보행권은 또한 사람과 사람을 잇는 역할을 한다. 사람들은 천천히 걷는 도중에 이웃이나 친구와 만나서 얘기할 수 있고, 쾌적하고 여유로운 도심에서 커피나 차를 한잔 나누며 살아가는 이야기를 할 수 있다.

시인 박남준은 짧은 글에서 차량 통행 수와 대인관계를 연구한 결과를 인용하고 있다.[28] 즉 하루에 차량이 2천 대 통행하는 길 주변의 사람들은 절친한 친구가 평균적으로 3명, 아는 사람이 6.3명인 반면, 차량이 1만 6천 대 통행하는 길 주변의 사람들은 절친한 친구가 평균 0.9명, 아는 사람이 3.1명밖에 되지 않는다. 시인의 말처럼 좁은 골목길을 걸으면서도 "굽은 골목길이기에 버스정류장 앞까지 여유롭게 갈 수 있는 것이 고맙다"고 느끼는 것이 일상의 생태적 삶이 아닌가. 하지만 우리의 경우, 골목길조차 자동차에 점령당한 지 오래고, 버스정류장이 있는 큰길로 나가자마자 '목숨을 걸고' 길을 건너야 한다. 하지만 독일에서는 도심지에서조차 느긋하고 여유롭게 거닐 수 있다. 물론 '마이카'로 상징되는 자동차 문화는 I. 일리히[29] 선생의 말처럼 "산업의 근본적 독점"(radical monopoly)을 뜻한다. 삶의 통로에 대한 독점, 삶의 속도에 대한 독점, 삶의 내용에 대한 독점, 삶의 방식에 대한 독점이다. 따라서 박홍규 선생의 말처럼 '마이 카'(my car)는 비인간적이고 반생명적

인 '독점'을 지향하는 자본주의 및 제국주의의 산물이다.[30]

그러나 대부분의 독일 도시도 늘 그랬던 것은 아니다. 불과 30년 전인 70년대까지만 해도 대부분의 도시는 극심한 차량 혼잡과 산업사회의 오염으로 몸살을 앓았다. 유럽의 여느 도시와 다를 바 없었다. 그러나 1970년에 여기저기서 핵발전소 건설이 추진될 무렵, '원전반대 시민운동'이 활성화하면서 사람들의 생태 의식이 급격히 고양된다. 그 결과 일상적 삶 속에서의 생태적 실천이 중요하게 부각된 것이다.

또한 독일의 많은 대학에 설치된 커피 자판기는 익숙하지 않은 사람한텐 사용이 불편하다. 동전을 넣고 무심코 자판을 누르면 커피가 그냥 흘러내린다. 개인 컵을 들고 다니는 사람들을 위한 것이기 때문이다. 컵이 없을 경우 잔돈을 더 넣고 단추를 누른 뒤 샵 단추를 추가로 눌러야 한다. 그러면 노란 플라스틱 컵에 커피가 나오고, 이 컵을 옆 기계에 넣으면 일부 잔돈을 돌려받는다. 일회용 컵 사용을 줄이려 고안된 것이다. 동네의 슈퍼마켓에서도 일회용품은 찾아보기 어렵다. 물이나 우유, 음료수 등 대부분이 캔이나 플라스틱 대신 병에 담겨 진열된다. 아무리 많은 물건을 사도 비닐봉지에 담아주지 않지만, 불편해하는 사람은 거의 없다. 꼭 비닐봉지가 필요하다면 추가로 돈을 내야 한다. 대부분의 시민들은 장바구니나 헝겊 보따리를 들고 다닌다.

체화된 생태 의식은 '쉐나우'(Schönau) 주민 사례에서도 돋보인다. 1986년 체르노빌 사고는 슈바르츠발트(Schwarzwald) 속의 아름다운 마을인 쉐나우를 공포로 몰아갔다. 채소와 우유가게에서 방사능 측정기가 '틱틱' 소리를 냈고 임신부는 물론 아이들이 밖에 나가기 무서웠다. 약 25㎞ 떨어진 독일 핵발전소 2기에서 피어오르는 수증기가 불안의 근거였다. 주민들은 1987년에 '핵 없는 미래를 위한 부모들'이라는 모임을 만들었다. 핵발전소 없이 사는 길을 찾기 위해서였다. 우선 주민들은 에너지절약 운동을 시작했다. 8년간 계속된 이 운동 동안 이들은 전기를 많이 쓰게 유도하는 요금체계의 문제점과 화석연료 사용이 얼마나 낭비적인가를 깨달았다. 결국 주민들은 핵 없는 전기를 공급하는 회사를 직접 차리는 길을 선택했다. 이 운동을 주도한 <쉐나우 에너지 이니셔티브> 사무국장 다그말 축쉬베르트는 "1997년 7월 마침내 배전망을 인수하기까지의 주민 설득과 지역 전력회사와의 싸움, 치열한 주민투표로 얼룩진 힘든 7년이었다"고 회고한다. 특히 배전망 인수비용을 조달하기 위해 벌인 전국적 모금 캠페인에서는 당시 약 200만 마르크가 모였고, 쉐나우는 기존 에너지체계에 반기를 든 선구적 마을로 전국에 알려졌다.

그러나 모든 독일인들이 생태적 생활을 하는 것은 아니다. 독일 사람들이 상대적으로 높은 생태적 의식을 갖고는 있지만 여전히 '지속가능한 생활양식'이 보편화했다고 보기는 어렵다. 그래서 프라이부르크 분트(BUND, 독일 환경·자연보호연맹)의 악셀 마이어 사무총장은 "우리는 이제 겨우 환경파괴의 진행에 제동을 건 수준"이라며 "지속적 성장을 맹목적으로 추구하지 않으면서 삶의 질을 높이려는 변화가 필요하다"고 강조한다. 디터 뵈르너 환경보호국장도 "지역공동체로서 재생가능한 사회로 가는 것이 환경정책의 궁극적 목표"라며 "무엇보다 삶의 방식이 달라져야 할 것"이라고 말했다.[31]

결론—독일에서 배우기

앞에서 우리는 독일의 생태주의가 그 이론적 차원에서는 물론, 실천적 차원에서 상당한 수준의 모범성을 보여주고 있음을 살펴보았다. 독일 사회의 상대적 선진성은 결국 '사회경제 발전을 어떻게 정의할 것인가' 하는 문제와 연관되어 있다. 오로지 앞만 보며 '더 높이, 더 빨리, 너 많이' 성취하고자 하는 한국사회의 성장중독적 상황을 고려할 때, 독일의 생태주의는 우리에게 매우 중요한 시사점을 던지고 있다.

첫째, 거의 맹목적으로 '파이의 크기'(size of pie)를 늘리려 하거나 '파이의 분배'(share of pie) 문제를 둘러싸고 숱한 사회적 갈등을 노정하고 있는 한국사회는 이러한 독일의 선진적 범례를 따라 '파이의 원천'(source of pie) 문제에도 일관된 관심을 기울일 필요가 있을 것이다.[32] 여기서 말하는 파이의 원천이란, 우리가 먹고살기 위해 만드는 그 모든 파이가 건강한 원료로 만들어지고 건강한 생산과정으로 만들어지며 건강하게 소비되어 건강한 모습으로 자연으로 돌아가는지 하는 문제를 가리킨다. 요컨대, 우리가 제 아무리 파이를 크게 만들고 또 이것을 사이좋게 나눠먹는다 할지라도 만약 그 파이 자체가 건강하지 못한 것이라면 그 어느 누구도 건강하고 행복한 삶을 영위하지 못할 것이다. 따라서 모든 인간 활동의 궁극적 목적인 '행복한 삶'을 누리기 위해서는 지금부터라도 파이의 원천에 일관된 관심을 쏟아야 할 것이다.

둘째, 독일의 생태주의 이론들은 처음에는 생물학으로부터 출발하여 나중에는 인문학, 사회과학으로까지 확장됨으로써 결국은 하나의 학문 분과만이 아니라 전 사회를 아우르는 의제로, 또 당대만이 아니라 인류의 미래까지 아우르는 의제로 발전하게 되었음을 알 수 있다. 그런데 독일 사회에서 생태주의 이론이 이렇게 심화 발전하게 된 배경에는 '학문적 다양성'에 대한 사회적 믿음이 강하게 자리잡고 있음을 알 수 있다. 일례로, 구 동독 출신의 반체제 이론가 루돌프 바로가 생태주의 관점에서 근본적 체제 비판을 한 뒤 감옥에 갇혔을 때 독일사회는 세계 시민사회와 더불어 학문의 자유, 사상의 자유, 이론의 자유를 위한 구명 운동에 동참했고, 결국 그를 구원했다. 이런 식으로 확보된 학문의 자유는 독일 학계에서 가장 기본적으로 필요한 생명수와 같은 역할을 한다. 그리하여 루돌프 바로의 다음과 같은 생태정치적 언명은 세계적 보편성을 갖게 된다: "제3세계와의 화해의 길은 우리 스스로가 제3세계가 되는 것에 있을 것이다."[33] 반면, 자본과 권력의 이해를 반영하는, 위로부터의 '레드 콤플렉스'로부터 자유롭지 못한 한국사회는 그렇게 부자유스런 만큼 학문의 깊이나 넓이가 편협하게 형성될 수밖에 없었다. 따라서 한국사회는 독일의 '생태주의 학문'만이 아니라, 다양한 이론과 논쟁, 담론과 토론이 살아 숨쉬며 상호작용하는, 이른바 '학문의 생태주의'를 진지하게 배울 필요가 있을 것이다.

셋째, 동양의 양명학이나 한국의 전통사상에서도 강조되듯이 '언행일치' 또는 '지행합일'이 매우 절실함을 알 수 있다. 독일의 생태주의에서 간략하게나마 살펴보았듯이, 이론과 실천이 비교적 일관된 길을 걷고 있음을 알 수 있다. 특히 생태주의 이론은 생태주의 정책이나 생태주의 생활로 이어지고 있어 독일 시민사회가 보여주고 있는 세계적으로 높은 '삶의 질'(Lebensqualität)이 과연 어디서부터 오는가 하는 문제의 해답을 얻게 한다. 앞서 살폈듯이, 독일의 생태적 정책, 생태적 도시, 생태적 건축, 생태적 마을, 생태적 일상 등은 결국 생태주의 이론 및 철학과 부단히 상호작용하면서 전반적 삶의 질을 높일 뿐만 아니라 미래지향적 대안 사회의 싹을 제시한다. 특히 한국의 경우, 학교 내지 학문이라는 것이 오로지 졸업장이나 학위증을 통해 자신의 노동력 가치 를 증대하고자 하는 동기에서 비롯된 것이 대부분이다. 동기가 이러하니 학습 의 과정이나 내용이 중요한 것이 아니라 결과인 점수와 등수, 출신이 중요하게 된다. 따라서 이론과 실천이 합일을 이룰 토대 자체가 처음부터 형성되지 못하는 것이 솔직한 우리 현실이다. 이론 따로, 실천 따로가 우리 현실이다. 따라서 독일 사회가 조용히 우리에게 가르치는 것처럼 '삶의 질'을 높이기 위해 생태주의적 이론과 실천의 합일을 이루는 것이 절실하다. 특히 '위로부터의' 정치권력 장악을 지향하는 의회주의 정치 활동보다는 풀뿌리 시민들이 자기조직화와 생동하는 연대를 통해 생태적 공동체를 형성하는, '아래로부터의' 운동과 실천이 더욱 중요할 것이다.

▪ 주

1_ 이하 내용은 블로그 http://blog.naver.com/jjh673174/12015282 참조.

2_ 이상 내용은 블로그 http://blog.naver.com/jjh673174/12015282 참조.

3_ 그는 1977년 이 책이 서독에서 발간된 직후 동독 경찰에 체포되었고 8년형을 선고받았으나 세계적 구원 활동의 결과 1979년에 석방되었고 곧 서독으로 망명했다. 망명 직후 그는 서독 녹색당에서 지도적 역할을 시작했다. 그러나 이론적, 실천적 고민을 하던 그는 1985년에 녹색당을 탈당했다(Rudolf Bahro, *Die Alternative: Zur Kritik des real existierenden Sozialismus* [Frankfurt a. M.: Europaeische Verlagsanstalt, 1977]; 문순홍, 『생태학의 담론』, 아르케, 2006).

4_ Rudolf Bahro, *From Red to Green* (London: Verso, 1984); *Logik der Rettung* (Stuttgart: Weitbrecht, 1987); 이필렬, 「체제 밖의 과학」, 『녹색평론』, 2000년 7-8월호.

5_ 루돌프 바로는 1985년에 녹색당이 "만약 단 하나의 인간이라도 살릴 수만 있다면, 동물들의 고통은 용인될 수 있다"는 입장을 굽히지 않자 미련 없이 당을 떠나고 말았다(Bahro, *Building the Green Movement* [London: GMP, 1986], p. 210; 앤드류 돕슨, 『녹색정치사상』, 정용화 역, 민음사, 1993, 89쪽).

6_ Rudolf Bahro, *Logik der Rettung*.

7_ Rudolf Bahro, *Building the Green Movement*, p. 29. 그런데 『에코파시즘』을 쓴 P. 스타우든마이어는 루돌프 바로를 완전히 다른 각도에서 비판한다. "루돌프 바로 역시 머레이 북친과 마찬가지로 생태 담론의 본래적 가치, 즉 '유기적이며 전일적인 세계관 지향'을 정확히 알고 있었다. 그러나 그는 도구적 이성과 지성주의에 대한 반발로 영성을 강조하면서 동시에 순수 독일주의라는 전통에 기대어 에코파시즘적 경향을 보인다. 순수 아리안들만이 유기적이고 전일적인 세계를 형성할 수 있으며 그것이 자연의 법칙을 그대로 순응하는 것이라는 이와 같은 사고는 이미 히틀러와 그의 동료들에 의해 국가사회주의 실험이라는 근대적 야만을 야기했었다. 다시 이성이 문제다. 근대의 야만을 창조한 이성에 대한 유일한 대안으로 직관과 신비주의만이 존재한다는 것이 바로의 생각(이는 또한 민족주의와 결합되어 있다)이라면, 그게 아니라 도구적 이성을 합리적으로 비판할 수 있는 또 다른 이성이 존재한다는 것이 북친의 생각이다"(자넷 빌·피터 스타우든마이어, 『에코파시즘』, 김상영 역, 책으로만나는세상, 2003).

8_ Rudolf Bahro, *From Red to Green*; 문순홍, 『생태학의 담론』; 문순홍, 『생태 위기와

녹색의 대안』, 나라사랑, 1992.

9_ Bahro(1980), *Socialism and Survival* (London: Heretic Books, 1982), p. 131; 앤드류 돕슨, 『녹색정치사상』, 208쪽.

10_ Bahro, "Spirituelle Gemeinschaft als soziale Intervention. Rede auf der Kommune-Bewegung in Burg Stettenfels," in *Kommune* 9/1984; Rudolf Bahro et al., *Radikalität im Heiligenschein. Zur Wiederentdeckung der Spiritualität in der modernen Gesellschaft* (Berlin: Herzschlag-Verl, 1984).

11_ 문순홍, 『생태 위기와 녹색의 대안』, 227쪽; 『생태학의 담론』, 172쪽.

12_ 프란츠 알트, 『생태적 경제기적』, 박진희 역, 양문, 2004, 41쪽. 일례로, 독일의 아우리히에 있는 풍력발전기 생산회사인 에너콘에는 1995년에 일자리가 800개 있었는데 4년 뒤 일자리가 3,600개로 늘었다.

13_ 프란츠 알트(1993), 『생태주의자 예수』, 손성현 역, 나무심는사람, 2003, 114쪽.

14_ 실제로 브레멘 등 다양한 독일 도시에서는 도심지에 '공용 자전거'를 두거나 '자동차 함께 타기'를 많이 한다.

15_ 프란츠 알트, 『생태주의자 예수』, 123쪽.

16_ 화석에너지 가격은 올리고, 노동자가 내야 하는 보험이나 연금 등 부담금을 경감하는 것으로, 오스나브뤽 대학의 베른트 마이어 교수는 이를 통해 새로 100만 개의 일자리가 창출될 것이라 보았다(프란츠 알트, 『생태주의자 예수』, 2003, 40쪽).

17_ 이러한 인식은 *Das Terra-Prinzip* (Stuttgart: Horizonte, 1996)을 쓴 Peter Spiegel의 문제의식과도 거의 일치한다. P. Spiegel은 무소불위의 신화나 무기력의 좌절 모두를 극복하고 '아래로부터의' 범지구적 대안을 찾아야 함을 강조하면서, 결국은 세계 시민이 '땅의 원리'를 되찾아야 희망이 생긴다는 논지를 편다.

18_ 볼프강 작스 외, 「세계화 시대의 에콜로지와 정의」, 『녹색평론』, 2004년 1-2월호

19_ 태양에너지는 해마다 인류가 소비하는 에너지의 15,000배에 이르는 에너지를 보내준다.

20_ 그는 태양전지판의 값이 너무 비싸지 않느냐는 질문에 "1880년에 석탄발전의 단가는 지금보다 200배 이상 높았다"며 "태양전지판은 구조가 간단해 대량생산이 가능하고 벽에 붙이는 타일이나 기와 형태로 개발하면 단가인하와 대량보급이 가능하다"고 말했다. 그는 "전력회사들이 아헨모델과 재생에너지를 헐뜯는 역선전에 골누하고 있는 것은 재생에너지가 이미 시장에서 화석에너지와 당당히 겨룰 만큼 힘을 갖췄다는 반증"이라고 말했다. 그렇지 않아도 시설과잉에 허덕이는 핵과 화력발전소들이 재생에너지 확산에 존립의 위협을 느낀다는 것이다(『한겨레』, 1999. 3. 22, 조홍섭 기자의 기사 참조).

21_ 심지어는 전기의 공급 자체를 아예 시민의 손으로 하자는 파격적 운동도 있다. 독일 남서부 슈바르츠발트(흑림) 지대에 있는 인구 2,500명의 소도시 쉐나우는 '전기 반란'으로 유명하다. 이곳 시민들은 독자적인 배전회사를 차려 원자력 전기를 쓰지 않고 태양·수력·풍력·열병합 발전 등 환경친화적 에너지 체계를 꾸리고 있다.

22_ 독일은 1999년에 2030년까지 모든 핵발전소를 폐쇄하기로 했고, 유럽연합은 2050년까지 전체 에너지의 50% 이상을 생태적 대안 에너지로 생산할 계획을 수립한 상태다. 1999년에 독일이 핵발전 계획을 포기한 이유는 핵발전이 발전량은 풍부하지만 필연적으로 나오게 되는 핵폐기물의 처리방법이 위험하고 문제가 많다고 판단했기 때문이다. 핵발전 뒤의 부산물 중에 '고준위 핵폐기물'이라 불리는 '사용 후 핵연료'가 특히 문제다.

23_ 1970년대 당시 유럽공동체 경제사회위원회에서 일하던(1973-1983) 페트라 켈리 (1979년 독일 녹색당 창당 멤버, 1980-82, 1984년 대변인 역임)는 저항의 편, 어떤 경우에도 매수당하지 않는 편에 섰다(모니카 스페어·환경운동연합 편, 『녹색혁명가 페트라 켈리』, 나남, 1994, 157-58쪽). 페트라 켈리 같은 사람들은 효율 지상주의적 자본주의의 부조리한 논리에 비타협적이었다.

24_ 찬성파의 논리는 새 발전소로 인해 약 140개의 고용 창출, 또한 연관 산업의 입주로 인한 개발 효과, 문화시설 설치(야외수영장, 실내수영장, 공동회의장, 체육시설 등) 공약 등이었다(『녹색혁명가 페트라 켈리』, 157쪽).

25_ 김해창, 『환경수도, 프라이부르크에서 배운다』, 이후, 2003, 28쪽.

26_ ZEGG에 대해선 임홍빈(「기독교 생태신학의 시각에서 본 독일 생태공동체의 신과학적 자연 영성」, 국중광·박설호 편, 『새로운 눈으로 보는 독일 생태공동체』, 월인, 2005), 황선애(「독일 생태공동체의 가족과 젠더」, 『새로운 눈으로 보는 독일 생태공동체』), 김동희(「독일 생태공동체의 교육 실태」, 『새로운 눈으로 보는 독일 생태공동체』), 정희연("독일 대안공동체 ZEGG 탐방기"[2008], http://cafe. daum.net/hibp/KUgb/15), 레벤스굿은 홍용덕(「독일 레벤스구트」, 『한겨레』, 2001. 9. 12), 지벤 린덴은 임홍빈(「기독교 생태신학의 시각에서 본 독일 생태공동체의 신과학적 자연 영성」), 박영구(「독일 생태공동체의 체험학습 및 문화 프로그램」, 『새로운 눈으로 보는 독일 생태공동체』), 니더 카우풍엔은 황선애(「독일 생태공동체의 가족과 젠더」), 박계수(「생태공동체의 일과 여가」, 『새로운 눈으로 보는 독일 생태공동체』), 우파 파브릭은 김태훈(「베를린의 예술촌 '우파 파브릭'」, 『조선일보』, 2004. 2. 20), 레벤스가르텐은 박계수(「생태공동체의 일과 여가」), 김태훈(「도시인이 만든 전원마을 독 레벤스가르텐」, 『조선일보』, 2004. 1. 28)을 참고.

27_ 이하 정희연의 "독일 대안공동체 ZEGG 탐방기"와 국중광·박설호 편, 『새로운 눈으로 보는 독일 생태공동체』; 국중광·박설호 편, 『생태 위기와 독일 생태공동체』, 한신대출판부, 2004 참고.

28_ 박남준, 「소홀히 생각지 않았으나」, 『작은 것이 아름답다』, 2007년 2월호, 32-33쪽.

29_ I. 일리히, 『행복은 자전거를 타고 온다』, 박홍규 편저, 형성사, 1990.

30_ 박홍규, 「마이카의 사회적 비용과 효용성」, 『행복은 자전거를 타고 온다』, 137쪽.

31_ 『한겨레』, 1999. 3. 22.

32_ H. 하이데, 『노동사회에서 벗어나기』, 강수돌 외 옮김, 박종철출판사, 2000.

33_ Rudolf Bahro, *Building the Green Movement*, p. 88.

10_ 이윤과 권력을 넘어서는 레츠 운동

들어가는 말

우리는 흔히 "호주머니에 돈이 없으면 불안해서 한 발자국도 움직일 수가 없다"고 말한다. 삶의 전 과정이 화폐와 시장의 메커니즘에 의해 조직되고 통제되기 때문이다. 결국 우리는 겉으로는 자유롭게 다니지만 속으로는 화폐와 시장의 감옥에 갇혀 살고 있다.

여기서 말하는 시장과 화폐란 물론 자본주의 상품세계의 범주 안에서 규정된 것이다. 즉 시장이란 상품이 거래되는 공간이며 화폐란 그 상품의 가치를 재거나 거래를 매개하는 수단이다. 문제는 우리가 그 어떤 화폐도 갖고 있지 못하다면 그 어떤 상품도 합법적으로 시장에서 살 수 없다는 점이다. 물론 친구나 가족이 해결해 줄 수는 있지만 그것은 일시적이거나 부분적일 수밖에 없는 한계가 있다. 다른 편으로 자신이 필요로 하는 모든 것을 자급자족할 수도 있으나 이것도 보편화하기에는 현재로서는 너무나 버겁다.

그런데 대부분의 사람들에게 자본주의 경제는 돈벌이를 강제한다. 돈이 많아 사업을 하든 노동능력과 노동의욕이 있어 임금 노동을 하든 뭔가 돈이 되는 일을 해야 삶의 문제를 해결하면서 살아갈 수 있다. 다시 말해 돈을 많이 벌어서 많은 상품을 소비해야 행복에 이른다는 기본적인 패러다임 위에 모든 사람들이 바삐 움직이고 있는 것이다. 그리고 대부분의 사람들이 돈을 벌려면 노동력을 팔아야 하고 그러기 위해서는 학교 때 좋은 성적을 내거나 취업이 쉬운 학교 및 학과를 가야만 한다. 취업을 못해 실업자가 되면 굶주리거나 기아 임금으로라도 일을 해야 한다. 통탄할 만한 신고전파 이론에 따르면 "일부 노동자들이 일자리를 찾지 못하는 이유는 노동시장에서의 실질임금이 너무나 높기 때문"이라 한다.[1] 취업을 하더라도 해고당하지 않고 성공하려면 상사에게 잘 보여서 인정을 받아야하고 성과를 내야하며 충성을 다해야 승진을 하고 그래서 더 많은 돈과 지위를 소유할 수 있다. 그래서 오로지 소속된 조직에 혼신을 다해 공헌하고 저항하지 않는 인간이 되어야 한다. 비록 파김치가 되고 과로사를 당하는 한이 있더라도 말이다. 만일 무능인으로 찍히거나 '불순분자'로 몰리거나 과잉인력으로 분류되면 이는 인생의 실패나 죽음을 뜻한다. 꼬르드니에의 『거지를 동정하지 마라?』에 소개된 신고전파 이론은 자본주의 사회에 대량으로 생산되는 실업자더러 "고용주가 제시하는 가격에 일하기를 거부하고 대신 자유로운 여가를 선택한 사람들"이기에 그냥 내버려두라고 한다. 자본의 독재 아래 묵묵히 일하든지 아니면 굶어 죽으라는 것이다. 이것이 자본주의 속에서 사는 우리 인생의 기본 밑그림이다.

바로 이런 조건 속에서 노동력을 강제로 팔지도 않고 억압적인 명령체계 속에 일하지도 않으며 화폐의 수량이나 가시적 성과에 따라 인간을 평가하지 않는 새로운 사회경제 방식, 즉 새로운 삶의 방식을 창조해나갈 필요성을 느끼게 된다. 물론 현실사회주의(국가사회주의 내지 국가자본주의)는 그러한 이상을 실현해 보고자 했으나 역시 관료주의, 일당 독재, 낮은 효율성, 자율성과 창의성 부재 등의 문제로 좌절하고 말았기에 이것도 대안으로서는 문제가 많아 보인다. 이른바 선진국의 케인스주의적 복지국가나 제3세계의 개발독재 역시 국가사회주의 내지 국가자본주의와 크게 다르지 않은 엘리트주의의 산물이었고 그러한 만큼 오류를 낳고 말았다. 더군다나 현재의 자본의 세계화 및 신자유주의 공세는 유례없는 형태로 사회적, 생태적 삶의 토대들을 파괴하고 있다. 바로 이런 측면에서 우리는 시장의 독재도, 엘리트의 독재도 아닌 진정한 풀뿌리 민주주의를 구현하는 새로운 사회경제 시스템은 어떻게 가능할지를 진지하게, 그리고 절박하게 물어보아야 한다.

나는 바로 그 대안이 모든 풀뿌리 자신 속에 있다고 본다. 한마디로 '자율과 자치'의 원리를 정치경제, 사회문화, 교육종교 등 모든 분야에 구현하는 것이다. 이것은 더 이상 우리의 운명을 외적인 것, 즉 시장 경쟁력이나 엘리트의 리더십에 의존하는 것이 아니라 우리 자신이 스스로 참여하여 창의적으로 만들어가는 것이다. 즉 시장권력, 화폐권력에 우리 운명을 떠맡기는 것도 아니요, 정치권력, 의회권력에 우리 운명을 위임하는 것도 아닌, 스스로 책임지고 스스로 만들어 가는 그런 원리 위에 새로운 삶의 구조를 만들어가야 한다는 것이다.

이런 맥락에서 주목받는 것이 새로운 화폐 운동이요, 새로운 거래 시스템(LETS: Local Exchange & Trading System)이다. 일본의 저명한 문학비평가 가라타니 코진이 주창하는 NAM(New Associationist Movement)에서도 소비-생산 협동조합과 더불어 LETS라는 새 경제권의 창조가 자본주의 시장경제('자본-국민-국가' 시스템)를 근본적으로 넘어가기(양기) 위한 "내재적이며 초출적인 대항 운동"이라 자리매김되고 있다.[2] 요컨대 레츠 등 지역화폐 운동은

소유와 축적 중심의 생활방식을 관계와 나눔 중심의 생활방식으로 바꾸고자
하는 운동인 것이다.

레츠의 유래

역사적으로 레츠의 기원은 1830년대 오웬의 노동증권까지 거슬러 올라가
고 1930년대 대공황기의 독일, 오스트리아, 미국 등에서의 지역통화에서도
그 현대적 흔적을 찾을 수 있다. 그러나 오늘날과 같은 레츠는 원래 1983년
캐나다의 코목스 밸리라는 조그마한 섬마을 광산촌(코트내이)에서부터 마이
클 린턴에 의해 시도되었다. 컴퓨터 프로그래머였던 마이클 린턴은 80년대
초의 경제불황에 직면하여 실업자가 양산되어 이들이 일할 능력과 의지를
가지고도 살아가기 힘들게 된 상황을 보면서 몇 가지 근본적인 의문을 제기했
다. 도대체 현금을 소유하지 못하면 아무런 경제행위를 할 수 없다는 현실은
정당한 것인가? 과연 돈이란 무엇인가? 우리가 스스로 만들지 못하란 법이
있는가? 그는 사람들이 서로의 부족한 부분을 채워주기 위해서라면 반드시
중앙집권화된 통화제도를 따르지 않아도 되지 않겠느냐 하고 생각했다. 중앙
은행에서 발행하는 현금은 늘 부족하기 마련이고 이를 얻기 위해 사람들은
서로 경쟁하거나 다투고 마지막에는 소수만이 만족하게 되기 때문이다. 그래
서 마이클 린턴은 이 실업자들만을 위한 새 화폐를 만들고 그것을 효과적으로
사용하기 위한 시스템을 만들었다. 최초로 지방고용교역시스템(Local Employ-
ment and Trade System)이라 명명된 '코트내이 레츠'는 1983년에 시작되었는
데 2년 후 회원이 500명에 이르렀으며 회원들간의 교역량은 달러로 환산하여
30만 달러와 맞먹는 수준이었다. 이 시스템은 전국적으로 많이 알려지게 되었

으며, 레츠의 이념이 캐나다 전역에 퍼져나갔다. 그것이 바로 오늘날의 레츠다. 한마디로, 레츠는 새로운 교환(시장) 시스템이고, 지역(공동체, 녹색)통화는 이 새로운 호혜시장에서 거래를 돕는 새 화폐이다.

호주 또한 레츠가 활성화된 나라로 200개 이상의 레츠 그룹이 활발히 활동하고 있으며, 그 중 1/4 가량이 호주 서부에 위치하고 있다. 1987년 최초로 교역을 시작한 곳은 퀸즈랜드에 있는 멜레니(Maleny) 지역의 조그만 '대안적인' 공동체에서부터였다. 이곳은 퍼머컬쳐(permaculture) 운동가인 질 조던(Jill Jordan)의 고향으로, 마이클 린턴의 생각에 영향을 받았다. 이에 뒤이어 다른 그룹들이 생겨나기 시작했다. 세계 최대 규모의 레츠는 시드니 서부의 블루 마운틴 지역에 위치하고 있고 1991년 시작됐으며 1997년 봄에는 회원수가 2,000명에 다다랐다. 뉴질랜드 또한 레츠에 관심을 갖게 되었으며 1995년에는 50개의 그룹이 활발하게 교역활동을 하고 있다.

오늘날 지구촌에서 유통되고 있는 지역통화 또는 공동체통화는 각양각색이다. 그 분류의 기준은 크게 세 가지로 정리된다.[3] 첫째는 통화의 단위 문제로서 노동시간을 취하든지 아니면 국민통화에 연결하든지 아니면 전혀 새로운 단위를 만들든지 하는 것이다. 둘째는 발행방식에 관한 것인데 중앙위원회가 구성원들의 동의 하에 지폐 같은 것을 발행하든지 아니면 장부방식으로 하여 거래 당사자가 +/-계정만으로 사실상의 화폐를 발행하는 것으로 하든지 한다. 셋째는 이자나 가격의 결정 문제인데 제로 이자로 하거나 시간이 갈수록 화폐가치가 떨어지게 만드는(발행 이후 매월 1%에 해당하는 인지를 뒷면에 붙여야만 사용 가능한) 식으로 해서 마이너스 이자로 하거나 한다. 거래 대상의 가격 결정도 완전히 당사자간의 합의에 의하거나 우선 객관적 노동시간에 의해 정찰로 해놓고 당사자간 조절이 가능하게 할 수도 있다.

이런 기준을 염두에 두고 현실적으로 행해지고 있는 지역통화를 분류하면 다음과 같다. 첫째, 겉모양으로는 기존 화폐와 마찬가지로 손에 잡히는 대안적 화폐를 만들어 쓰는 방식이다. 미국 뉴욕의 이사카 시에서 폴 글로버가 만든 '이사카 아워' 같은 시스템이나 2002년 여름 충북 보은에서 쓰이기 시작한 '보은화폐'는 마치 기존의 중앙은행이 발행한 화폐처럼 직접 인쇄하여 재화와 서비스를 교환하도록 하는 진짜 통화다. 물론 총 화폐량의 관리가 지역 거래망 안에서 이루어진다는 점이나 거래 내용물의 가치 측정이 거래 당사자간의 협의와 합의에 의해 이루어진다는 점 등이 중앙화폐와 다르다. 둘째, 전표(버스표)나 수표 등을 보완적으로 활용하는 방식이다. 예컨대 브라질의 꾸리찌바, 영국의 많은 지역과 독일과 헝가리 등에서는 전표나 수표, 또는 통장을 사용해 지역화폐를 유통시키고 있다. 일례로 브라질의 꾸리찌바에서는 1971년에 자이메 레르네르가 시장으로 선출되자 당시 골칫거리이던 쓰레기 문제를 해결하기 위해 쓰레기를 종류별로 분리해서 한 봉지 가득 넣어 오면 누구든지 버스표(전표)를 하나씩 주었다. 또 가난한 학생들에게는 쓰레기를 한 봉지 수거하면 공책을 하나씩 주었다. 이때 버스표는 일종의 보완화폐로서 대안화폐 기능을 한 것이다. 사실은 이미 170년 전인 1832년에 영국 런던에서 오웬이 실시한 노동증권이 그 원형을 이룬다. 이것은 그 재화의 생산에 들어간 평균 노동시간이 표시된 증서로서 이를 매개로 생산물을 거래하는 것이다. 셋째, 손에 잡히는 화폐나 전표가 없이 단지 중앙 등록소에서 관리하는 +/- 계정만으로 통화를 운용하는 방식이다. 예컨대 에드가 칸 교수가 은퇴자들 가정이나 학군, 사회복지 프로그램을 위해 개발해 시카고를 비롯 미국 내 많은 도시에서 운영중인 '타임달러' 시스템(www.timedollar.org)—일종의 자원봉사은행처럼 운영되는데, 여기서는 서비스의 종류에 관계없이 1시간의 서비스 제공에 1타임달러를 지불하는 방식으로 거래됨—과 캐나다, 호주, 뉴질랜드 등과 같이 지역 통화제도를 일종의 은행 기능으로 보고 녹색화폐를 사용하여 계정을 만들어 주고 이를 관리하는 방식이 있다. 이 실험 중 가장 진보적인 것은 세 번째 형태이다. 그것은 첫 번째와 두 번째 유형이 화폐 발행에 따르는 수량 관리 문제나 중앙은행 시스템의 오류 반복 문제, 권력의 집중화 문제, 기존 경제 시스템과의 관계 문제 등의 여러 측면에서 위험성을 안고 있기 때문이다.

한국에서는 최초로 1996년부터 『녹색평론』(www.greenreview.co.kr)이 레츠를 소개하기 시작했고 98년 3월에는 처음으로 신과학운동 조직인 '미래를 내다보는 사람들의 모임'(미내사, www.herenow.co.kr)이 '미래화폐'(fm)란 이름으로 지역화폐 운영을 시작한 이래 미래여성클럽, 불교환경교육원, 인하대학교 내 인천정보센터, 중앙대 부설 종합사회복지관이 운영하는 기술도구은행, 관악지역화폐 등에서 지역통화운동을 벌이고 있다. 또 도서출판 '작은 것이 아름답다'의 작아장터, 교육관련 출판사인 '민들레'(mindle.org)의 민들레 교육통화 등의 지역통화운동도 있다. 나아가 서울시 송파구 자원봉사센터에서 운영하는 지역화폐 등 지방자치단체 차원에서도 다양한 지역화폐운동이 벌어지고 있다. 이밖에도 부산녹색통화추진본부, 광주의 나누리(www.kjnanuri.or.kr), 전주의 전주품앗이, 현재 준비중인 청주시청, 안산 외국인노동자센터 등을 포함하면 국내외 지역통화제도는 조만간 약 50개를 넘을 것으로 예상된다.

그런데 지금까지의 경험으로 보아 이러한 실험들에서 크게 두 가지 문제가 나타난다. 하나는 손에 잡히는 화폐를 만들어 유통시키는 경우 거의 기존의 중앙화폐 시스템을 닮기가 쉽다는 것이다. 그렇게 되면 관리의 문제나 권력 집중 문제, 인플레이션 문제 등 기존 화폐 시스템의 오류를 반복하게 된다. 둘째는 레츠 운동을 지방 정부나 관청이 주도하는 경우 시민의 자발성에 기초한 '아래로부터의' 운동에 손상이 가기 쉽다는 것이다. 그렇게 되면 융통성과 자율성이 줄어들고 나중에는 국가기관의 담당자가 바뀌게 되었을 때 더 이상 자생력을 갖지 못하고 소멸하게 되어버릴 위험성도 있다.

그림에도 불구하고 이러한 대안화폐 및 대안거래 시스템을 구축하려는 노력들의 구체적 계기는 크게 두 가지로 요약된다. 하나는 앞에서 간략히 살핀 마이클 린턴 같이 돈이 없는 사람들이 먹고살 수 있는 새로운 시스템을 만들어 상부상조하는 연대의 시스템을 창조해 나가는 것이고, 다른 하나는 신토불이, 즉 소규모의 지역적 교환을 활성화시켜 자생력과 자립성을 기름으로써 생태적으로도 건강한 사회를 만들어간다는 것이다. 이 두 계기 모두 시장과 권력의 일방성과 강제성, 비생태성 등을 적극적으로 뛰어넘고자 하는 대안운동으로 발전하고 있다.

예컨대 대전의 '한밭레츠'(tjlets.or.kr)를 탄생시키는 데 주도적인 역할을 한 박용남씨의 경우, '위로부터' 만들어진 시스템에 익숙한 우리에게 날카로운 문제의식을 일깨워준다.[4] 그는 파스퇴르유업에서 생산한 매실요구르트를 별 생각 없이 대전의 한 슈퍼마켓에서 사 마시고 난 뒤 놀라운 사실을 발견했다. 강원도 횡성군 안흥면 소사리에서 생산된 것으로 표기되어 있는 그 매실요구르트 병에는 "원유 79.89%(국산), 매실시럽 6.8%(매실-50%-대만산)"라는 문구가 적혀 있었다. 이것은 완제품 매실요구르트를 하나 생산하기 위해 횡성까지 국내의 많은 지역에서 원유를 수집해오고, 매실의 절반은 국내, 나머지 절반은 대만에서 수입해오고, 나아가 요구르트병의 원료는 우리가 모르는 국내의 어떤 지역 또는 외국에서 수입해 와 만들어내고 있다는 것을 말해주고 있다. 여기에다 요구르트의 생산지인 횡성에서 다시 소비지인 대전까지 많은 수송 에너지를 들여 운반을 해오고 이를 우리가 마시고 난 후 빈병을 재활용업체에 넘겨주면서 요구르트의 기나긴 생애는 끝이 난다. 이러한 매실 요구르트의 생산, 유통, 소비, 폐기의 전 과정에서 얼마나 많은 지구자원이 낭비된 것일까? 독일의 '부퍼탈연구소'에서 슈투트가르트 시의 딸기 요구르트를 대상으로 수행한 한 사례 연구는 폐기과정을 제외하고 그 이동거리가 대략

8,000km나 되는 것으로 나타나 있다. 박용남씨가 마신 요구르트의 원료인 매실은 독일-폴란드 사이처럼 근거리도 아닌 대만에서 수입해온 것이라는 사실을 고려한다면, 그 수치는 아마도 더욱 클 것이라 본다.

이와 같이 우리 사회는 너무나도 지속 불가능한 생산, 유통, 소비, 폐기 시스템을 갖고 있기에 우리 삶의 양식 자체를 근본적으로 새롭게 재조직해야 한다. 박용남씨는 바로 이런 문제의식 위에 '한밭레츠'라는 지역통화 운동을 펼쳐나갔다. 물론 아직도 그 규모나 참여도가 썩 내세울 만한 정도는 못 되지만 그 기저에 있는 철학, 즉 화폐에 대한 통제수단을 지역공동체가 갖고, 유휴상태의 기술과 자원을 다시 순환시킨다면 사회경제가 더욱 건강해질 것이라는 믿음만큼은 대안적인 싹을 충분히 안고 있다고 본다.

이처럼 레츠란 국가나 은행이 발행한 화폐를 사용하지 않고 지역사회의 풀뿌리 주민들끼리 물품과 서비스를 선물처럼 주고받는, 연대에 기초한 자립적인 생활방식이라고 할 수 있다. 이때 이들이 교환의 매개로 사용하는 것이 공동체 화폐, 혹은 녹색화폐이다. 이미 세계적으로도 3,000개 이상의 레츠 조직이 만들어져 운용중이며 지금도 많은 곳에서 준비중이다.

레츠의 원리와 특징

레츠의 근본 원리와 특징을 자세히 들여다보면 우리는 현재의 자본주의 시장과 그 매개체인 자본주의 화폐의 본질적인 문제를 뛰어넘을 수 있는 적극적인 싹을 레츠 속에서 발견하게 된다. 가라타니 코진의 말대로, 레츠는 "노동하지 말라"는 안토니오 네그리의 경고와 "자본제 상품을 사지 말라"는 마하트마 간디의 경고를 동시에 실천함으로써 자본관계를 지양할 수 있는 힘을 지니고 있다.[5] 아래에서는 그 원리와 특징을 나름대로 정리해 보았다.

실명성

레츠에서는 각 거래 행위, 즉 경제 행위의 모든 주체들이 실명거래를 원칙으로 한다. 따라서 상호 신뢰와 배려에 기초한 인간적 관계가 형성되며 따라서 공동체가 '아래로부터' 만들어진다. 나아가 거래하는 물품이나 서비스의 가격에 관한 흥정이 직접적인 인간관계 속에 이루어짐으로써 인간미를 느낄 수 있다. 현재의 무미건조한 비인격화된 상품거래에서는 찾기 어려운 인간성의 회복이 이루어지는 것이다. 게다가 실명거래란 각자가 제공하는 것에 대해 실명으로 책임을 진다는 것을 뜻하기도 한다. 사실 채소 하나를 생산하더라도 누가 먹을 것인지를 아는 경우 또는 누가 먹는지를 나중에라도 알게 될 수밖에 없는 경우라면 농약과 제초제를 쓰면서 생산할 수는 없을 것이다. 오로지 돈만 벌겠다는 일념 하에 높은 생산성만 추구하는 현재의 생산 및 거래 시스템은 모두가 익명성 아래서 움직인다. 익명성은 거래의 속도는 증가시키지만 거래의 책임은 현저히 감소시킬 수밖에 없다. 결국 나중에 불특정 다수에게 남는 것은 건강 파괴, 공동체 파괴, 생태계 파괴 따위이다. 따라서 실명성을 중시하는 새로운 생산 및 거래 관계는 마침내 잃어버린 인간성은 물론 인간 상호간의 인간적 소통성을 다시 찾는 과정이기도 하다.

탈이윤

레츠 공동체에서는 각 개인이 화폐 발행의 책임 있는 주체가 된다. 나아가 회원 전원의 +계정과 −계정의 총액이 서로 상쇄되어 0으로 되기 때문에 그 어떤 착취나 이윤도 발생하지 않는다. 자본주의 생산관계에서는 상품을

만드는 노동자와 이 상품을 판매함으로써 이윤을 가져가는 자본가가 별개로
존재하기에 착취나 축적의 문제가 발생하지만 레츠 시스템에서는 상대방에게
도움이 되는 물품이나 서비스를 만드는 사람과 공급하는 사람이 통일되어
있기 때문이다. 즉 레츠에서는 생산자가 공급자이고 소비자이기도 한 것이다.
따라서 레츠에서는 투자나 투기를 통한 수익 극대화라는 목표는 물론, 무한축
적을 위한 잉여가치의 생산과 착취관계는 더 이상 존재하지 않게 되는 것이다.
자기증식을 위한 화폐, 즉 자본은 발붙일 곳을 잃는다. 나아가 현재 자본주의
사회에 팽배한 부채나 이자 개념(남김의 경제)도 없기 때문에 그로 인한 미래
노동력의 저당잡히기 사례(지배와 억압)는 본원적으로 있을 수가 없다. 수평적
이고 호혜적인 거래가 이루어지는 즉시 모든 것이 완결되면서 순환되기 때문
이다. 반대로, 그렇다고 애정과 봉사라는 미명 아래 행해지는 '무상노동'이나
그에 따르는 '심리적 빚'도 여기서는 있을 수가 없다.[6] 모든 참여자가 상대방의
피와 땀과 눈물의 가치를 서로 존중해 주고 있기 때문이다. 다시 말해 레츠에서
는 회원들 상호간에 서로 도움이 되는 방향으로 거래가 이루어지기에 교환가
치를 위한 거래가 아닌 사용가치를 위한 거래만 존재하게 되는 것이다. 여기서
는 교환가치가 없는 사용가치조차, 즉 자본주의 시장에서는 거래되지 못하는
물품과 서비스조차 상대방에게 유익하기만 하다면 거래될 수 있는 특성이
있다. 따라서 이윤이 아니라 필요를 위한 거래가 이루어지고 그를 위한 생산이
촉진된다. 결국, 최소한 이 시스템 안에서는 자본관계나 무상노동이 지양된다.
만일 이런 시스템이 지역 단위를 넘어 온 세상을 단위로 할 적에는 비록
그 지역생물주의적 의미는 약화될 수도 있지만 지금과 같이 파괴적으로 치닫
는 범지구적인 자본주의를 뛰어넘을 잠재력까지 보유하고 있다. 실제로 가라
타니 코진이 설명하는 **NAM**에서는 가상공간에서도 거래가 이루어지므로 더
이상 지역통화가 아니라 시민통화라 부르고 있다.[7]

자립성

레츠에서는 스스로 뭔가를 할 수 있는 실제적, 실천적 능력과 그를 위한 삶의 지혜가 중요시된다. 지금의 화폐 시스템에서는 삶에 필요하거나 불필요하거나를 막론하고 모든 것을 돈으로 해결하려고 하기에 한편으로는 돈에 대한 탐욕과 무한소비 욕구가 생성, 확장되고 다른 편으로는 스스로 삶의 문제를 해결할 자율성, 독자성, 자립성을 상실하게 된다. 이 모든 것은 생활 화폐 의존도 심화라는 동전의 양면을 이룬다. 결국은 삶의 문제를 돈으로 해결하지 못하게 되는 순간 그 사람들은 삶 자체를 포기해야만 하는 역설이 발생한다. 삶의 문제를 해결하고자 돈이 나왔는데 오히려 돈이 삶을 지배하거나 결정하는 현상, 바로 이것은 노동소외와 마찬가지로 '화폐소외' 현상이라 할 수 있다. 그러나 레츠와 같이 참여자 자신이 가진 모든 잠재력을 현실화시키되 이를 모두(거래 참여자가 누구이건)를 위한 것으로 지혜롭게 쓰는 경우 삶의 독립성을 유지, 확대할 수 있을 뿐만 아니라 잃어버린 삶의 자율성을 회복할 수 있게 된다. 스스로 지혜롭게 생각하고 그런 구상을 바탕으로 이웃에게 유용한 물품이나 서비스를 스스로 만들어보는 것, 이런 과정이 반복되면서 더욱 높은 수준의 지혜도 싹터 나오게 될 것이다. 한편, 레츠는 거래 참여자 모두가 주인으로 역할하며 그 어떠한 소외된 권력도 자리잡을 기회를 주지 않기 때문에 외적 권력이 그 구성원 위에 군림할 여지가 없다. 더구나 레츠의 참여자들은 스스로 '적자발행'까지 할 수 있기에 가진 것이 전혀 없는 상태에서도 '삶에 필요한 것을 얻을 수' 있으므로[8] 레츠 시스템은 국가권력에 의한 위로부터의 사회보장이 아니라 스스로 만들어가는 아래로부터의 사회보장 시스템이 될 수 있다. 결국 사람들은 돈이나 권력으로부터 자유롭고 독립적인, 그리하여 스스로 다스리고 스스로 일어설 수 있는 자율성과 자립성을 길러가게 되는 것이다. 이런 점에서 후쿠이 테쓰야가 「공예 및 생활기술에 대하여」라는 글에서 마하트마 간디를 '대항공예가'라 표현하면서 공예 및 생활기술에 대한 관심을 갖는 일은 자본주의 안에서부터 자본제 밖으로 나가기 위한 '초출적 투쟁'이라고 정의한 것은 대단히 시사적이다.[9]

연대성

철학자 엘런 와트는 "돈이 없기 때문에 서로간에 가치를 교환할 수 없다고 말하는 것은 측량단위가 없기 때문에 집을 짓지 못한다고 하는 것과 다름없다" 말했다.[10] 그런데 레츠는 저소득층 사람들조차 돈이 없더라도 일상생활에서 실제적인 도움을 받을 수 있는 새로운 기회를 만들어 주고 있다. 레츠가 아니었더라면 접근할 수 없었던 물건과 서비스를 레츠를 통하여 어떻게 얻을 수 있었던가에 대하여 여러 사람들이 감탄하여 말하는 것을 자주 들을 수 있다. 예컨대 세이팡/윌리암스는 레츠에 관한 글에서 "영국 칼더데일에서 어느 실업상태의 여성은 지난해에 실제로 피부로 느낄 만한 많은 도움을 받았다. 그녀는 레츠를 통하여 옷을 사 입고, 자작도구를 빌려 썼고, 난로를 수리하고, 집에 페인트칠을 할 수 있었다. 이와 마찬가지로, 어느 실업상태의 남자는 레츠를 통하여 전기일과 건설일을 할 수 있었다. 두 경우에 모두 그들은 그러한 서비스에 필요한 현금을 가지고 있지 아니하였다"고 증명하고 있다.[11] 그 외에 레츠 시스템에서는 그 회원들끼리 공동의 텃밭을 가꾸기도 하면서 상호 관계하는 방식이 바뀌기도 한다. 그런 가운데 자신이 전체 공동체 속에서 뭔가 쓸모있는 존재임을 확인하게 되며 마침내 자아존중감이 발전한다. 이것이 또다시 다른 존재를 주의깊게 배려하는 연대감으로 발전하기도 한다. 결국 학력이나 재산, 명성, 돈벌이에 도움이 되는 노동력 따위의 세속적 기준, 즉 경쟁력과 약육강식의 패러다임에 기초한 생존전략은 여기서 더 이상 별 의미를 지니지 못한다. 상호 도움주기와 상호 필요성의 충족이라는 연대성의 가치가 이 공동체와 개인을 동시에 존속시키는 토대가 되는 것이다. 전 루벵대학 교수인 베르나르 리에테르는 「공동체 화폐」라는 글에서 호혜적인 선물교환이 모든 공동체의 기초임을 설득력 있게 밝히고 있다.[12] 즉 사람들이 단순히 가까이 산다거나 같은 혈연관계이거나 공통의 언어와 문화를 가진다고 공동체가 형성되는 것은 아니며 사람들이 얼마나 대가 없이 선물을 교류할 수 있는가 하는 점이 공동체 형성의 관건이라는 것이다. 정확히는 공동체(community)라는 말조차 '서로(cum) 주는 것(munus)'이라는 말에서 왔다고 한다. 한마디로, 남김의 경제가 아니라 선물의 경제, 바로 이것이 레츠가 추구하는 새로운 경제 시스템이다. 이렇게 본다면 공동체가 붕괴된 오늘날의 호혜적인 교류와 거래를 가능케 하는 레츠 시스템은 공동체와 연대성을 부활시켜낼 수 있는 중요한 매개고리가 된다.

평화성

레츠는 상호간 이익을 추구하는 것이므로 자기 이익만의 추구로부터 발생하는 갈등과 전쟁은 있을 수가 없다. 자기이익 추구와 세속적 부에 대한 집착(중독)은 필연적으로 적대관계와 경쟁관계를 불러일으키지만 상호이익 추구와 그를 통한 새로운 풍부함의 체험은 신뢰관계와 협동관계를 불러일으킨다. 물론 '인간은 원래 게으르고 이기적이며 소극적인 데다 참을성도 없기 때문에 과연 그러한 이상적인 생산과 거래가 이루어질 수 있는가' 하는 의문이 나올 수 있다. 맞다. 인간에게는 그러한 측면이 있긴 하다. 그러나 인간은 그 반대로 부지런하고 이타적이며 적극적이고 인내하는 측면도 동시에 지니고 있음을 놓쳐서는 안 된다. 문제는 사회적 관계인 것이다. 과연 어떠한 사회적 관계가 형성되는가에 따라 이 복합적인 인간의 내재적 특성들 중에서 어떤 것이 유별나게 더 많이 현실화되는가가 결정될 것이라 본다. 요컨대 착취와 억압,

경쟁과 지배의 사회 관계가 팽배한 곳에서는 사람들이 자신의 생존전략으로 이기적이며 약육강식형으로 살아가고자 할 것이다. 여기서는 개인간에도 치열한 경쟁과 증오가 팽배해질 뿐만 아니라 국가간에도 약탈과 전쟁이 일상화한다. 현재 지구촌의 모습이 이를 증명한다. 그러나 신뢰와 배려, 소통과 협동의 사회관계가 풍성한 곳에서는 사람들이 적극적으로 참여하여 자신의 발전과 공동체의 발전이 동시에 이루어지는 방향으로 살아가게 될 것이다. 레츠라는 새로운 시스템도 사실은 그러한 대안적 사회관계를 만들어 나가는 과정 중의 일부분이며 그 참여자들도 시간이 흐르면서 더 많은 관계를 형성하고 더 풍성한 경험과 깨달음을 얻게 됨에 따라 더욱 바람직한 모습으로 변화할 것이라 본다. 왜냐하면 현재의 경쟁 시스템은 '너 죽고 나 살자'라는 게임인데 비해, 레츠는 상호성을 전제로 하여 '네가 살아야 나도 살 수 있는' 구조이기 때문이다.

생태성

레츠는 세계적 거래보다는 지역적 거래를 촉진하고 장려하기에 자원과 에너지의 절약을 가져온다. 앞서 박용남씨의 사례에서도 분명해진 것처럼 요구르트 하나조차 수천 킬로미터를 이동하여 만들어진다면 우리는 일상생활에서 무의식적 소비 과정을 통해 그 얼마나 많은 자원과 시간, 에너지와 돈을 낭비하고 있는가를 절실히 깨달을 수 있다. 결국 레츠라는 지역중심적인 분권화된 거래 관계망을 통해 우리는 인간과 인간, 인간과 자연 사이의 분리된 관계들을 극복하고 비로소 모두가 하나의 순환 고리 속으로 통합되는 새로운 관계를 창조하게 된다. 그것은 가난한 사람들이나 실직한 사람들이 자칫 '피해의식'에 젖어 나도 잘 살아보겠다는 일념으로 생태파괴적인 성장과 개발 전략에 무비판적으로 동원되는 경우가 많기 때문이다. 예컨대 후진국과 선진국이 세계시장을 둘러싸고 무역 분쟁을 할 때 선진국이 "(주로 후진국에서) 환경파괴적인 과정을 통해 만들어진 상품을 국제적으로 유통시키지 못하게 막자"는 제안을 하면 후진국들은 대개 "너희들은 과거에 그렇게 했으면서도 이제 우리가 좀 잘 살려고 하니 못하게 막느냐?"는 식으로 저항하는 모습을 자주 본다. 물론 선진 강대국이 후진국의 추격을 물리치려는 새로운 경쟁전략에서 그런 구상이 나온 측면이 크다. 그러나 그렇다고 후진국도 선진국의 전철을 그대로 밟아야 옳은 것도 아님은 분명하다. 다시 말해 어떤 면에서는 바로 이것이 후진국이 가진 피해의식을 드러내고 있다. 따라서 여기서 올바른 해결 방법은 선진국이 먼저 나서서 올바른 방향으로 나가고 후진국에게 그렇게 갈 수 있도록 경제적, 기술적 도움을 주는 것이다. 물론 그것이 가능하게 되려면 선진국이든 후진국이든 모든 풀뿌리가 강력히 나서야겠지만, 이런 측면에서 레츠를 통한 분권화된 생산과 유통의 장려는 과거의 선진국과 후진국의 서열 관계를 넘어가면서도 생태적으로 건강한 사회경제를 새롭게 만들어나갈 '아래로부터의' 운동이 된다.

레츠의 한계와 논쟁점

한편 레츠는 원래의 이념대로 실천되기에는 많은 장애물을 안고 있다. 나아가 설사 레츠가 제대로 작동한다 하더라도 이것이 과연 기존의 자본주의적 생산관계를 뛰어넘을 수 있는 것인가 하는 점에서도 의문의 여지는 많다. 그러한 문제들을 하나씩 정리해 보자.

규모

세이팡과 윌리암스에 따르면 "많은 레츠 회원들이 (종종 유기농법으로 키운) 과일과 채소를 제공하려는 열의를 갖고 있음에도 불구하고, 레츠를 통하여 교환·거래되는 식품의 규모는 미미하다."[13] 신선한 식품을 적고 불규칙한 양으로 거래해야 하는 불편은, 특히 중심적인 회합장소가 없는 경우에, 사는 사람에게나 파는 사람에게나 짜증나는 일이기 때문이다. 국내의 여러 실험들에서도 이 문제는 그대로 발견된다. 미내사나 한밭레츠의 운영자들도 비슷한 생각을 갖고 있다. 예컨대 박용남씨는 "여전히 '벌지 않으면 쓸 수 없다'는 기존 화폐제도의 오랜 관습에 많은 회원들이 길들여져 있어 먼저 거래에 나서겠다는 생각 대신에, 누군가가 자신을 찾아주기만 기다리는 상황이 되풀이되었다"고 안타까워한다.[14] 결국 이런 소극적인 태도는 자연히 타인의 구매욕을 자극할 만한 상품이나 서비스의 제공을 가로막게 된다. 게다가 낯선 사람과 접촉해 협상해야 한다는 어색함, 선뜻 그 가치를 판단하기 힘든 물품이나 용역 앞에서 멈칫거리는 일 등이 거래의 활성화를 가로막는 요인이 된다. 이것은 새로운 시스템에 대한 복종의 두려움이 마음속에 자리잡고 있기 때문이기도 하다. 그러나 이 두려움은 크게 자기조직화 과정과 생동하는 연대 과정을 통해 극복할 수 있다고 본다. 따라서 과일이나 채소 같은 경우, 이 문제에 대한 가장 분명한 해결책은 레츠 조직이 가령 같은 뜻을 가진 유기농 조직들과 연계하는 데서 찾을 수 있을 것이다.[15] 즉 생산자–소비자–생활협동조합을 만드는 일이다. 만일 지역 유기농들이 광범위한 규모로 지역통화를 받아들인다면, 이것은 유기농 운동과 레츠운동을 공생관계로 발전시키는 데 필요한 촉매가 될 수 있을 것이다. 그리고 그 외의 서비스나 물품들도 일정한 주기로 일정한 장소에서 회원들이 '잔치 겸 장터'를 열어 서로 마음을 여는 경험을 축적하게 된다면 훨씬 좋은 결과를 낳을 것이다.

정부

또 하나의 문제는—특히 영국에서—레츠에 대하여 중앙정부가 취하는 불분명하고 모순적인 태도이다.[16] 영국에서 사회보장 혜택을 받을 수 있는 사람들, 예컨대 실업자들은 레츠를 통해서 얻은 소득 때문에 사회보장수혜 대상에서 제외될지 모른다는 두려움으로 인해 레츠에 참여하는 것에 소극적일 수 있다. 만일 정부가 이 부분에 대해 분명히 레츠를 측면 지원하는 태도를 보인다면 사람들은 더욱 적극적으로 참여하게 될 것이다. 이것은 비단 영국만의 일이 아니다. 앞에서 정부기관이 주도권을 갖고 나서는 경우는 도움이 되기보다는 오히려 자율성을 훼손시킬 우려마저 있다. 즉 정부기관이 주도하는 경우 그렇지 않아도 깊이 진행된, 하버마스 식의 '생활세계의 식민화'가 더욱 심화될 것이다.[17] 그러나 만일 정부기관이 자신의 역할을 '측면 지원'에 국한시켜 세금 면이나 각종 제도적 측면에서 레츠 운영자들이 원하는 방식으로 적극 도와준다면 훨씬 활성화될 것이다. 예컨대 뉴질랜드와 특히 오스트레일리아 정부는 레츠에 대해 좀 더 협력적인 태도를 취하고 있다. 즉 오스트레일리아 정부는 레츠가 실업자들과 저소득자들에게 제공하는 혜택을 공인하였다. 1995년 호주의 사회보장법령은 레츠에 관련하여 얻은 소득을 사회보장 수혜 대상 여부를 결정하는 데 아무런 상관이 없는 것으로 정하였고, 사회보장 담당관들은 지금 오히려 실업자들에게 레츠에 가입하도록 적극 권장하고 있다. 이런 식으로 되면 지금에 비해 실업자들이 훨씬 생산적인 일에 참여하여, 국가에 계속 의존하기보다 자신들의 상황을 스스로 개선하도록 하는 효과를 갖게 될 것이다.

범위

한밭레츠를 주도한 박용남씨는 지역통화의 생물지역주의적 특성을 지적한다. 이때 문제는 생산물과 화폐가 일정한 지역적 범위 안에서만 순환될 때 지역적 건강성과 자립성을 회복할 수 있는데, 거래 범위가 확대되면 그 의미가 훼손될 가능성이 생긴다는 점이다. 박용남씨는 한국에서는 '송파품앗이'와 '기술도구은행' 그리고 '한밭레츠' 등만이 엄밀한 의미에서의 지역통화 시스템이고, 반면에 미래를 내다보는 사람들의 'FM시스템'이나, 녹색연합의 '작아장터', 불교환경교육원의 '두레' 등은 지역통화운동을 통해 지역을 살리려는 시도라기보다는 전국적 거래를 도모하려 하기에 엄격히 지역통화 운동으로 보기 어렵다고 본다. 후자의 경우는 사람들의 이동 거리나 물품의 이동 및 수송 거리와 시간, 비용 등을 고려할 때 경제적, 사회적, 생태적으로 많은 문제들을 야기할 수가 있다는 것이다. 다른 한편, NAM운동을 주창한 가라타니 코진은 범지구적 자본주의에 맞서기 위해 인터넷 공간을 활용하여 시민화폐를 유통함으로써 범위를 넓힐 수도 있음을 시사하고 있다. 결국 풀뿌리가 주체가 되어 자율적으로 운영할 수 있는 경험을 축적하는 것이 최우선이고, 그 위에 주체적, 객관적 조건의 변화를 고려하면서 그 범위를 확대하거나 축소하는 등, 자율적인 조절을 도모하는 것이 필요하지 않을까 한다.

자립

레츠의 근본 이념에도 자립성의 고양이라는 것이 있지만, 레츠를 운영하는 과정에서도 자립성을 키워나가는 것이 바람직할 것이다. 그런데 현실적으로 국내의 경험을 보더라도 레츠 시스템의 관리자가 대개는 다른 단체의 주된 업무를 겸임하고 있어 레츠에 대한 집중력이 상대적으로 떨어지고 있는 측면이 있다. 사실 이것은 레츠 초기에 그 전임운영자가 경제적 자립을 하기 어렵기 때문에 빚어진 현상이다. 그래서 전임운영자의 업무 집중도가 떨어지다 보니 마침내 거래실적이나 회원들의 결합력도 떨어질 수밖에 없을 것이다. 경우에 따라서는 전임자들이 외적인 지원을 받는 경우가 있다. 예컨대 '송파품앗이'는 구청으로부터, '기술도구은행'은 한 기업의 복지기금으로부터 관리자의 인건비와 시스템 운영을 위한 최소한의 경비를 보장받고 있다.[18] 그런데 이런 외적 지원이 과도기적으로 끝나지 않고 장기간 지속된다면 레츠 운동의 원래 취지를 많이 퇴색시킬 위험도 있다. 결국, 초기의 미약한 자립성을 점차 키워내면서 마침내 완전한 자립의 틀을 구축해내도록 만드는 것이 매우 중요한 과제로 부각된다.

잉여

앞에 제기된 문제들은 레츠 시스템이 그 자체로 제대로 기능할 수 있는가와 관련된 문제였다. 그런데 사실은 이 시스템이 제대로 작동한다 하더라도 여전히 심각한 문제들은 산적해 있다. 그 중에 제기될 수 있는 문제가 잉여 문제이다. 자본주의 생산에서는 노동자가 자신의 임금보다 더 많은 가치를 잉여가치 형태로 만들어내고 이 부분을 기업가와 은행가, 지주, 국가 등이 가져간다. 그런데 이 문제가 레츠에서는 어떻게 될까? 레츠에서는 생산자가 공급자이고 판매자이며 수익자이기 때문에 사실은 스스로가 자신의 잉여를 생산하여 거래 상대방에게 선물처럼 주면서 또한 상대방의 잉여를 선물 받게 되므로 아무런 문제가 없는 것처럼 보인다. 더구나 레츠에서는 모든 물품과 서비스에 고정가격이 매겨지는 것이 아니라 상호간에 형편을 보아가면서 흥정이 가능한 구조이기에 일종의 합의 가격 시스템이라 할 수 있다. 하지만 이 '합의된 잉여' 시스템 자체가 지닐 수 있는 문제를 제쳐두고라도, 과연 이것이 지배적인 자본주의 잉여 시스템을 뚫고 들어가 마침내 그것을 이겨낼 수 있을까 하는 의문이 여전히 남는다. 오히려 지배적인 힘을 발휘하는 자본주의 잉여 시스템이 갖는 결함들(약한 고리들)을 '자발적으로' 메워줌으로써 자본주

의 잉여 체제가 더욱 생명력을 유지하도록 도와주는 결과를 가져올까봐 두렵
기도 하다.

소외

레츠는 그 출발점이 생산영역이라기보다는 유통영역이다. 생산자로서의
노동자운동이라기보다는 소비자로서의 노동자운동이라고도 볼 수 있다. 그런
면에서 상당히 긍정적인 면이 있다. 왜냐하면 전통적으로 자본주의 사회의
잘못된 생산관계를 혁파하려면 생산의 지점에서 시작하고 거기에 중심을 두어
야 한다는 사고가 지배적이었기 때문이다. 그러나 이제 자본의 지배는 생산과
정을 넘어 유통 및 소비과정에까지, 심지어는 우리의 의식과정은 물론 감성과
정에 이르기까지 속속들이 파고 들어가고 있음을 냉철히 보아야 한다. 따라서
생산의 지점을 놓쳐서도 안 되겠지만 생산의 지점에 갇혀버려서도 안 된다.
그런 뜻에서 레츠 운동은 자본에 의한 '생활 세계의 식민화'에 적극적으로
대항하는 운동의 의미가 있다. 하지만 그래도 여전히 남는 문제는 있다. 즉
유통관계의 혁신이 그 얼마나 생산관계 혁신을 유도할 수 있을까 하는 것이다.
물론 레츠 시스템 안에서 물품이나 서비스를 만드는 당사자는 건강한 선물을
공급하기 위해 건강한 생산을 하게 될 것이다. 그러나 레츠 안에서의 건강한
생산과 소비가 레츠 밖의 반생명적 생산과 소비를 모두 치유하지는 못할
것이다. 특히 자본주의 생산과정이 지닌 근본 문제들, 즉 위계, 기술, 소외,
소유, 감시, 숙련 등의 문제가 과연 레츠를 통한 유통의 건강성 회복만으로
치유될 수 있을 것인가 하는 문제가 남는 것이다.

지양

그래서 마지막으로 논의해야 하는 것은 과연 레츠가 자본주의를 보완하

는 것인지, 아니면 지양하는 것인지 하는 문제다. 결론적으로 나는 이것에 대한 해답은 미결정적이라 본다. 즉 레츠는 보완으로 갈 수도 있고 대체로 갈 수도 있다고 본다. 그것은 역시 레츠 자체만으로는 자본주의 생산관계를 혁파할 수 없다고 보기 때문이다. 기득권 세력들을 적극적으로 타파하고 새로운 사회 관계를 세우려는 사회적 노력이 힘차게 병행될 때 레츠는 자본주의 생산관계를 지양할 수 있는 힘을 발휘할 수 있게 되겠지만 그렇지 못하다면 레츠는 자본주의의 결함(대량 실업자의 생산과 사회적 약자에 대한 멸시, 생태적 파괴성 등)을 메워주는 기능적 역할밖에 못할 것이라 본다.

맺는 말

레츠는 여러 가지 난관이나 한계에도 불구하고 혁명적 잠재력이 있는 것은 사실이다. 따라서 지금 우리에게 필요한 것은 현실적 경험 사례들을 보다 차분하게 들여다보면서 새로운 가능성을 열어나가는 일이다. 이런 점에서 시장의 독재와 권력의 독재로부터 자유로운 새로운 삶의 구조를 만들기 위해 앞으로 어떤 과제들을 해결해야 하는가?

첫째, 이미 존재하는 다양한 실험들에 보다 많은 관심을 가지고 정보를 공유하고 스스로 참여하면서 발전시켜 나가는 노력을 한다.

둘째, 다양한 실험들 사이에 정기적인 워크샵이나 공동사업을 통해 유기적 네트워크를 만들어 나간다. 그 속에서 경험을 공유하고 상호 학습하여 사업을 더욱 진전시킨다.

셋째, 식의주 등 기본적인 생활에서는 물론, 육아 및 교육, 의료와 보건, 문화와 종교 등 각 영역에서도 지역화폐를 통해 해결할 수 있게 의식적 조직화

사업을 전제한다.

넷째, 기존의 노동운동, 여성운동, 생명운동 등과 유기적 연대를 강화하면서 기존 시스템의 모순 구조를 함께 타파함과 동시에 지역화폐 시스템이 보다 널리 확대되도록 새로운 조건을 만들어간다.

결론적으로, 시장과 권력의 독재에서 유래하는, 기존의 잘못된 사회구조를 타파하려는 노력과 동시에 새로운 삶의 구조를 창조하려는 노력이 '아래로부터' 줄기차게 일어나는 것, 이것 외에는 우리와 후손들에게 삶의 희망을 안겨다 줄 대안이 없다.

주

1_ 로랑 꼬르드니에, 『거지를 동정하지 마라?』, 조홍식 역, 창작과비평사, 2001 참조.

2_ 가라타니 코진·박유하, 「대담: NAM과 지역통화운동」, 『녹색평론』, 2002년 7-8월호

3_ 니시베 마코토, 「지역통화 LETS에 대하여」, 『녹색평론』, 2002년 7-8월.

4_ 박용남, 「한밭레츠―나눔과 보살핌의 공동체 실험」, 『녹색평론』, 2001년 9-10월호

5_ 가라타니 코진·박유하, 「대담: NAM과 지역통화운동」.

6_ 같은 글.

7_ 같은 글.

8_ 후쿠이 테쓰야, 「공예 및 생활기술에 대하여」, 『녹색평론』, 2002년 7-8월호.

9_ 같은 글.

10_ 박용남, 「한밭레츠―나눔과 보살핌의 공동체 실험」에서 인용.

11_ 길 세이팡·콜린 윌리암스, 「레츠―상호부양의 교환체계」, 『녹색평론』, 1998년 5-6월호.

12_ 베르나르 리에테르, 「공동체 화폐」, 『녹색평론』, 2002년 7-8월호.

13_ 길 세이팡·콜린 윌리암스, 「레츠―상호부양의 교환체계」.

14_ 박용남, 「한밭레츠―나눔과 보살핌의 공동체 실험」.

15_ 길 세이팡·콜린 윌리암스, 「레츠―상호부양의 교환체계」.

16_ 같은 글.

17_ 박용남, 「한밭레츠―나눔과 보살핌의 공동체 실험」.

18_ 같은 글.

11_ 녹색 성장을 하려면 녹색 성장을 버려라[*]

"녹색 성장"이라는 화두? 도발?

바야흐로 보수 기득권층조차 "녹색 성장"이라는 말을 물 쓰듯 한다. 2008년 7월, 일본 도야코에서 열린 선진8개국(G8) 정상회담에서 이명박 대통령은 "기후변화·에너지 문제에 있어서만큼은 한국이 국제사회에서 '얼리 무버'(early mover, 선도자)가 되는 데 주저하지 않겠다. 온실가스 배출량을 2050년까지 절반으로 감축하려는 범지구적 목표에 적극 동참하겠다"고 온 세상에 천명했다. 이어 8.15 경축사에서 향후 한국의 '새로운 60년'에 대비하기 위해 '저탄소 녹색 성장'이 필요하다고 역설한 뒤로부터 '녹색 성장' 내지 '녹색

---

*_ 이 글은 2009년 10월 22일에서 23일에 걸쳐 충북 청주에서 개최된 <2009 녹색도시 전국포럼>에서 발표한 것을 약간 수정한 것이다. 개인적으로는, '녹색도시' 포럼이 아니라 '녹색마을' 포럼이었으면 더 좋았겠다.

뉴딜' 아이디어가 쏟아져 나왔다. 그러나 '녹색 성장'의 핵심 내용은 주로 4대강 살리기 사업, 고속전철 사업, 원자력 발전소 등으로, "참된 녹색은 없고 무늬만 녹색"이라는 비판이 많이 일고 있다. 2009년, 기존의 교토의정서를 대체할 새로운 기후변화협약, 그리고 2013년부터 한국도 '온실가스 감축 대상 국'에 포함될 것이 확실시되는 지금, 과연 우리는 무엇을 어떻게 해야 할 것인가? 참된 대안은 무엇인가?

"녹색 성장"이라는 말이 어색한 이유는 우선, 그 형용 모순 때문이다. 원래 성장과 녹색은 근원적인 적대 관계에 있다. 왜냐하면 '성장'은 돈벌이 경제의 덩치를 키우는 경제 가치를 뜻하는 반면, '녹색'은 근본적으로는 자연 생태계와 더불어 인간의 생명력, 즉 생명 가치를 상징하기 때문이다. 지난 수백 년 간 자본주의 경제가 진전되면서 교환가치로 상징되는 경제가치를 추구하는 와중에 인간과 자연의 생명력은 부단히 파괴, 훼손, 왜곡, 변질되고 말았다. 금수강산으로 통하던 한반도가 오염강산으로 변하고 만 사실이나 푸르게 아름 다운 지구별이 기상 이변과 지구 온난화로 몸살을 앓고 있는 사실이 그 증거다. 게다가 녹색은 검소, 소박, 절약, 다양, 존중, 조화, 공생을 핵심으로 한다. 반면에 성장이란 확장, 외양, 대량, 소비, 경쟁, 공격, 독점 등과 연관된다. 그러니 형용 모순이라도 철저한 형용 모순이 아닐 수 없다.

이런 맥락에서 "녹색 성장"이라는 말은 풀뿌리 민초들이나 자연 생태계의 시각이 아니라 돈벌이 세력, 즉 자본과 권력의 입장을 대변하는 말임이 분명해 진다. 사실, 1992년 브라질의 리우 환경회의 이후로 보편화된 '지속가능한 발전'이란 말도 녹색 성장 개념과 궤를 같이 한다. 개발 내지 발전을 하되 지속가능하게 하자, 다시 말해 위기에 빠진 개발이나 발전을 위기로부터 구해 내자, 이런 취지가 깃들어 있는 것이다. 따지고 보면 제2차 세계대전 뒤 급속한 고도성장을 이루던 세계 경제가 1960년대 말을 넘기면서, 특히 1970년대에 두 차례에 걸쳐 '오일쇼크'를 겪으면서 그 모순과 위기가 현실화한다. 그에 대한 자본의 대응이 바로 '신자유주의 세계화'가 아니던가. 국내적으로는 탈규제화, 민영화, 유연화, 정보화를 추동하고, 대외적으로는 개방화, 세계화, 네트워크화를 추동하여 위기에 빠진 자본의 축적을 더욱 가속화하려는 시도가 바로 신자유주의 세계화인 것이다.

한국의 녹색 성장도 바로 이런 것이다. 위기에 빠진 돈벌이 시스템에게 새로운 기회를 제공하자는 것, 녹색이라는 포장 아래 돈벌이가 위기로부터 '탈출'하려는 전략을 세우자는 것이 아니던가. 계간지 『환경과 생명』의 장성익 주간도 "지금 이명박 정부는 겉으로는 녹색 성장을 표명하면서도 실제로는 '반녹색' 일변도의 외길을 질주하고 있다"며 "저 '녹색 성장'에 침을 뱉으마"라고 분을 삭이지 못한다. 4대강 사업이 참으로 '녹색'이 되려면 차라리 그냥 두거나 아니면 정말 모든 실업자들이 삽을 들고 강으로 나가 그동안 부서지고 망가진 자연 생태계를 복원하는 일에 동참해야 한다. 이미 4대강 사업과 관련 여러 가지 아우성이 나오고 있다. 현재는 약 22조 원이 투입된다고 하지만 부수적인 돈까지 하면 30조가 넘을 것이라는 추산도 있다. (1조원이란 한 달에 1천만 원 버는 단군 할아버지 2분이 5천 년 간 쉬지 않고 모아야 하는 돈이니, 30조원이란 무려 60명의 단군이 매월 1천만 원씩 5천 년 간 모아야 하는 돈이다.) 게다가 양수리에서 유기농을 오랫동안 해오던 농민들이 이 사업 때문에 떠날 것을 강요받고 있다. 그리고 자연스러운 하천 주변을 시멘트로 바르게 되면 생태계의 교란이 심할 뿐 아니라 식수 오염까지 부추길 것이란 근거 있는 우려가 매우 크다. 나아가 하천 주변을 관광 단지화하는 경우, 잘 되면 더욱 생태 파괴가 진행될 것이고 못 되면 예산만 낭비하고 흉물화할 가능성이 높다. 한줌의 건설업자를 살리느라 또 일정한 떡고물을 노리느라 어거지로 진행하는 사업들을 그만두고, 차라리 그 돈을 도시와 농촌을 불문하고 식량 자급률을 높이기 위해 집중 투입하면 중장기적으로 보람 있는 일, 두고두고 칭송받는 일이 될 것이다.

이런 면에서 "녹색 성장"은 화두라기보다 차라리 '도발'이라 해야 맞을 것이다. 무한한 성장의 가능성을 (무식하게) 믿고서 그 어떤 포장을 해서라도 일방적으로 밀어붙이겠다는 도발, 바로 이것이 아닐까?

그러나 갈수록 이런 환상과 착각, 오판과 망상은 현실적으로 맞지 않다는 사실이 드러나고 있다. 가장 대표적으로 'FEC 위기', 즉 식량(F) 위기, 에너지(E) 위기, 기후(C) 위기가 바로 그것이다. 그리고 기존의 돈벌이 경제 차원에서도 갈수록 이윤의 위기가 현실화하고 있다. 사람들은 '블루 오션'을 외치고 있지만, 이것은 진실로 새로운 기회라기보다는 오히려 기존의 '레드 오션'에 명백한 한계가 있음을 간접 고백하는 것에 다름 아니다. 사태를 좀 더 찬찬히 들여다보면, 기존의 돈벌이 경제야말로 그러한 'FEC 위기'를 초래한 주범이다. 즉, 더 많은 생산, 더 많은 유통, 더 많은 소비, 더 많은 폐기를 통해 '잘 살아보자'는 지배층의 논리, 그 논리 위에 구축된 사회 시스템, 그 논리를 내면화한 백성들, 이 모든 것이 갈수록 식량, 에너지, 기후 위기를 부채질해 왔다. 그럼에도 "녹색 성장"을 운운하는 것은 매우 용감한 도발이 아니고 무엇이던가?

"녹색 성장" 뜯어보기

마치 내가 살고 있는 조치원의 한 시골 마을에 어느 건설 회사가 주민들의 완강한 반대에도 불구하고 15층에서 20층에 이르는 고층 아파트를 지으며 기존의 아름답던 논과 밭, 과수원을 전쟁터처럼 황량하게 만든 뒤에 "자연의 공기를 찾는 당신, 이리로 오라"든지 "사람과 자연이 조화롭게 살게 하는 에코 프로젝트”라는 식으로 선전하고 공사를 강행하다 분양률이 2%도 안되는 바람에 공사를 중단하고 시멘트 흉물만 남기고 무책임하게 물러났듯이, 현재 유행어처럼 번지는 ‘녹색 성장’ 역시 흉물 덩어리만 남기고 말 소산이 크다.

가장 대표적인 것이 4대강 사업인데, 저들은 ‘4대강 살리기’ 사업이라 하지만 나는 ‘4대강 죽이기’ 사업이라 본다. 수만 년을 이어온 강을 죽이는 대신 일부 건설업 살리기에 불과하기 때문이다. 혹시라도 죽은 강을 살리려 한다면, 그간 그 강을 죽게 만든 공업화 과정이나 근대화 과정 자체를 겸허하게 성찰하고 반성하는 과정이 있어야 한다. 그러나 그러한 전제들이 충분히 성숙되지 않은 상태에서, 아니, 그런 것을 가리거나 숨긴 상태에서 겉모양만 그럴 듯하게 갖추어 뭔가 새로운 돈벌이를 해보겠다는 발상이 처음에는 ‘한반도 대운하’로 나타났고 그것이 시민사회의 저항으로 힘들게 생겼으니 이름만 바꾼 채 강행하겠다는 것 아닌가? 이런 면에서 “녹색 성장”을 추진하는 자세 자체도 이미 ‘녹색’이 아니다. 녹색이란 외부의 자연(nature)만이 아니라 우리 내부의 자연, 즉 인간 본성(nature), 다시 말해 겸손과 배려를 포함하기 때문이다.[1]

고속 전철 사업이나 원자력 발전 사업, 태양광 사업 따위도 마찬가지다. 고속 전철 사업의 경우도 철로 노선의 직선화 과정에서 무수한 산천에 구멍이 뚫리거나 다리가 놓인다. 빛이 들어가야 할 곳에 빛이 못 들어가거나 흙이 있어야 할 곳에 허공이 뚫린다. 지율 스님의 목숨 건 단식 투쟁은 온갖 욕설과 험담으로 비웃음을 당해야 했다. 최근에 보수 언론 등이 법적으로도 잘못됐음이 판명되긴 했지만, 제대로 보도도 되지 않았다. 이런 것을 두고 ‘녹색 성장’을 거론하는 것은 어불성설을 넘어 자기기만이라 해야 옳다. 낯 뜨거운 일이다. 저들과 같은 인간인 것이 부끄럽다.

고속도로의 확장 내지 직선화 사업 또한 마찬가지다. 나아가 4차선화 사업이 전국적으로 이뤄지는 일반 국도 사업도 마찬가지다. 도로를 달리다보면 무수한 '로드 킬'을 본다. 고양이, 고라니, 개, 쥐, 뱀 등 다양한 야생 동물이 길 위에서 무참히 죽은 모습들. 마음이 아프다. 미안하다. 그런데 더욱 웃기는 것은 엉뚱하게 '생태 통로'를 만들어놓고 "이곳으로 동물들이 지나가고 있습니다"라며 선전하는 점이다. 마치 우리가 동물을 위해 훌륭한 대안을 만들어 놓았으니 안심하고 고속도로를 질주해도 좋습니다 하고 말하는 듯이 말이다. 사실은 이런 게 더욱 마음 아프고 더욱 화가 난다. 실제로, 야생 동물들이 얼마나 그 생태 통로를 이용하는지에 대한 보고를 본 적이 없다. 만약 실제 동물들이 그 통로를 이용해 잘 다니고 있다면 어째서 여전히, 아니 갈수록 더 많이 '로드 킬'이 발생할 것인가? 게다가 전국의 고속도로 망에 그런 생태통로를 촘촘하게 만든 것도 아니지 않은가? 전시용으로 한두 개 만들어 놓고 그런 기만을 하다니, 실로 우스운 일이고 동물들에게 미안한 일이 아닐 수 없다.

원자력 발전은 어떠한가? "원자력은 절대 안전하다"는 말만큼 "절대" 틀린 말은 없을 것이다. 1979년 미국 펜실베이니아 주 해리스버그 인근의 작은 섬인 쓰리 마일 섬(Three Miles Island)에서 일어난 원자력 발전소 사고나 1986년 구 소련의 우크라이나 체르노빌 원자력 발전소 사고를 숨기려는 말인가? 아니면 울진이나 고리 원자력 발전소에서 수시로 발생하는 사고는 아무 사고도 아닌가? 정 그렇다면 "절대 안전하다"고 우기는 사람들 집 근처에 원자력 발전소를 지으면 어떨까? 진정 "녹색 성장"을 하려면, 2000년에 새 법률을 만들어 앞으로 정권 교체와 무관하게 2020년까지 핵발전소를 단계적으로 폐지하겠다고 결정한 독일을 본받아야 한다. 그런데도 한국 정부는 2008년 8월에 '국가에너지 기본계획안'을 통해 2030년까지 핵발전소를 10기나 더 짓겠다고 천명하고 나섰다. 기가 막힌다.

태양광 사업도 한번 보자. '석유 정점'을 지나며 아슬아슬한 위험의 순간에
다가서고 있는 현재 시점에서 석유가 아닌 대안 에너지에 주목하는 것은
좋은 일이다. 그러나 그것이 진정한 "녹색"을 지향한다면, 풀뿌리에 의해서,
소규모로, 충분한 논의와 합의를 거치면서, 천천히, 마을이나 지역 주민이
주체가 되면서도 행정 당국의 측면 지원과 더불어 진행되는 것이 바람직하다.
그런데 태양광 사업이나 바이오 에너지 사업 등 대부분의 경우 정부의 보호
아래 독점적 대자본에 의해 추진되거나 대규모로 기존의 생태계를 침탈하는
방식으로, 그것도 지역민을 사실상 배제한 위에서, 일방적으로, 행정당국의
공모 하에 진행된다. 일례로, 삼성 에버랜드는 경북 김천시 어모면 옥계리 58만
㎡ 용지에 18 MW급 태양광 발전소를 짓는 데 총 1,410억 원을 투자하기로 했다.
이것은 김천시 전체 가구의 15%인 8,000여 가구가 연간 사용할 수 있는 2만
6,000 MWh의 전기를 생산하며, 연간 4만 배럴의 석유 수입 대체 효과와
연간 6,000TOE의 에너지 절감 효과, 그리고 1만 7,000톤의 이산화탄소 배출
감소 효과를 가진다고 한다. 물론 이런 경제적 효과는 분명히 있겠지만, 그 과정
이나 결과가 과연 다른 면에서도 좋은 효과가 있는지에 대해서는 의문이다. 무려
20만 평에 가까운 땅을 '녹색 개발'하는 과정에서 산과 들, 골짜기, 구릉, 개울이
사라져야 한다. 결국 이런 대안 사업도 종국에는 새로운 방식의 돈벌이 사업에
그치기 십상이다. 이것만이 아니다. 전남 신안군에는 축구장 93개 크기의
동양 최대 태양광 발전소가 건설될 것이라 하며, 시화호에 이어 새만금에도
세계 최대의 조력 발전소 건설이 추진 중이다. 또한, 강화도에 있는 네 개
섬을 이어 812메가와트 급 세계 최대 조력 발전소도 계획 중이라 한다. 물론
개발 이익과 무관한 지역민들은 대부분 반대하고 있다. 이런 식으로, 자연과
주민을 배제하고 "녹색"을 운운하는 것은 참으로 낯간지러운 사태가 아닐
수 없다. 게다가 거대한 규모로 태양광을 끌어들일 때 발생하는 열이나 자외선

등은 각종 암을 유발할 가능성도 크다. 새로운 대안이 새로운 문제를 더 심각하게 유발한다면 그것은 돈과 시간과 열정의 낭비가 아닐까? 그런데도 이런 것을 "녹색 성장"을 위한 신성장 동력이라 말하는 것은 순진무구한 무지의 소치인가 아니면 뻔뻔스런 자기기만인가?

"녹색 성장"은 과연 구제 불능인가?

한국사회가 얼마나 '성장 중독증'을 앓고 있는가는 "녹색 성장"뿐만 아니라 2008년 가을 이후의 세계 금융 위기 이래 "마이너스 성장"이 국정 운영에 키워드로 등장한 점에서도 잘 알 수 있다. 오죽하면 "마이너스 0% 성장"이란 말을 해놓고 "정말 다행이다"라는 식으로 숫자 장난을 치고 있겠는가?

2008년 리먼 브라더스 파산 사태 그 자체도 따지고 보면 무한한 성장 논리 자체 때문에 망하고 말았음을 알 수 있다. 무한 성장, 무한 축적이 과연 가능한가? 은행에서 거액을 대출하고 비싼 집을 사고도 돈을 남기는 방법은 그 집값이 계속 오르는 것이다. 또 집값이 오르는데도 그 집을 살 사람도 줄을 이어야 한다. 은행은 그 담보를 매개로 온갖 파생상품을 팔아 무한정 돈을 굴리려 했다. 모든 구성 부분들이 날로 증가 일로에 있어야 모두가 '윈-윈' 하는 그런 아슬아슬한 게임이었다. 그렇게 되려면 지구 전체가 그런 흐름 속에 일사불란하게 재편되어야 했다. 심하면 우주 전체가 그런 흐름에 맞추어 주어야 했다. 그러나 어디 세상 일이 그런가? 적극적으로 저항하는 반군들이 있고 저항하는 종교들이 있으며 소극적으로 그들을 따르려고 노력해도 안 되는 어려운 나라들도 많다. 그러니 미국식 무한 성장 논리가 모순이나 갈등 없이 착착 전개될 리 없다. 이것이 정상이다. 그렇다면 지금까지의 '성장 중독증'이 잘못되었음을 인정하고 (성장이나 부자가 아니라) 간소함 내지 소박함, (획일성 속의 기득권이 아니라) 다양성 속의 풍부함, (이윤이 아니라) 필요에 걸맞은 새로운 삶의 논리가 전면화하는 게 옳지 않을까?

이제 "녹색 성장"론을 구제하는 방법을 생각해보자. "녹색 성장"이 단순 무지로 끝나거나 자기기만으로 끝나지 않고 뭔가 의미있는 철학이 되기 위해서는 보다 근본적인 접근을 해야 한다.

첫째, 더 이상 부자 되기, 물질적으로 잘 살기, 강자나 강국이 되기 따위가 개인적, 사회적, 국가적 삶의 철학이 되어선 안 된다. '경제'를 더 이상 돈벌이라는 천박한 개념이 아니라 살림살이라는 본연의 자리로 되돌려야 한다. 칼 폴라니 식으로 말하자면, 경제가 더 이상 사회를 지배하게 두어서는 안 되고 사회의 품 안으로 깃들게 해야 한다. 풀뿌리 민주주의가 필요한 이유이기도 하다. 새로운 삶의 철학은 사람과 사람, 사람과 자연이 더불어 사는 것이다. 그냥 나란히 더불어 사는 것을 넘어 내가 너에게, 네가 나에게, 사람이 자연에게, 자연이 사람에게로 다가가 그 품안으로 조심스럽게 깃드는 식이 되어야 한다. 그렇게 되면 많이 가짐의 기쁨이 아니라 살아 있음의 기쁨, 남을 누르는 기쁨이 아니라 함께 있음의 기쁨, 남부럽지 않게 누리는 것의 기쁨이 아니라 서로 나누며 함께 하는 기쁨을 누릴 수 있다. 일이나 성과에 치우쳐 몸과 마음이 병든 일중독 상태를 극복하고 삶이나 관계 자체가 주는 즐거움을 만끽하며 매 순간 행복을 느낄 수 있다. 나의 마음이 성장하고 사람들 사이의 관계가 성장하며 공동체가 부활한다. 바로 이것이 참된 "녹색 성장"이다.

둘째, 경제를 보는 눈이 바뀌어야 하고 정책이 근원적으로 바뀌어야 한다. "녹색 성장"이 되려면 유기농 중심의 농업이 경제 정책의 핵심이 되어야 한다. 종자개량이라는 미명 아래 이뤄진 '녹색혁명'처럼 또다시 자기기만적인 행위를 해서는 안 된다. 유전자조작에 다름없는 그런 녹색혁명은 혁명이라는 이름에 똥칠을 하는 것이나 다름없다. 진정한 혁명은 돈벌이 패러다임이나 권력의 패러다임으로부터 진정으로 결별을 선언하는 것이다. 공업이나 상업도 삶의 질을 고양하는 데 기여하는 한에서만 장려, 촉진해야 한다. 그렇지 않은 경우 과감하게 줄이거나 없애야 한다. 과학 기술의 오만함과 일방성을 당장 중단해야 한다. E. F. 슈마허의 '중간 기술'이나 M. 간디의 '물레'로 상징되는 평화의 기술, 사람 냄새 나는 기술, 이런 것을 개발하고 활용해야 한다. 그렇게 되면 사람이 존중받고 자연이 되살아날 것이다. 이런 점에서 "마이너스"가 오히려 "플러스"로 될 것이다.

셋째, 각 개인들도 말로만이 아니라 실천을 해야 한다. 말로만 "녹색 성장"을 외치고 카메라 앞에서만 자전거를 타는 것이 아니라, 실제로 삶의 전반이 바뀌어야 한다. 똥오줌을 받아서 거름으로 만들고 텃밭이나 주말 농장을 경작하는 것도 좋다. 가축을 키우면서 음식물 쓰레기도 가축에게 주거나 거름을 만드는 데 쓰면 좋겠다. 물에 녹지 않는 세제를 쓰지 말고, 영화 <인샬라>의 한 장면에 나오듯 아주 적은 양의 물로도 얼굴도 씻고 손도 씻고 해야 한다. 전기나 가스도 절약하되, 햇볕이나 햇빛을 충분히 활용한다. 텃밭에 심는 작물도 갈수록 다양하게 늘려본다. 자동차를 없애거나 사용을 줄인다. 멀리 갈 때는 가능한 한 대중교통을 이용한다. 기계를 쓰기보다는 도구나 손을 써서 작업을 한다. 이런 식의 실천을 갈수록 넓게, 또 일관성 있게 하도록 노력한다.

여기서 한 가지 강조하고 싶은 것은, '녹색'과 '성장'의 형용 모순을 해결하기 위해서는 어느 하나가 '희생'되어야 한다는 시각을 좀 다르게 볼 필요가 있다는 점이다.[2] 물론 성급하게 녹색과 성장을 병행하거나 조화한다는 것도 작금의 현실처럼 큰 문제다. 그러나 통찰력과 진정성으로 임하는 경우, 녹색과 성장은 대등한 차원이나 동일한 차원에 있지 않음을 알 수 있다. 녹색은 모든 생명

행위의 기본이기 때문이다. 그를 존중한 위에서의 성장이란 대개 우리가 말하는 경제성장과는 전혀 다른 말이다. 그래서 말한다. 녹색 성장을 하려면, 녹색 성장을 버려라! 성장 강박증을 버리는 것은 참된 녹색 성장의 전제 조건이다. 따라서 성장을 희생시켜야 녹색이 가능하다고 보는 시각을 아직도 갖고 있다면 녹색 성장은 영원히 불가능하다. 아니, 그렇게 해서 인류가 멸종하게 된다면 그 때 비로소 '인류 없는' 지구의 녹색 성장이 가능할지 모른다.

요컨대, "녹색 성장"이라는 말도 안 되는 말을 구원하는 유일한 길은 '녹색이라는 포장을 덮어씌운 경제성장'이 아니라 '녹색의 관점으로 모든 걸 성찰함으로써 마음 성장'을 이루는 것이다. 이것 말고 "녹색 성장"에 무슨 희망이 더 있겠는가?

녹색 대안 경제의 전망과 방향

이런 점을 염두에 둘 때 앞으로 녹색 대안 경제 공간이란 한편으로 기존 성장론자들에 의한 대안적 축적 노력, 다른 편에서는 성찰적 대안 세력에 의한 대안 사회 형성 노력 사이에 일정한 '사회적 각축장'이 될 것임을 암시한다. 기존 성장론자들은 갈수록 위기에 빠지는 이윤 추구 행위를 구제하기 위하여, 그리하여 부단히 이윤 축적 메커니즘을 지속시키기 위해 온갖 기술, 자본, 조직, 문화 따위를 총동원하여 새로운 시도를 하게 될 것이다. 한편, 성찰적 대안 세력들은 기존 성장론자들이 가진 무한 축적이라는 환상에 도전하면서도 참된 대안을 실험하고 이를 확산하고자 할 것이다. 가장 바람직한 것은 풀뿌리의 힘이 확대되고 공고해져서 아래로부터의 대안이 자연스럽게 위로부터의 변화 시도까지 추동하고 그 방향을 올바로 잡아나가는 것이다.

내가 보기에 가장 시급하고도 올바른 녹색 대안 경제는 세계 각국에서 유기농법 내지 자연농법을 핵심으로 하는 식량자급 증진에 있다. 경제를 돈벌이가 아니라 살림살이라고 할 때 그 핵심은 생명 살림, 스스로 살림, 서로 살림, 계속 살림, 내면 살림에 있을 것이다. 유기농 위주의 식량자급은 이 살림살이 경제의 근본을 이룬다. 게다가 원래의 '농심'이란 절약하고 정직하고 겸손하며 배려할 줄 알고 감사할 줄 아는 마음이다. 이런 마음의 회복과 더불어 유기농이 모든 나라의 제1의 경제 분야가 되어야 비로소 녹색 대안 경제가 현실화한다. (사실은 농사 자체도 약탈 경제란 문제제기가 있지만, 지구 전체의 대변란이 전제되지 않고서는 수렵 및 채취 생활이 보편화되기는 어려울 것이다.)

다음으로 에너지 분야를 들 수 있다. 화석 에너지 시대는 이미 종말이 시작되었다. 이를 인정해야 한다. 석유 중독 시대를 이기는 첫걸음이 중독 자체임을 인정하고 진정으로 회복하려는 마음을 지녀야 한다. 진정성이 중요한 까닭이다. 화석 에너지에 대한 대안은 자연 에너지다. 태양, 바람, 조류, 강물, 공기, 식물 등이다. 여기서 두 가지가 중요하다.

하나는 이런 자연 에너지를 활용한 대안의 개발조차 대자본, 대조직, 대규모, 대권력을 기반으로 해서 가능한 것이 현재 시도되는 대부분의 모습이란 사실이다. 다른 하나는 에너지든, 식량이든, 기후든 그 어떤 문제를 해결하려고 하든, 우리가 우리 자신의 삶의 방식을 진지하게 성찰하지 않은 채, 오로지 '새로운' 공급처만 발견하면 된다는 식의 발상은 마치 '새로운' 이윤 원천을 찾으려는 자본과 그대로 닮아 있다는 사실이다. 우리가 진정 반성해야 할 것은 '대량 생산–대량 유통–대량 소비–대량 폐기'를 핵으로 하는 삶의 구조 전체다. 이런 시스템을 유지, 확산하기 위해 중앙집권화한 권력 체계가 필요하고 그 과정에서 민주주의는 실종하고 소외는 심화한다.

따라서 참된 민주주의, 풀뿌리 민주주의와 더불어 사람과 사람, 사람과 자연이 살갑게 더불어 살 수 있는 대안이란 결국 '대량 생산-대량 유통-대량 소비-대량 폐기'의 시스템 자체를 과감하게 폐기해야 한다. 물론 이것은 단순히 양적인 문제나 규모의 문제만은 아니다. 그 과정과 더불어 질과 내용이 같이 바뀌어야 한다. 그렇지 않다면 전술한 바, 태양광 에너지나 조력 발전소를 개발한답시고 육지나 해양 생태계를 대규모로 파괴하는 자가당착을 범하면서도 자기합리화를 하게 된다.

지난 수백 년 또는 수천 년 동안에 걸쳐 풀뿌리 민초들의 생활세계로부터 이탈하여 시장과 권력의 품(시스템)으로 건너간 많은 영역들을 다시금 민초들의 생활세계로 복귀해야 한다. 탈자본화, 탈권력화, 탈시장화, 강자와의 탈동일시 등 '탈구 전략'이 필요하다. 이것은 단순히 시장에 돈을 많이 풀었기에 어떻게 하면 돈을 거두어들일지를 고민하는 기득권층의 탈구 전략과는 질을 달리한다. 이런 근본적 부분에 대한 고민 없이 녹색 대안 경제를 고민하는 것은 무지의 소치이거나 자기기만 행위이기 쉽다.

기득권층이나 비기득권층을 가리지 않고 우리 대부분은 '성장 중독자들'이다. 성장 중독자들이 성장 중독증을 벗어나는 방법은 마치 '익명의 알코올 중독자 모임'처럼 소규모 모임 속에서 중독 상황을 진심으로 인정하고 중독으로부터 벗어나 건강을 회복하려는 진정어린 마음을 나누어야 한다. 그 때 상호 간 소통 방법도 더 이상 누가 옳고 그르고를 따지거나 더 이상 누구의 잘못을 탓하는 모습이 아니라 자기 자신의 내면을 정직하게 느끼고 말하는 것으로부터 출발해야 한다. 중독으로부터 벗어나기 시작하면 서서히 회복은 시작된다. 세상이 새롭게 보이고 삶이 새롭게 보인다. 그렇게 되면 희망이 있다.

결국 우리의 미래, 지구의 미래는 한편으로는 기득권층의 지속가능한 이윤

축적 시도나 땜질 처방에 맞서서 참된 대안을 만들 수 있는지, 다른 편으로는 성장 중독증으로부터 벗어나고자 하는 진심어린 마음과 실천이 얼마나 사회적으로 확산될 수 있을지에 따라 결정될 것임에 틀림없다. 이것은 결국, 삶이냐 죽음이냐의 문제이기도 하고, 살더라도 배부른 노예의 삶이냐 참된 삶의 주인으로서의 삶이냐의 문제이며, 죽더라도 의미 없는 서글픈 죽음이냐 의미 있는 행복한 죽음이냐의 문제이기도 하다. 과연 우리는 어떻게 살고 어떻게 죽을 것인가? 지혜로운 선택은 나의 책임이고 우리의 책임이다.

1_ 이번 회의에서 발제자로 참여한 오용선 '지앤지파트너즈(주)' 대표도, "기후변화 시대에 서탄소 경제를 위해 머리로 하는 사업인 NGO 사업을 하긴 하지만 그것만으로는 부족한 것 같아 가슴으로 하는 사업인 '꽃피는 문명 연구소' 활동도 동시에 하고 있다"고 솔직히 말했다. 나는 차라리 후자에 더 관심이 간다.

2_ 이번 회의에서 작은 세션의 사회를 맡은 충북대 경제학과의 조수종 교수는 "지난 30년 간 성장론 위주의 경제학을 연구하고 가르친 사람으로서, 성장 중독 상태에 빠진 우리 사회에 녹색 성장 화두는 마치 애연가에게 금연을 하라고 하는 거나 다름없다"며 "이것은 거의 불가능할 듯하다"고 고백했다. 나는 이러한 "거의 불가능한" 상태라는 진단에 동의한다. 그러나 바로 그런 상태에서라도 마치 '차마고도' 5,000킬로미터를 걸어가는 마방들처럼 우리가 할 수 있는 최선의 길을 소박하나마 꿋꿋이 걷는 것이 그 결과의 성공 여부와 무관하게 의미 있는 일이라 본다. 이런 점에서 '성급한 임기응변'은 금물이다.

12_ 노동운동의 생태주의적 대전환:
과제와 전망

'총체적 위기'의 시대

'위기'의 시대다. 운동도 위기고 지구도 위기며 삶도 위기다. 정권과 자본의 입장에서 '위기의식'을 퍼뜨려 대중을 새롭게 동원하려는 의미에서 위기라고 하는 것은 아니다. 사실은 그러한 음흉한 시도조차 삶의 위기를 보여주는 한 징후일 뿐이다.

운동의 위기, 그 중에서도 노동운동의 위기는 최근의 문제만은 아니다. 갈수록 대공장, 정규직, 남성 중심의 운동으로 협소화한 것도 문제다.[1] 그러나 더욱 본질적으로는, '인간다운 삶'을 위한 주체적, 집합적, 연대적 활동 자체보다는 '물질적 이해관계'의 증진에 운동의 목표를 고착화한 때부터 운동의 위기는 시작되었다. 물질적 이해관계란 고용, 소득, 승진, 복지 등으로 드러난다. 대개 기업이나 국가 수준에 갇힌 관계를 전제로 하며, 노동시장과 노동과정,

자본의 생산과정 안에 갇힌 행동반경 위에 있다. 그러나 인간다운 삶이란 기업이나 국가 수준에 갇힌 관계나 자본의 생산과정이라는 범주를 '초월'해야 비로소 가능하다. 따라서 위기를 극복하기 위한 운동의 혁신도 단순히 기업 내부의 의사결정 구조에 참여하거나 국가 수준의 노사정 위원회 같은 기구에 참여하는 것으로는 가능하지 않다. 또한, 고용안정이나 소득증대, 승진기회, 복지확충 등 물질적 이해관계를 증진한다고 해서 노동해방과 인간해방이 이뤄질 리 만무하다. 인간다운 삶이란 사람과 사람, 사람과 자연이 더불어 행복하게 사는 새로운 관계를 전제로 하기 때문이다. 진정한 혁신은 이해관계(interest)를 출발점으로 삼으면 안 되고 내면의 필요(needs)를 출발점으로 삼아야 한다는 문제의식이 중요해지는 까닭이다.[2]

지구의 위기는 여러 형태로 드러난다. 현실적으로는 현대 자본주의를 지탱하는 핵심 자원인 석유가 고갈 위험에 빠져 있다는 점이다. 이른바 '석유 정점'(peak oil) 국면 위에 우리가 서있다. 물론 석유가 고갈되지 않고 영원히 나온다 하더라도 심각성은 여전하다. 석유 사용으로 말미암은 지구온난화, 농약과 제초제, 재순환되지 않는 물질의 대량생산, 대량소비, 대량폐기, 온갖 환경호르몬 물질의 전면화 등이 온 지구를 괴롭히기 때문이다. 석유 고갈이 오면 석유에 기초했던 주거양식, 교통양식, 도시계획, 생산양식, 소비양식 등이 모두 위험에 빠진다. KBS 다큐 <호모 오일리쿠스>[3]를 보면, 2018년경 한국에도 석유 정점으로 인한 대혼란이 닥친다. 석유 가격이 폭등하면서 빈익빈 부익부는 심화하고 석유 구매 전쟁이 치열해진다. 주유소에도 무장 군경이 상주한다. 신도시의 아파트 거주자들은 더 이상 자동차 출퇴근이 어렵다. 일부 부자는 도심으로 재진입하지만 대부분은 지긋지긋한 '콩나물 버스'를 타야 한다. 주부들이 마트로 차를 몰고 가 편히 쇼핑하기 어려워 시장바구니를 손수 들고 다녀야 한다. 아이가 갑자기 아파도 빨리 병원에 가기도 어렵다.

발만 구르다가 생명을 잃을 수 있다. 석유 문제는 그동안 우리가 얼마나 '간편주의'[4]를 위해 맹목적으로 달려왔는지 반성하게 한다.

그러나 지구의 위기는 에너지 위기로만 드러나지 않는다. 기후 변화 내지 지구온난화로 상징되는 생태계 대변란, 그와 연관된 식량 위기, 물 부족, 사막화 현상 등 지구 생태계 전반의 위기가 도사리고 있기 때문이다.

이 모든 것의 결론은, 한마디로, '삶의 위기'가 우리 코앞에 와있다는 점이다. 인간다운 삶이 보편화하기 어렵다는 것이다. 그러나 '모든 것이 끝장난' 건 아니다. 포기하고 종말만 기다리자는 말이 아니다. 위기의 현상과 본질을 정직하게 직시하고 반성적 성찰을 통해 새롭게 나가자는 말이다. 위기는 성찰의 계기이기도 하다. 그래야 새 기회도 나온다. 대개는 '위기는 기회'라면서 또 새롭게 돈벌이의 기회로 전화하려는 자본과 권력의 시도가 앞선다. 그러나 진정성 있는 성찰이 없는 상태에서 위기를 기회로 보는 발상의 전환은 삶의 위기를 더욱 심화할 뿐이다. 따라서 삶의 위기를 직시하자는 것은, 어려운 와중에도 삶의 희망을 찾기 위해 진정성을 갖고 소통하고 연대해야 한다는 말이다. 절망의 한복판에서도 좌절이나 포기하지 않고 꿋꿋이 바른 길을 함께 걸어가자는 말이다. 그렇지 않고 '위기'만을 지나치게 강조하는 경우, 한편으로는 두려움에 떨면서 기존의 보수 기득권층의 계략에 수동적으로 넘어가기 쉬우며, 다른 한편으로는 무기력에 빠져 아무런 주체적 선택도 할 수 없는 자포자기 상태에 빠지고 말 것이다. 파시즘이나 종말론적 도피주의가 번창하는 배경이다.

그래서 필요한 것은 현실의 정직한 인식이다. 여기서는 노동운동을 중심으로 살핀다. 글의 제목을 '노동운동의 생태주의적 대전환'이라 한 것은 이렇다. 마치 칼 폴라니가 경제인류학적 관점에서 시장 메커니즘에 의한 사회의 '대전환'을 이야기한 것처럼 나는 역으로 노동운동이 생태적 '대전환'을 추동해야 비로소 희망이 생긴다고 본다. 생태주의란 사람과 자연이 더불어 살아야 한다는 관점과 그에 입각한 실천이다. 근본적으로 사람은 자연의 일부다. 그리고 사람의 본성은 그 자체로 자연이다. 결국, 사람과 자연은 분리되지 않는다. 이런 관점을 자연스레 받아들이는 것이 생태주의다.

현실과 본질의 정직한 인식

독일의 금속노조는 환경운동가들이 "고속도로 속도 무제한을 없애자"는데 대해 대체로 "속도를 제한하면 자동차가 잘 팔리지 않을 것"이라며 반대해왔다. 또 독일 화학노조는 환경운동가들이 "더 이상 농약이나 제초제를 만들지 말자"고 했을 때 "그렇게 되면 우리 일자리를 잃을 것"이라며 정색을 했다. 마찬가지로, 독일 건설노조나 광산에너지 노조는 "원자력 발전소 건설"을 지지하기도 했다.[5] 또, 미국 노총은 경기 악화 가능성 때문에 지구온난화 협약에 반대하기도 했다.[6]

충남 연기군 조치원에 살고 있는 내가 2005년 봄, 우리 마을에 터무니없이 들어서려는 고층아파트 건설 반대 운동을 시작하면서 시공사인 D 건설사의 노동조합에 연락하여 "주민운동과 노조운동이 연대하여 잘못된 아파트 사업을 같이 막아보자"고 제안했을 때 한 노조 간부는 "우리가 직접 나서게 되면 우리 일자리가 위험해진다"며 난색을 표명했다. 그런 현실을 부인하기는 어렵다. 이해는 되었지만, 정말 가슴이 막막했다. 얼마 뒤 그 노동조합이 자의든 타의든 해체되고 말았다는 안타까운 소식을 들었다. 보수적인 사회 분위기나 정권과 자본의 반노조 행위 탓도 있겠지만, 우리 마을의 사회적, 생태적 조건을 지키기 위한 주민 운동과 노조 운동이 강고하게 연대하지 못한 탓일 수 있다는 생각에 아쉬움과 함께 죄책감이 들었다. 나를 비롯한 우리 주민들은 주민총회, 서명운동, 군수 면담, 도지사 면담, 군청 앞 시위, 도청 앞 시위, 국회 앞 1인 시위, D 건설사 앞 1인 시위, 청와대 앞 1인 시위, 마을 건설 현장 앞 릴레이 1인 시위 등에 돌입하는 등 직접 행동으로 저항했다. 동시에 건설자본의 손배 가압류 작전에도 용감히 맞서면서 토지용도 불법 변경 취소 소송 및 아파트 건설 승인 처분 취소 소송을 진행했다. 행정과 사법 당국은 결코 우리 편이 아니었다. 그렇게 저들은 우리 주민의 완강한 저항 및 '생태적 대학문화타운'이라는 대안 제시에도 불구하고 2007년 초부터 공사를 강행했다. 약 1,000 세대 규모의 최고 20층짜리 아파트를 12개 동이나 지었지만, 분양률이 2%에도 못 미쳐 2009년 4월에 공사는 중단되고 말았다. 현재 흉물스런 시멘트 덩어리 12개 동이 빼곡히 들어선 우리 마을(조치원 신안1리, 고려대와 홍익대 사이)은 권력과 자본의 반생태적, 반사회적 행위가 얼마나 무책임한 범죄행위나 다름없는지 똑똑히 보여주는 사회 교육장이다.

또 다른 에피소드가 있다. 2009년 여름, 친재벌적 미디어 법 강행 반대 또는 쌍용차 투쟁의 합리적 해결을 요구하며 대전에서 촛불문화제가 열릴 무렵, 한 환경운동가가 그 회원들에게 "쌍용차에 공권력 투입 안 되게, 잘 해결되게 촛불을 들자"며 문자 메시지를 보냈다고 한다. 어느 날, 한 회원이 전화를 해서는 "나는 쌍용차 문제에는 관심 없으니 문자 보내지 말라"고 했다 한다. "왜 환경단체에서 쌍용차 문제를 운운하는지 도무지 이해할 수 없다"는 것이었다.

이렇게 환경문제와 노동문제를 별개의 것으로 나눠서 생각하는 풍토 자체가 이미 '인간다운 삶'이라는 '내면적 필요'를 잊어버린 채 고용이나 소득, 복지와 환경 등 '이해관계'의 차원에서 사태를 바라보는 것이다. 마찬가지로 독일 노조와 환경운동 사이의 탈연대나 우리 주민운동과 건설노조 사이의 탈연대에는 '이해관계'(interest)의 불일치 문제가 놓여 있다. 노조는 일자리의 안정, 더 많은 일자리, 더 많은 소득, 더 높은 승진, 더 나은 복지 따위에 이해관계를 건다. 환경운동이나 주민운동은 쾌적한 자연 환경, 에너지 절약, 건강한 살림살이, 사람과 자연의 조화 따위에 이해관계를 건다. 불행하게도 이 두 운동 사이에 늘 이해관계가 일치하는 것은 아니다. 오히려 이해관계가 상호 충돌하거나 모순을 일으키는 경우가 더 많다. 예컨대, 자동차 속도 무제한 규정은 속도감을 즐기는 젊은 운전자들을 잠재적 소비자로 만들지만, 이것은 동시에 휘발유를 과잉 소비하게 만든다. 또한 화학 노조에 속한 노동자들이 안정된 일자리를 유지하기 위해서는 농약이나 제초제를 대량 생산하고 대량 판매해야 한다. 같은 논리로 건설 노조에 속한 노동자들은 고용 안정을 위해 '전 국토의 아파트화 사업'이 가지는 문제점에 눈을 감아야 한다.

이러한 이해관계의 불일치로 인한 탈연대는 전통적으로 농민운동과 노동운동 사이에도 존재해 왔다. 즉, 노동자들은 수출지향적 산업화 과정 속에 저임금으로도 먹고살기 위해 값싼 농산물이 필요했다. 따라서 정부가 농민운동을 억압하면서 저곡가 정책, 저 농산물 가격 정책을 펴는 것에 대해 노동운동은 대체로 묵인했다. 국민이 잘 살기 위해서는 노동자가 희생해야 하고, 노동자가 잘 살기 위해서는 농민이 희생해야 했다. 불행히도 수출지향적 산업화는 농민의 1차적 희생 위에 노동자를 2차로 희생시킴으로써만 비로소 성공적일 수 있었다. 여성 농민과 여성 노동자는 한 겹 더 희생했다. 결국, 농민이나 노동자나 대부분의 국민들은 그 과정에서 희생만 반복 강요당했고, 일부 극소수는 넘치는 부를 누리게 되었다. 물론 상대적인 의미에서 풀뿌리 민중도 물질적으로는 풍요로워진 면도 있다. 그러나 불행히도 그러한 물질적 풍요 자체가 크게는 자본의 이해관계와 일치하는 범위 안에서만 주어질 뿐이다. 사회적으로 만성화한 일중독과 소비중독, 간편주의적 생활방식이 바로 그것이다. 요컨대, 사회운동 사이에 그 이해관계가 서로 달라 확고한 연대가 형성되지 못하게 되는 경우, 또는 행위의 출발점이 개별적 이해관계라는 범주를 넘어서지 못하는 경우, 결국은 자본과 권력에게만 유리한 결과를 낳는다는 사실, 이게 진실이다.

그러나 설사 이해관계가 서로 일치한다 해도 대개 일시적이고 표면적인 효과만 가질 뿐이다. 예컨대 최근 들어, 노동운동과 환경운동이 만나기 위해서는 '녹색 일자리'를 많이 만들어야 한다고 한다. 일견 적절한 방법이기도 하다. 하지만 이런 녹색 일자리조차 치열한 세계시장의 경쟁 위에선 언제든지 위험에 처할 수 있다. 나아가 '녹색'이라는 미명 아래 또다시 새로운 방식으로 '대량생산-대량소비-대량폐기'의 낡은 패러다임을 반복할 수도 있다. 따라서 '이해관계'의 공통성을 통해 운동 간 연대를 모색하는 것은 거의 불가능한 일이거나 매우 피상적인 해법에 불과함을 알 수 있다. 이에 대한 근본 해법은 앞서 말한 바, 더 이상 '이해관계'에서 출발하는 것이 아니라 '내적 필요'에서 출발하는 것이다. 그것은 예컨대, 사람과 사람, 사람과 자연이 더불어 건강하게 살려는 욕구다. 보다 구체적으로는, 식의주 등 생계 문제 해결과 더불어 삶의 질 고양, 즉 건강과 여유, 인격과 평등, 공동체, 그리고 생태계 등 네 가지 차원에서 삶의 질을 증진시키는 것이야말로 인간다운 삶의 핵심 조건이다.[7] 그렇게 되면 무한 속도에의 집착이나 화학 농법을 통한 높은 생산성에의 강박증 같은 것을 극복할 수 있다. 때로는 그 속에 깃든 '이해관계' 또는 '기득권'을 포기할 수 있다. 사실, 모든 사회운동이 올바로 가려면 조직적으로든 개인적으로든 이러한 '기득권 포기'가 있어야 한다.

한편, 같은 자동차 산업에 속하긴 하지만, 사람들이 대전의 한국타이어 노동자 돌연사에 대해 반응한 것[8]과 평택의 쌍용자동차 노동자 파업에 대해 반응한 것이 확연히 달랐다는 점을 살펴보자. 얼핏 보면, 한국타이어 문제는 노동에 '유해한 환경'으로 인해 일어난 '환경' 문제인 반면, 쌍용자동차 문제는 노동자들이 자기들 밥그릇 싸움하는 '노동' 문제라고 이해한 것이다.

그러나 이것은 사태의 본질에 대한 '이해'(understanding)가 달라 초래된 일이다. 두 사태 모두, 근본적으로 그간 자본에 협력해온 노동자가 자본에 의해 '배반'당하는 과정을 보여주기 때문이다. 결국, 이것은 자본이 노동자를 배신한 것이지만, 동시에 이것은 노동자가 스스로를 배신한 것이나 다름없다. 왜냐하면, 노동자들은 먹고살기 위해 스스로 자본과 꾸준히 협력을 해왔기 때문이다. 그 과정에서 고용, 소득, 승진, 복지 등과 관련해 노동자는 사용자와 공동의 이해관계(interest)를 형성해 왔다. 불행하게도 그것은 행복한 삶을 지속적으로 보장하기보다는, 나중에 자신을 배반할 외부의 어떤 힘을 꾸준히 살찌워온 결과를 초래했다. 그 외부의 힘이 강할수록 마치 자기 자신도 강하게 될 것 같은 착각을 했기 때문이다. 이를 '강자와의 동일시'라 한다.[9] 결국은 오랫동안 강자와 동일시를 해온 노동자들이 자신의 전략적 선택 바로 그것에 의해 버림을 받게 된 셈이다. 요컨대, 이는 자본의 노동 배신임과 동시에 노동의 자기 배신이기도 하다. 좀 더 근원적으로 말하자면, 노동의 자기 배신 없이는 자본의 노동 배신조차 성립하기 어렵다는 것이 사태의 본질이다. 이 부분을 직시하면서 올바로 넘어서지 못하면 또다시 문제는 꼬인다.

왜 노동운동은 생명운동과 연대하기 어려운가?—당면 과제

소통과 연대, 단결과 투쟁, 이 모든 가치나 구호는 인간다운 삶을 위해 필연적으로 요구되는 것들이다. 그러나 현실은 이와 너무나 거리가 멀다. 갈수록 경쟁과 분열, 고립과 좌절만이 우리 삶을 휘감는 듯하다. 인간다운 삶을 여는 데 주된 역할을 해야 할 노동운동조차 자본과 권력의 연합 작전 아래 자기 유지조차 힘들며, 더군다나 농민운동, 여성운동, 환경운동, 생명운동 과 연대한다는 것은 한참 먼 일로 느껴진다. 이렇게 된 데는 몇 가지 배경이 있다.

첫째, 앞서도 말한 바, 각 부문 운동이 서로 활동하는 영역이 다르다 하더라 도 큰 차원에서는 인간다운 삶이라고 하는 공통 목표를 지니고 소통과 연대를 강화해야 함에도 오로지 자기 부문이나 조직만의 공간에서 치열하게 싸우는 것이 '발등의 불'처럼 급하고 '눈에 드러나는' 성과를 갖다 주기도 한다고 보기 때문이다. 한마디로, '이해관계'(interest) 중심으로 사고하기 때문이다. 모든 사람의 내적 필요(needs)인 인간다운 삶이란 부문적 이해관계를 넘어 인간다운 삶의 조건, 인간다운 사회구조, 인간다운 사회관계를 창출할 수 있을 때만 가능하다. 그런데도 이해관계 중심으로 사고하고 행위하니, 결국 조직 상호 간에 경쟁과 분열, 고립과 냉소, 침묵과 좌절만 확대된다.

둘째, 앞서도 강조한 '강자와의 동일시' 때문이다. 사실, 강자와의 동일시를 좀 더 다른 각도에서 보면 '시스템과의 동일시'와 맥을 같이 한다.[10] 즉, 우리가 이미 주어진 시스템을 벗어날 수도, 바꿀 수도 없다고 느낄 때, 그 속에서도 살아남을 기회는 시스템을 인정하고 그 속에서 최선을 다하는 것이라 생각하기 쉽다. 바로 이것이 시스템과의 동일시다. 이의 배경은 한편으로는 주류 시스템 자체가 등장하면서 보인 다양한 폭력이고 다른 편으로는 주류 시스템에 대한 저항이 폭력적으로 좌절당한 경험이다. 상처(트라우마)는 깊어지고 까닭모를 두려움이 깃든다. 그 결과 시스템 자체에 대한 도전보다는 시스템 안에서의 '기득권 경쟁'에 참여하게 된다. 그것이 유일한 생존 전략으로 보이기 때문이다. 게다가 그 경쟁에서 승리한 자들은 부와 권력, 명예 등 온갖 화려한 것들을 다 누리고 있다. 얼마나 부러운가? '나도 저들처럼 높은 자가 되고 강한 자가 되어 모든 걸 다 누려보고 싶다.' 이런 생각이 드는 것이다. 바로 이것이 '강자와의 동일시'다. 그러나 이런 식으로 생각하고 행동하는 것에 비례하여 시스템은 더 강해진다. 약자들 사이에 소통과 연대가 어려워지는 까닭이다.

셋째, 각 부문 운동 사이에 헤게모니 경쟁이 있기 때문이다. 그 배경엔 또 다시 일종의 독선주의가 깔려 있다. 노동운동과 환경운동 사이를 보면, 노동운동은 환경운동이 자본관계의 모순을 도외시하는 비본질적 시민운동이라 보며, 환경운동은 노동운동이 자본관계를 타파하고 지양하기보다는 오히려 그 속에 갇혀서 다른 차원을 보지 못한다고 규정한다. 내가 보기에, 이러한 상호 비판은 둘 다 일리가 있다. 오히려 그런 면들을 각자가 차분하게 스스로 성찰하면서 모순과 한계를 넘어가기 위해 몸부림치기만 한다면 상호 간 소통과 연대는 가능해진다. 그러나 각 부문 운동의 독선주의는 그러한 통섭적 태도를 가로막는다. 내가 하면 진리고 다른 이가 하면 사이비라는 의식, 독선적 태도, 헤게모니 다툼, 이런 것이 소통과 연대에 가장 큰 장애물이다. 그로 말미암아 운동 주체 상호 간에 원한과 상처가 쌓인다.[11] 주체 사이에 분열이 일어날수록 자본의 힘은 커진다. 사실은 부문 운동들 모두가 자본관계, 억압과 착취의 관계, 수탈과 파괴의 관계가 낳은 희생자들 아닌가? 물론 희생자들이 '나는 늘 피해만 당했다'고 하는 '피해의식'에 젖어 있으면 아무 문제 해결이 불가능하다. 그러나 사태의 본질을 꿰뚫어보면서 가해자와 피해자를 낳는 파괴적 관계 자체를 지양하기 위해 희생자들이 서로 겸허한 자세로 마음의 문을 열고 따뜻하게 접근한다면 서로 큰 힘이 된다. '험한 길도 같이 가면 즐겁지 아니한가.' 그래서 필요한 것이 '하나의 거부, 다양한 긍정'(One No, Many Yeses) 전략이다. 즉, 권력과 자본의 지배와 종속, 착취와 억압에 대해서는 우리 모두가 '하나의 NO!'를 외치되, 그에 대한 구체적 대안에 대해서는 서로 겸손하게 여러 가능성을 열어놓는, '수많은 YES!'가 필요하다.[12]

이런 점에서 2009년 8월 27-28일 이틀간에 걸쳐 서강대에서 열린 '2009 한국사회포럼'에서 '적-녹-보 연대'를 주요 의제로 다룬 것은 매우 의미있는 일이었다. 그 개막 토론회에서 녹색(환경) 입장의 한면희 교수는 "적색이 노동자 중심주의에 지나치게 사로잡혀 있고 사회를 바라보는 시각이 전통적 시각에서 벗어나지 못하고 패러다임의 전환이 따르지 못했다"고 지적하며 "노동운동 진영이 그 부분을 뼈아프게 생각할 때 녹·보·적 삼자간 소통은 원활하게 가능할 수 있다"고 했다.[13] 보라(여성) 입장의 고정갑희 교수는 연대를 위해 "사상투쟁에 가까운 치열한 토론이 필요하다"며 "사안에 따라 동맹도 가능하지만 어떻게 할 것인가와 관련, 치열한 투쟁에 가까운 사상투쟁 필요하다. 그냥 동맹해야 한다거나 그냥 접합은 아닌 것 같다"고 하며 "각 운동의 접점 찾기를 통해 패러다임의 변화가 가능하다"고 보았다. 적색(노동) 입장의 이성백 교수는 "노동운동은 80년대의 시대적으로 뒤처진 상태서 못 벗어나고 있다"고 지적하고 "이것은 활동가에 비판할 것이 아니라 그 문제의 이론가들이 역할을 못했다"고 반성했다.

이러한 이론적, 철학적 접점 모색과 함께 보다 실천적이고 경험적인 접점 모색도 논의되었다. 이호동 에너지노동·사회네트워크 대표(전 발전노조 위원장)는 "10년 전만 해도 한국전력의 사수대로 '한전 해체'를 주장하던 환경 활동가들을 가로막았다. 원자력 발전소 정문에서 사측 지시로 (환경 활동가들에게) 삿대질을 했던 아픈 기억이 있다"고 반성했다. 그러나 에너지 산업에서 노동운동과 환경운동은 2002년 발전파업을 전후로 다시 극적인 만남을 가졌다. 이상훈 환경운동연합 에너지기후위원은 "2002년 발전노조 파업으로 환경과 노동은 서로의 입장을 좀 더 이해하게 되었다"면서 "(민영화로 한전을 약화시킬 수 있다는) 환경단체의 발상은 지극히 나이브하고 자본을 이롭게 할 뿐이라고 비판했던 노동운동은, 환경운동이 지향하는 지속가능한 에너지 체제에 관심을 가지게 됐다. 발전파업 막바지엔 공동선언문을 내는 데까지 발전했다"며 연대의 소중함을 역설했다. 실제로, 2002년 3월 27일 발전노조 파업 31일째 되던 날 이렇게 환경단체와 노동단체를 포함한 시민단체들이 '전력산업 민영화 유보와 친환경적인 전력산업구조개혁을 촉구하는 시민노동단체 공동선언문'을 발표했다.

결국, 노동운동과 환경운동이 '인간다운 삶'이라는 내면적 욕구에서 출발한, 보다 상위의 보편적 목표를 공유하면서 상호 간 역할 분담을 어떻게 하는가에 따라 그 연대 가능성은 달라질 것이다. 이미 우리 코앞에는 일자리 문제, 에너지 문제, 식량 문제, 기후 변화 문제, 지구 온난화 문제, 신종 플루 문제 등과 같은, 삶의 근본적 성찰을 요구하는 이슈들이 쌓이고 있다. 이 공동의 문제를 해결하고 인간다운 삶의 조건을 만들기 위해선, 때로는 부문 운동들 모두가 성찰하고 변해야 하고, 때로는 한 쪽이 다른 쪽에 공감하면서 보다 많이 변해야 한다.

노동운동은 생태계 전반의 문제가 '한갓 배부른' 이야기가 아님을 진지하게 인식하고, 환경운동은 노동 과정이나 노동 조건, 생산 과정에 구체적 관심을 가져야 한다. 그래서 일단은 서로 자주 만나야 한다. 만나서 스스로 느끼고 체험한 것, 상대방에 대해 느끼는 것, 상호 관계에 대해 생각하고 느낀 것 따위를 허심탄회하게 나누는 일이 필요하다. 이런 '개방적 대화'에 있어서는 누가 옳고 그르냐, 누가 더 말발이 세냐, 누가 최종적으로 이기느냐가 핵심이 아니다.[14] 모든 참여자가 서로 죄책감이나 피해의식의 덫으로부터 적극 빠져 나와야 한다. 공동으로 직면한 문제의 뿌리를 뽑기 위해 '나'는 어떤 느낌과 생각이 있으며 나는 무엇을 할 수 있는지, 나는 무엇을 해야 하는지에 대해 서로 느끼고 나누어야 한다. 바로 이것이 참된 소통과 연대의 출발점이다. 바로 여기서 핵심은, 그 어떤 기득권이나 이해관계(material interest)도 떠나 인간다운 삶을 가능하게 하는 사회적 조건의 창조라는 내적 필요(needs)와 관련해 얼마나 상호 이해(mutual understanding)와 공감대를 넓혀나갈 수 있는 가 하는 점이다. 최소한 '지금, 여기서부터'의 소통과 연대가 원활할 때, 자연스 럽게 전사회적 연대, 전 세계적 연대도 보다 확장될 수 있다.

노동운동의 생태주의적 대전환─근거와 전망

지금까지 노동운동이 생태주의에 기초한 생명운동과 연대하기 어려운 배경 을 살피는 가운데 몇 가지 과제가 도출되었다. 그것은 노동운동이 고용, 소득, 승진, 복지 등과 같은 이해관계 중심의 활동을 넘어 인간다운 삶이라는 내적 필요에 초점을 맞춘 활동으로 변신하는 것, 자본주의 시스템과의 동일시나 강자와의 동일시를 넘어 참된 자기 정체성을 찾는 것, 독선주의나 헤게모니 경쟁을 넘어 희생자들 사이의 소통과 통섭을 강화하는 것 등으로 요약된다.

이러한 과제를 해결하는 한 방법으로 나는 노동운동의 생태주의적 대전환 을 제안하고 싶다. 그것은 한편으로 그러한 대전환 없이는 노동운동이 "자신이 깔고 앉은 나뭇가지를 스스로 자르는" 결과를 초래할 것이기 때문이고, 다른 한편으로는 당대를 넘어 후세대가 "지속가능하게" 살아갈 인간다운 삶의 구조 를 열 수 없을 것이기 때문이다. 그렇다면 노동운동의 입장에서 생태주의적 대전환은 보다 구체적으로 무엇을 뜻하는가?

나는 이것을 '파이 이론'으로 설명하고자 한다. 파이 이론이란 파이의 크기, 파이의 분배, 파이의 원천이라는 세 가지 차원을 가지고 자본관계가 가지는 갈등과 모순을 설명하려는 것이다.[15] 파이의 크기 문제란 가능한 한 파이를 키우자는 입장이다. 자본과 권력은 파이의 크기를 키우는 데 목숨을 건다. 흔히 말하는 '경제성장론'이 바로 이것이다. 파이의 덩치를 키워야 잘 살 수 있다는 말이다. '트리클다운'(trickle-down) 효과도 일단은 파이를 키워야 그것이 흘러넘쳐 아래쪽 사람들도 잘 살게 된다는 이야기다. 그러나 현실은 '빈익빈 부익부'로 표상된다. 그래서 나온 것이 파이의 분배 이론이다. 제 아무리 파이를 키워도 공정하게 나누지 않으면 말짱 도루묵이란 이야기다. 노동조합과 노동자 정당이 필요한 근거이기도 하다. 사회적 세력 관계에 따라 파이의 분배는 달라질 것이기 때문이다. 지금까지 노동운동은 대체로 이러한 파이의 크기 문제에는 참여와 협력을 하지만 파이의 분배와 관련해서는 갈등과 대결을 해온 것이 사실이다. 그런데 아무리 큰 파이를 만들어 사이좋게 나눠 먹어도 그 파이 자체가 건강하지 못한 엉터리 원료로 만들어진 것이라면 무슨 소용이 있겠는가? 바로 이 문제가 '파이의 원천' 문제다. 파이의 원천 문제를 따져야 하는 까닭은 대부분의 파이가 생태적으로 건강하지 않은 재료를 원천으로 하기 때문이다. 이를 보다 구체적으로 노사관계의 현실 속에서 살펴보자.

우리는 노사관계 유형을 크게 두 축으로 나누어 볼 수 있다.[16] 하나는 저임금, 장시간노동, 짧은 휴가, 미비한 직업교육, 높은 산재, 직업병 빈발, 노동3권 부재, 권위주의적 경영스타일, 고용불안정, 극심한 사회 차별, 노동배제적 합리화, 사회복지의 미비 등으로 특징지어지는 후진국 형이고, 다른 하나는 고임금, 짧은 노동시간, 긴 휴가, 충실한 직업교육, 산업안전 완비, 낮은 직업병, 노동3권의 보장, 참여주의적 경영스타일, 고용안정, 비교적 평등한 사회 구조,

노동자의 참여에 의한 경영혁신, 사회복지의 확충 등으로 특징지어지는 선진국 형이다. 우리는 당연히 전자보다는 후자를 선호한다. 그런데 문제는 후자의 보다 개선된 노동조건조차도 파괴적 자본합리성을 그대로 전제하고 있을 뿐만 아니라, 신자유주의 세계화 물결과 더불어 갈수록 그 물적 토대가 허물어진다는 점이다.

자본주의와 사회주의에 동시에 반기를 들면서 등장한 유럽대륙식 사회민주주의는 복지국가를 표방하면서 고전적인 '제3의 길'을 제시하였는데, 그것이 가능하게 된 것은 주체적 역량의 문제도 있었지만 '제국주의'라는 물질적 토대가 구축되었기 때문이다. 즉 노동계급과 자본가계급이 모두 만족할 수 있을 정도로 나눠 먹을 파이가 충분히 컸다는 점인데, 바로 여기서 우리가 관심을 가져야 하는 것은 파이의 크기가 아니라, 원천이다. 요컨대, 선진국의 노사가 '대타협' 속에서 나눠먹었던 커다란 파이의 원천은 크게 세 가지다.[17] 첫째, 선진 자본주의 내 자국 노동자들이 '생산성' 향상을 위해 흘린 피와 땀과 눈물이다. 선진국에서는 고도의 기술혁신과 높은 생산력을 바탕으로 경쟁력 있고 부가가치 높은 상품을 만들었다. 이것이 우선적으로 그 커다란 파이의 원천이 되었다. 선진국 자국 노동자들도 노동 강도와 직업병 및 스트레스로 고통 받았다. 둘째, 제3세계 노동 대중의 피와 땀과 눈물이다. 선진국 자본은 제3세계로부터 공업 원료나 농산물, 수산물, 임산물 등을 대량으로 가져가고 대신에 값비싼 기계와 기술, 자본, 제품과 서비스, 정보 등을 판매하였다. 지금은 이 과정이 지적재산권, 특허권 등을 매개로 진행된다. 동시에 선진국 대자본은 제3세계 후진국으로 생산 입지를 이전, 값싼 양질의 노동력을 충분히 활용했다. 현지 시장을 매개로 높은 수익을 실현했다. 이 과정에서 엄청난 부가 선진국으로 들어갔다. 셋째, 선후진국을 가리지 않고 모든 노동자들의 묵인과 동참 아래 이뤄진 자연 생태계 파괴다. 산업화 내지 상품 생산 과정에서 선진국이나 후진국을 가리지 않고 온 지구의 물과 공기, 흙과 숲 등이 커다란 파이의 원료로 동원되었다. 그 결과 이제 생태계 위기가 인류의 생존을 극도로 위협한다. 바로 이것이 선진국 노동자들이 자본가와 나눠먹는 파이의 원천이다. 불편하지만 이것이 진실이다.

바로 여기서 '생산성' 공식을 비판적으로 살필 필요가 있다.[18] 자본의 생산성은 불행히도 삶의 파괴성으로 나타나기 때문이다. 자본의 생산성 공식은 투입 대비 산출이다. 투입이란 노동력(인건비), 원료비, 부품비, 설비비, 토지비용, 금융비용 등이다. 산출이란 생산량, 매출액 등으로 표시된다. 투입은 줄이되, 산출을 늘리는 것이 생산성 향상에 도움이 되고 그것이 곧 경쟁력이다. 우선, 투입을 줄이려면 인건비부터 줄여야 한다. 임금 억제, 노조 억제, 정리 해고, 비정규직 사용을 해야 한다. 원료비를 줄이려면 원료를 무단 채취하거나 헐값으로 구해야 한다. 부품 값을 줄이려면 중소영세 기업을 눌러야 한다. 설비비를 줄이려면 일례로, 폐수 정화 시설을 설치 않거나 산업 안전 설비도 아껴야 한다. 한편, 주어진 투입으로 더 높은 산출을 내려면 노동시간 연장이나 노동 강도 강화가 필요하다. 결국, 자본의 생산성 향상은 노동자의 건강이나 여유, 존중과 평등, 공동체, 생태계 등 삶의 질 관점에서 보면 파괴성 향상에 다름 아니다. 파이를 키우기 위해 삶의 질이 부단히 파괴되어야 한다. 불편하지만, 진실이다.

이런 맥락에서 (선진국과 후진국 사이에 있는) 한국 노동자들이 향유하는 파이의 원천을 재구성해 보자. 앞서 말한 세 원천을 보다 세밀히 보면 크게 7가지 원천으로 정리된다. 그것은, 남성 노동자의 노동, 여성(노동자)의 노동, 비정규직의 노동, 농어민의 노동, 이주민의 노동, 제3세계 현지인의 노동, 자연 생태계 등으로 위계화해 있다. 사회 전체적으로는 자본주와 정치가, 권력자들이 기득권층을 이루고 있지만, 중하부의 기층 민중 내부에서도 기득권의 피라미드가 엄존한다. 아래로 갈수록 희생이 크다. 이 '파이의 7원칙'은 역사적으로도 검증이 가능하다.[19] 즉, 인류가 농사를 짓기 시작한 때부터 자연 생태계는 약탈되기 시작했고, 식민지 개척이 시작되면서 추가로 원주민에 대한 수탈이 이뤄졌다. 근대화 또는 합리화 과정은 추가로 농어민과 노동자를 착취, 수탈하는 과정이었고, 가부장주의는 여성을 착취하는 토대다. 세계화는 추가로 이주민과 현지인을 착취하고 유연화는 비정규직을 추가로 착취한다. 경제 발전이란 이런 맥락에서 보면, 자본에 의해 부단히 확장되는 '삶의 식민화' 과정에 다름 아니다. 삶의 식민화는 삶의 세계를 분할, 분열, 균열, 경쟁시키고 그를 통해 지배와 억압, 착취와 수탈로 사람과 자연의 생명력을 추출하는 과정이다. 그 파괴의 결과물을 선-중-후진국 순으로, 상류층-중산층-하층 순으로 분배하는 과정에서 보다 많은 몫(파이)을 차지하기 위한 싸움이 바로 '분배 투쟁'이다. 노동조합이 단체행동을 통해 더 많은 파이를 확보하려는 것도 이런 분배 투쟁의 일환이다. 자본의 입장에서는 '자본과 생명' 사이의 본질적 모순인 '적대 관계'(antagonism)를 자본주의 시스템 내부의 '분배 투쟁'(distribution struggle)으로 돌리는 것이 매우 중요하다.[20]

진실이 이렇다면 고전적 제3의 길, 또는 선진국 형 노사 대타협이란 오늘날 신자유주의적 세계화의 시대에 그 유효성을 지탱하기 어렵다. '자기'는 물론 '다른' 인간과 자연의 생명력을 파괴하면서까지 만든 파이를 배불리 먹는다는 발상 자체가 결코 옳지 않다. 게다가 신자유주의 세계화 시대에 그 '파괴성'이 더욱 강화되어 이미 대 파국에 임박해 있지 않은가? 지속가능하지도 않다.

따라서 만일 노조가, 모든 일하는 사람들이 인간답게 살 수 있는 사회적 조건을 만들어 내고자 한다면, 사실상 위의 선진국 형 노동조건 추구 노력보다 도 한 걸음 더 나아가야 한다. 진정한 대안의 구상, 보편적인 대안의 구상, 지속가능한 대안의 구상이 필요한 것이다. 그것은 경기가 좋을 때 더 많은 요구를 하고, 경기가 나쁠 때 요구를 자제하는 차원에서는 결코 나올 수 없다. 다시 말해 경기 변동에 자신의 목소리를 적응시키는 형태가 되어선 곤란하다. 오히려 경기변동 또는 경제성장과는 무관하게 노동운동은 자신의 내포와 외연을 부단히 확장해야 한다.

노동운동의 내포를 확장한다는 말은 노동조합이나 개별 노동자, 나아가 노동자 정당이 노동자나 대중이 열심히 일한 데 대한 대가(소득, 여가, 승진, 복지)를 찾는다는 '보상'의 논리나, 건강보호, 고용안정과 같은 '보호'의 논리에만 머물 것이 아니라, 주어진 사회를 '주어진' 그대로 받아들이지 말고, 진정으로 민주적이고 생태적으로 새롭게 '형성'하는 논리로 나아가야 한다는 말이다. 대부분의 단체교섭이나 단체행동을 뒷받침하는 보상과 보호의 논리는 사후적(ex post)인 데 반해, 형성의 논리는 사전적(ex ante)이라는 데에 차이가 있다.[21]

반면에 노동운동의 외연을 확장한다는 말은 노조나 노동자가 노동조건의 개선에만 목숨을 걸고 매달릴 것이 아니라, 노동조건을 포함한 총체적인 삶의 조건을 혁신하는 데로 영역을 확대해야 한다는 뜻이다. 노인, 여성, 어린이, 청소년, 장애인, 미숙련공, 이주민, 일용직, 파트타이머, 하청, 임시직, 촉탁사원 등 비정규직이 직면한 문제들, 교육문제, 통일문제, 제3세계 문제, 선후진국 격차 문제, 생태계 문제, 교통문제, 농촌문제, 도시문제, 쓰레기문제, 유해식품 문제, 원자핵 문제, 전쟁문제, 부실공사 문제…등 엄청난 문제들이 산적해 있다. 특히 생태적 차원의 문제제기, 즉 물, 공기, 흙, 숲, 다양한 자연 자원의 파괴와 고갈, '밥이 똥이 되고 똥이 밥이 되는' 순환적 생활양식의 파괴, 원자력이 가진 잠재적 파괴력과 현실적 파괴력 등의 문제는 '부문' 운동의 경계를 훨씬 뛰어넘는다. 이론과 실천 사이에, 또 예술과 학문 및 사회 사이에 통섭적 접근이 절실한 까닭이다.[22]

실제로 노동운동은 농민과 소통하여 새로운 시도를 하기도 한다. 일례로,

2005년 11월, 광주의 기아자동차 노동조합이 구례군 농민회와 연대하여 '생활 연대 운동'을 시작한 것은 뜻 깊은 시도였다.[23] 2006년 4월엔 노조원 50여 명이 농민들과 함께 '공동 경작단'을 만들어 친환경 농업을 하기로 하고 생산물은 기아자동차 식당에서 노조원들이 소비하기로 했다. 또, 2006년 9월, 민주노총 대구본부 사람들과 경북의 농민회 사람들이 만나 '공동 워크숍'을 열고 직거래를 비롯한 연대 활동에 들어간 사례도 있다. 나아가 2008년 5월 이후 미국산 '광우병' 쇠고기 수입 반대 촛불시위 국면에서 화물연대 노조가 부산 항구로부터 미국산 쇠고기의 운송을 거부하는 운동을 벌인 것도 노동운동의 자기 확장 노력이었다.[24] 한편, 노동자, 농민, 시민사회단체가 '에너지정치센터'라는 모임을 만들어, 환경적 가치를 넘어 에너지를 둘러싼 자본과 권력의 카르텔을 해체하기 위한 연구와 실천을 위해 활동하는 것도 매우 시사적이다.[25] 또, '민중의 집' 운동을 통해 노동운동, 지역운동, 생태운동, 여성운동이 새로운 형태로 소통을 시도하는 것도 의미있다.[26] 이런 식으로 노동운동이 사회생태적 관점으로 자신의 영역을 넘어 삶의 전반적인 과정으로 행위 공간을 확장하는 것은 매우 의미가 크다.

요컨대, 노동운동의 사회생태적 외연 확장, 이것은 노동운동이 모든 상품이나 용역의 생산과정 전반과 관련, 입지 선정에서부터 그 원료 채취, 조립, 가공, 분배, 소비, 재생 또는 폐기하는 모든 계기들 속으로, (학력이나 성별, 업종, 국적을 떠나) 모두 한 마음, 한 뜻으로 '건강하게' 개입해 들어가는 행위다.[27] 때로는 내가 생산하는 것 자체를 더 이상 생산하기를 거부하거나 생태적 전환을 이뤄야 한다. 때로는 내가 생산하는 양이나 그 원료를 줄이든지 바꿔야 한다. 더 적게 생산하고 더 적게 일하면서도 더 많이 삶을 즐길 수 있는 그런 생활양식에 대해 개방적 토론을 벌여나가야 한다. '자기 부정을 통한 자기 긍정'의 방식이다.[28] 바로 이런 것들이 이른바 '세계화 시대'에 노조와 노동자들이 사회혁신의 주체로서 적극적이고 능동적으로 추진하고 참여해야 할 '사회 재구성' 프로젝트들이다. 또 이런 시도들이 '세계화'해야 한다. 그것이 자본의 세계화에 대한 대안이다. 만일 이 사회재구성 프로젝트를 소홀히 한다면 노동자와 노조, 노동운동은 그 사회적 '존재이유'와 자신의 건강한 '생명력' 모두를 잃게 될 것이다. 따라서, 노동조합이 내부의 관료주의를 혁신하여 수평적 원탁 구조로 거듭나고, 노동조합이 유기농 농민과 연대하여 밥상 혁명을 시도하고, 노동조합이 여성운동과 연대하여 양성 평등 및 가부장 풍토 혁파에 앞장서며, 노동조합이 생명운동과 연대하여 노동과정 및 노동 생산물의 생태적 혁신을 선도한다면, 노동조합이 환경운동과 연대하여 자연 에너지의 개발과 활용을 확대하고 나아가 에너지 절약적인 생활양식을 창출한다면, 또 노동조합이 지역운동, 주민운동과 연대하여 반생태적 건축이나 반생명적 4대강 사업을 막아낸다면 사회 혁신에 새로운 주체로 재탄생할 수 있다. 이 모든 시도에는 "자본의 축적이 땅과 여성에 대한 착취 없이는 불가능하다"[29]는 인식, 즉 노동, 또는 남성 노동에 대한 착취만이 파이의 원천이 아니라는 성찰이 깃들어 있다. 이와 같이 '파이의 원천' 이론이 실천 운동에 주는 시사점은 한마디로, "모순의 중층성"과 "적대의 공통성"[30]이라 할 수 있다.

이렇게 노동운동이 스스로 생태주의적 대전환에 성공한다면 다른 부문 운동과의 소통과 연대도 강화되어 사회 전반을 사회생태적으로 재구성하는 데 성공할 것이다. 그렇지 못한 경우, 비장한 슬로건인 '노동해방'이나 '인간해방'을 이루기는커녕 불행히도 고립과 좌절, 소멸을 면치 못할 것이다. 이제 남은 것은, 노동운동이 노동시장이나 생산과정에 갇힌 시각을 넘어 총체적 삶의 과정을 성찰하고, 그 위에 부단한 자기 혁신(성찰, 학습, 횡단, 변화, 성숙, 지양, 소통, 연대, 창조)을 통해 사회와 역사의 공동 주체로 거듭 나는 일이다. 그 과정에서 잃을 것은 자본과의 공범관계, 또 기득권의 해로운 떡고물이지만, 얻을 것은 내면의 행복과 참된 주체성, 인간다운 삶의 구조다. 소통과 연대를 통해 폭력과 패배, 좌절과 절망으로 인한 기존의 트라우마를 치유하면서 느긋하고 행복하게 '또 다른 세계의 가능성'을 실험하는 일, 이 어찌 '즐거운 혁명'이 아니겠는가?

주

1_ 이에 대해서는 「특집 좌담: 위기의 한국 노동운동, 진단과 과제」, 『노동사회』 147, 2009년 10월호 참조.

2_ 이에 대해선, 강수돌·하이데, 『자본을 넘어, 노동을 넘어』, 이후, 2009, 355쪽; 또한 서영표, 「한국의 녹색담론과 사회주의」, 『진보평론』 40호, 2009년 여름, 94쪽; M. Mellor, *Feminism and Ecology* (Cambridge: Polity Press, 1997) 참조.

3_ '호모 오일리쿠스'(homo oilicus)란 석유를 먹고, 입고, 쓰며 사는 현대인을 말한다. 2008년 10월 22일-24일까지 KBS에서 시사다큐 3부작으로 방영되었다.

4_ 나는 여기서 '간편주의'를 '간단하고 편리한 것에 중독된 삶의 방식'으로 정의한다.

5_ H. 하이데, 『노동사회에서 벗어나기』, 박종철출판사, 2000, 114-15쪽 참조.

6_ 김석윤, 「환경운동과 노동운동」, 『녹색평론』, 2001년 3-4월호, 73쪽 참조.

7_ '삶의 질'에 대한 필자 나름의 정의는 강수돌, 『노사관계와 삶의 질』, 한울, 2002, 제1장 참조.

8_ 한국타이어에서는 2006년 5월부터 2007년 9월 사이에 이 회사 전·현 직원 7명이 잇따라 돌연사했다. 이에 노조를 비롯한 시민사회단체는 연대를 형성해 객관적이고 공정한 역학조사에 의한 사태 진상 규명과 책임자 처벌을 요구해왔다. 오랜 세월이 흐른 2009년 8월 중순, 법원은 회사의 책임을 묻는 판결을 내렸다.

9_ 강수돌·하이데, 『자본을 넘어, 노동을 넘어』 참조.

10_ 같은 책, 4장과 6장 참조.

11_ 이 부분과 관련해, 박영균, 「오늘날 맑스주의적 관점에서 적·녹·보 연대를 어떻게 모색할 것인가?」, 『진보평론』 40호, 2009년 여름, 178쪽 참조. "시민·사회운동의 자기긍정은 80년대 운동이 남긴 '트라우마'를 '원한'이라는 수동적이고 반동적인 감정으로 전환시키는 과정을 동반하고 있었다."

12_ 이 구호는 멕시코의 사빠띠스따 농민군에서 나왔다. H. 클리버, 『싸빠띠스따』, 이원영 역, 갈무리, 1998 참조.

13_ 이하 <참세상>, 2009. 8. 27 참조.

14_ 이러한 '개방적 대화'의 방법에 대해선, 강수돌·하이데, 앞의 책, 제11장 참조.

15_ 이와 관련, 강수돌, 『살림의 경제학』, 인물과사상사, 2009, 232-36쪽 참조.

16_ 강수돌, 『노사관계와 삶의 질』, 제11장 참조.

17_ H. 하이네, 『노동사회에서 벗어나기』 참조.

18_ 강수돌, 『살림의 경제학』, 44쪽 이하 참조.

19_ 물론, 이 착취당하는 존재들의 위계 서열이 시간의 흐름상 순차적으로 형성된 것은 아니다. 각 사회마다, 또 시대 별로, 세력관계에 따라 위계 내의 위치는 다를 수 있다.

20_ 강수돌·하이데, 『자본을 넘어, 노동을 넘어』; H. 하이네, 『노동사회에서 벗어나 기』 참조. 흔히 말하는 '자본과 노동' 간의 근본 모순은 '자본과 생명' 간의 근본 모순이라 파악하는 것이 더 진실에 가깝다. 노동은 이미 생명이 자본의 모습을 띠는 '가변자본'으로 변한 것이기 때문에 자본과 생명의 교집합으로 파악하는 것이 옳다고 본다.

21_ 이 형성의 논리는 "봉기를 구성으로 바꾸는 정치"와 일맥상통한다. 박영균, 「오늘날 맑스주의적 관점에서 적녹보 연대를 어떻게 모색할 것인가?」, 195쪽 참조.

22_ 이와 관련, 심광현, 『유비쿼터스 시대의 지식생산과 문화정치: 예술-학문-사회의 수평적 통섭을 위하여』, 문화과학사, 2009 참조.

23_ 천규석, 「아름다운 노동연대-자급자치의 관점으로」, 『녹색평론』, 2006년 11월-12월호.

24_ <참세상>, 2009. 5. 7.

25_ 이강준, "착한 에너지, 나쁜 에너지", <일다> 2008. 6. 2.

26_ 심광현, 「촛불시위로 열린 '제3공간'의 키잡이, 민중의 집 운동」, 『문화/과학』 55호, 2008년 가을 참조.

27_ 2002년 지방자치선거부터 시작된 '적-녹 연대'는 노동운동과 환경운동이 진보적 관점에서 전략적 상호공조를 취하려는 것으로, 2009년 보궐선거에서 (평등, 생태, 평화, 연대를 기치로 하는) 진보신당 출신의 조승수 의원이 국회로 진출한 것은 상징적 성공이라 할 만하다. 그러나 나는 선거를 통한 정권 장악보다는 풀뿌리의 소통과 연대에 무게중심을 두고 싶다. 이와 관련, 엄은희, 「한국 환경운동사의 재조명과 공명의 과제」, 『진보평론』 40호, 2009년 여름, 65쪽 및 이광일, 「진보적 정당의 분화와 새로운 진보·좌파정치의 모색」, 『진보평론』 40호, 164쪽("선거를 통한 제도정치로의 진출은 기존 사회관계, 권력관계들의 변화의 결과이지 그 원인이 될 수 없다.") 참조

28_ 현재의 뒤틀린 자기 모습을 적극 지양함으로써 참된 자아를 찾아가는 것을 이렇게 표현하고 싶다. 이와 유사한 시각으로 이광일, 「진보적 정당의 분화와 새로운 진보·좌파정치의 모색」 참조.

29_ 고정갑희, 「페미니즘 관점에서 본 한국의 진보와 패러다임의 전환」, 『진보평론』

40호, 48쪽.

30_ 박영균, 「오늘날 맑스주의적 관점에서 적녹보 연대를 어떻게 모색할 것인가?」,
180쪽 이하 참조.